성경 헬라어와 신약성경의 이해

Biblical Greek and the Understanding of the New Testament

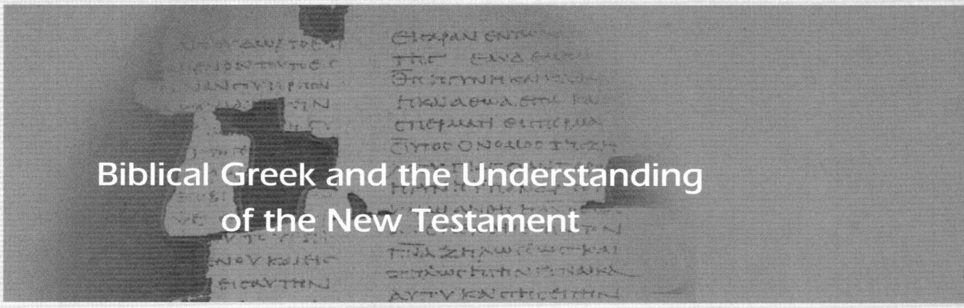

성경 헬라어와 신약성경의 이해

2012년 4월 20일 초판 1쇄 인쇄
2012년 4월 25일 초판 1쇄 발행

저 자 • 정 창 욱

발행인 • 조 경 혜
발행처 • 도서출판 그리심
156-763 서울시 동작구 사당5동 196 인정 B-B01

등록번호 • 제 7-258호(1998. 4. 23)
출 판 사 • 전화 523-7589 팩스 523-7590
홈페이지 • http://grisim.biz
전자우편 • grisimcho@hanmail.net

값 : 표지 뒷면에

ISBN 978-89-5799-298-2 (93230)

2012
by
Grisim Publishing Company, Seoul, Korea

성경 헬라어와 신약성경의 이해

정 창 욱

총신대학교 신학과 (B.A)
총신대학교 신학대학원 (M. Div)
Calvin Seminary (Th.M)
Vrije Universiteit in Amsterdam (Dr. Theol.)
현재 총신대학교 신학과 교수

저서로는 2004년에 T. & T. Clark International에서 출간된 *The Original Language of the Lukan Infancy Narrative*와 『새로운 성경 헬라어 문법』(2008)이 있으며, 그 외에 많은 논문을 발표하고 게재하였다. 성경 헬라어 연구를 바탕으로 성경 본문을 해석하는 작업에 주력하고 있으며, 그것을 통하여 개혁주의 신학의 성경적 토대를 놓는 일에 관심을 기울이고 있다.

추 천 사

김 남 준 목사
(열린교회 담임/총신대학교 교수)

모든 성경이 하나님의 영감된 말씀이라는 성경적 명제는 개혁주의 신학의 최후의 보루다. 특히 모든 성경이 유기적으로 축자적으로 영감되었다는 교리는 개혁주의 신학과 비평주의 신학 사이를 가르는 갈림길이다. 오늘날 성경원어를 중시하지 않는 신학풍토는 신학을 성경으로부터 멀어져 현대사상을 쉽게 따르게 하는 원인이 되고 있다. 신학과 사상에 대한 바른 고민은 성경본문에 대한 진지한 탐구로부터 시작되기 때문이다.

저자는 이런 신학적 풍토를 마음 아프게 생각하며 성경원문을 연구하여 그 의미를 밝혀 신학발전에 이바지하는 일을 자신의 사명으로 알고 꾸준히 노력해온 우리나라에 몇 안되는 신약학자 중 한사람이다. 그는 한해도 거르지 않고 외국의 학회에서 성경원문해석과 관련한 자신의 연구결과물을 내놓고 있는 성실한 학자이다. 이 책은 일반적인 헬라어 입문서가 아니라, 신약원문에 대한 보다 깊은 연구를 위한 언어해석 이론서이다. 특히 최근에 주관주의적인 현대 언어학 이론을 성경 헬라어 해석에 도입하여 동사에 있어서 전통적인 시제이론의 시간적 표상성을 부정하고 '동사상' 이론을 주장하는 견해들을 밝히고 효과적으로 논박하고 있다. 이러한 주장은 신약 헬라어의 동사개념이 셈족언어의 동사개념과 거의 동일하다고 보는 것인데, 히브리어에서 동사를 완결, 미완결, 상태 동사로 구분하고 각각의 동사는 동작의 진행시제가 아니라 각 시점에서 동작의 완결여부의 상(aspect)만을 나타낸다고 보는 것이다. 헬라어의 동사를 이같은 이론으로 보게 되면 신약 성경해석에는 커다란 혼란이 올 수 있다. 저자는 이러한 문제들을 잘 인식하며 이런 언어이론의 장단점을 분석하고 오류를 바로 잡아준다.

나는 이 책이 대학원 과정에서 신약을 전공하는 학생들뿐 아니라, 설교준비하기 위하여 헬라어 성경을 대하여야 하는 모든 목회자들에게 꼭 필요한 책이라고 생각하여 기쁘게 추천하는 바이다.

추 천 사

송 태 근 목사
(강남교회 담임)

정창욱 교수님은 총신대학교에서 학생들을 깊이 사랑하고 성경과 설교를 접목시키려고 끊임없이 노력하는 학자 겸 목사입니다. 이런 정 교수님의 관심과 노력이 본 서에 고스란히 녹아져 있습니다. 헬라어 동사의 시제 및 접속사에 관한 깊고 포괄적인 연구는 더 이상의 책은 없다고 할 만큼 좋은 책입니다.

단순한 이론에 그치지 않고 성경 본문의 단어의 용례와 사용을 철저하게 파헤친 본 연구서는 신학도들은 물론 성경의 본 뜻을 이해하려는 진지한 목회자들과 성도들이 놓치기에는 너무 귀한 책임을 확신하기에 기쁨으로 추천합니다.

더 이상의 책은 없다!

머리말

책을 저술하는 일은 아주 힘에 겨운 작업이어서 자신의 한계를 느끼게 하며, 때로는 좌절감을 느끼게 하는 작업이다. 이전까지의 저자들과 대화하여 그 내용을 소화하고 그것을 가지고 다시 독자들에게 말을 걸며 나아가기 위해서는 엄청난 노력과 집중력, 그리고 인내력이 요구되기 때문이다. 그래서 할 수만 있으면 피하고 싶은 짐이라 할 수 있다. 그럼에도 불구하고 용기를 내어 저술을 한 까닭은 이 작업이 조금이나마 한국 신학계와 나아가 하나님 나라에 기여할 수 있으리라는 작은 소망이 있었기 때문이다.

이 책의 주제는 네덜란드에서 학위를 마치고 한국에 들어오면서부터 다루어보고 싶었던 것이다. 처음에는 욕심을 내어 보다 큰 그림을 그려보았지만, 현실적인 한계 때문에 원래 계획보다 작은 그림이 그려진 작품을 내놓게 되었다. 이 책을 통하여 성경 말씀을 보다 더 정확하게 이해하는데 도움이 되길 바라는 바이다.

이 책이 출판되기 위해서 수많은 분들의 도움이 있었다. 무엇보다도 하나님의 신실하심을 기억하게 된다. 이 책에 담겨진 학식에 이르기 위해 훈련을 받은 유학 생활동안에 또한 귀국한 후의 연구기간 동안에 지속적으로 돌봐주시고 기도에 응답해 주신 하나님의 그 사랑과 자비를 잊을 수 없다.

동시에 이 땅위의 분들로 부터도 많은 도움을 받았다. 대학 시절에 철저하게 헬라어를 가르쳐 주셔서 든든한 기초를 놓아주신 신성자 교수님의 은혜를 잊을 수 없다. 그 분의 훈련이 없었더라면 이 자리까지 오지 못했을 것이라 생각한다. 또한 성경 헬라어와 성경 고고학의 권위자로서 지금은 고인이 되신 칼빈 신학교의 밴 엘더렌(Van Elderen) 교수님의 가르침을 언급하지 않을 수 없다. 나의 헬라어 기초위에 벽돌로 담을 쌓을 수 있게 해주신 교수님의 은공을 늘 기억하고 있다. 그리고 부족한 능력을 가진 제자를 키워주시기 위해서 인내심을 가지고 격려해 주시고 여러 가지로 힘써 주신 칼빈 대학의 고전어 학부 교수님들, 특별히 켄 브랫(Kenneth Bratt) 교수님의 도움을 마음 속 깊이 새기고 있다. 이 자리를 빌어 그 분들께 깊은 감사의 마음을 전하는 바이다.

그리고 빼놓을 수 없는 사람들이 있다. 바로 나의 제자들이다. 언제나 수업시간에 최선을 다하며 경청해 주는 그들의 눈망울이 없었다면 감히 전진할 엄두를 내지 못했을 것이다. 그들에게 고마운 마음을 전하고 싶다.

아울러 이 책을 끝까지 읽어주시고 기꺼이 추천사를 써 주신, 내가 마음으로 깊이 존경하는 김남준 목사님과 송태근 목사님께 진심어린 감사의 마음을 전하고 싶다. 두 분 모두 목회자이면서도 학문적 연구에 진력하여 자극과 도전을 주시는 분들이다. 또한 이 책의 편집을 위해 수고하신 그리심의 장종길 장로님과 조경혜 권사님께 감사드리며, 성경 색인을 만들기 위해 수고한 두 학생, 조은정과 조소은에게 고마움을 전하는 바이다.

2012년 4월 어느 날 눈 덮인 관악산을 바라보며

사당골에서, 정 창 욱

차 례

제 1 장 성경 원어의 중요성

제 2 장 헬라어 동사 시제의 이해

제 3 장 헬라어 접속사의 이해와 본문의 해석

제 4 장 헬라어 구문 이해와 본문 연구

성경 헬라어와 신약성경의 이해

서 론

신구약 성경은 성령의 감동으로 쓰여진 책으로 어느 한 군데도 오류가 없는 하나님의 말씀이다. 특별히 개혁주의는 성경의 정확무오성과 절대 중심성을 믿는다. 여기에는 성경만이 모든 삶의 영역에서 기준을 제공해 주는 절대적인 권위를 가지고 있다는 사상이 반드시 포함되어 있다.[1] 그러므로 성경본문의 올바른 의미 해석은 아무리 강조해도 지나치지 않다. 그런데 여기서 다음과 같은 질문이 떠오른다: 그렇게 성경의 한 글자 한 글자가 모두 영감을 받아 기록되었고, 따라서 성경을 절대적인 권위를 가진 것으로 중시여기는 것과 성경 원문과 성경 원어에 대해 갖는 자세는 어떤 관련이 있는 것일까? 성경의 절대 권위를 인정하고 성경을 모든 삶의 원리를 제시해 주는 지침서로 삼는다는 것은 반드시 원문을 중시 여기고 성

1) 개혁신학을 적합하게 정의해 볼 필요가 있다. 개혁신학은 포괄적 개념으로 잘못 사용하면 카톨릭과 대칭되는 모든 신학을 포괄하는 신학으로 볼 수도 있기 때문이다. 따라서 개혁신학에 대한 올바른 정의를 가지고 이 용어를 사용해야 한다. 이승구, 『전환기의 개혁신학』 (서울: 이레서원, 2008), 5-9. 이것은 엄밀하게 말하자면 '개혁파 정통주의 신학'이라고 부를 수 있는 좁은 의미의 개혁신학을 의미한다. 그 신학의 특성으로 여러 가지를 들 수 있으며, 다양한 방식으로 표현해 볼 수 있다. 하지만, 개혁주의와 비슷한 범주로 오해되기도 하는 복음주의와 구별되는 점을 들라면 무엇보다도 '하나님의 절대 주권 사상' 을 들 수 있을 것이다. 인간의 전적 부패나 예정설 등도 하나님의 절대 주권 사상의 큰 범주 안에 포함된다고 할 수 있다.

경 원어에 충실해야 한다는 말은 아니지 않는가? 그리고 21세기의 급변하는 기술적, 사회적, 학문적 환경 속에서 성경 원어에 대해 어떤 태도를 견지해야 하는가? 반 지성주의의 물결이 넘실대는 이 시대, 포스트모더니즘이 휩쓸고 있는 이 시대에서 과연 성경 원어를 힘들게 익혀서 성경 말씀을 탐구해야 하는 것일까?

사실 성경의 올바른 이해를 위해서 성경 원어 지식이 중요함을 적어도 개혁주의 진영, 혹은 더 범위를 넓혀서 복음주의 진영의 학자들은 잘 인식한다. 그럼에도 불구하고 여러 가지 이유로 한국의 개혁주의 진영에서 조차도 성경 원어의 중요성에 대한 인식이 제대로 뿌리내리지 못하고 있는 실정이다. 기본적으로 성경 원어가 중요하다고 확신하며 외침에도 불구하고 실제화되지 못하고 있으며, 새로운 헬라어 문법과 헬라어와 관련된 새로운 언어학적 이론에 대한 무지와 무관심 때문에 그 같은 구호는 결실을 맺지 못하고 있다. 게다가 현대 언어학의 이론을 성경 헬라어에 적용한 최근의 이론 – 동사 상 이론(Verbal Aspect Theory) – 에 대한 이해의 부족은 커다란 아쉬움으로 남는다.

이 책은 이러한 사정을 염두에 두고 그것을 개선하기 위해서 기획되었다. 무엇보다도 성경 헬라어가 성경 해석과 이해를 위해 왜 여전히 중요한 역할을 하는지 이론적으로 설명하고 실제적인 적용을 통해 보여주는 것이 이 책의 주요 목적이다. 특별히 성경의 정확무오성을 믿는 개혁주의적 입장을 견지하기 위해 성경을 해석할 때 성경 원어가 하는 중요한 역할을 밝혀보고자 한다. 또한 헬라어 문법을 어느 정도 익힌 후에 어떻게 그 문법을 발전시키고 성경 해석과 이해에 적용해야 하는지 난감해 하는 독자들에게 하나의 길을 보여 주기 위한 목적도 있다.

이와 같은 목적을 이루기 위해서 먼저 첫 번째 장에서 성경 원어, 특별히 성경 헬라어에 대한 입장의 시대적 흐름을 살펴보고자 한다. 첫 장의 전반부에서는 대표적인 종교개혁가인 칼빈의 성경 원어에 대한 입장을 연구해 볼 것이다. 이때 그와 연관이 있는 그 앞 시대인 중세시대의 견해와 동시대에 활동했던 인문주의자들의 견해도 언급하고자 한다. 뒤이어 현대의 성경 원어에 대한 견해도 기술해 볼 것이다. 그 장의 후반부에서는 신약성경 이해에 있어 성경 헬라어가 갖는 중요성을 다룬다. 특별히 한국 개혁 신학계에서 성경 말씀의 절대적 권위를 강조함에도 불구하고 왜 성경 원문과 원어에 대한 관심이 줄어들고 있는지 그 원인을 분석해 보게 될 것이다.

두 번째 장에서는 최근 헬라어 연구와 관련하여 초미의 관심 영역으로 떠오른 헬라어 동사의 시제에 대한 새로운 이론, 소위 말하는 '동사 상 이론' 을 소개하고 비판적으로 평가해 보고자 한다. 그 이론이 성경 본문 이해와 해석에 어떻게 사용될 수 있는지, 또한 어떤 공헌과 제한점을 가지고 있는지 구체적인 예를 살피면서 다루어 볼 것이다. 그러면서 헬라어 시제의 의미에 대한 나름대로의 정의를 제시해 보고자한다. 헬라어 시제에 대한 올바른 이해가 성경 헬라어 연구에서 중심 주제 중 하나를 차지함으로 면밀하게 검토하게 될 것이다. 그래서 직설법 뿐만 아니라, 명령법, 분사, 그리고 가정법의 시제를 차례대로 다룰 것이다. 이렇게 함으로서 헬라어 시제의 이해를 위한 기초를 제공하고 그것에 근거하여 헬라어 성경본문의 헬라어 시제 사용을 올바르게 해석하는 방법을 소개할 것이다.

이 책의 세 번째 장에서는 헬라어 원문 이해에 있어 중요한 함의를 갖는 접속사/연결사에 대해 연구하고자 한다. 접속사에 대한 주의 깊은 관심과 올바른 이해는 성경 원문의 의미파악에 중요한 역할을 한다. 접속사나 연결사가 거의 생략되어 있는 한글 성경이나, 자주 생략되거나 자의적으로 번역되어 있는 영어 성경의 경향을 고려할 때 헬라어 접속사/연결사의 연구는 원문 이해에 한 줄기 밝은 빛을 던져주기 때문이다. 이 때 단순히 여러 전치사들의 용법을 나열하기 보다는, 몇몇 전치사들의 용법을 면밀히 관찰하고자 한다. 왜냐하면 접속사/연결사의 의미의 단순한 소개가 아니라, 접속사/연결사의 의미에 따라서 본문의 흐름이 어떻게 달라질 수 있는지를 보여주는 것이 이 부분의 주된 목적이기 때문이다.

마지막 장에서는 헬라어 구문의 올바른 파악이 본문 이해에 미치는 영향에 대해 연구하고자 한다. 이를 통해 문맥에 대한 고려는 본문의 의미 연구를 위해 필수적이나, 그에 못지않게 헬라어 구문에 대한 세밀한 연구가 중요함을 보여주고자 한다. 자칫 주관적으로 파악해 버릴 수 있는 문맥의 흐름을 헬라어 구문에 대한 이해가 바르게 잡아줄 수 있음을 입증해 보고자 한다. 특별히 구문연구가 신약의 구약 인용의 연구를 위해 하는 역할을 살피고 구문이해에 따라 인용본문의 의미가 어떻게 달라질 수 있는지 검토하고자 한다.

이상과 같은 연구를 통하여 신약의 올바른 이해를 위해 성경 헬라어가 얼마나 중요한 역할을 하는지, 또한 구체적으로 어떤 역할을 하는지 보여주는 것이 이 책의 첫 번째 목적이다. 특별히 성경 헬라어 문법이 개혁신학의 확립을 위해서 어떤 역할을 할 수 있는지도 밝혀 보고자 한다. 동시에 문법의 중요성을 알지만 구체적으로 어떤 내용을 어떻게 적용해야 하는지 막연해 하는 독자들에게 방법을 제시하고, 헬라어에 관심은 있으나, 기초 문법에만 머물러있는 독자들에게 어떻게 실제적으로 본문이해를 위해 헬라어를 활용할 수 있는지 제시해 볼 것이다.

제1장

성경 원어의 중요성

제 1 장 성경 원어의 중요성

성경 말씀의 의미를 올바르게 파악하기 위해서 성경 원어는 진정한 의미에서 실질적인 중요성을 가지고 있는 것일까? 이러한 질문은 현시대의 급변하는 학문적, 사회적 환경 속에서 진지하게 제기되는 질문이다. 성경 말씀을 정확무오한 완성된 하나님의 계시의 말씀으로 믿는다는 것은 반드시 성경 원문을 소중히 여기고 성경 원어를 중요시 여긴다는 뜻일까?[1] 이것에 대한 대답의 일면은 성경의 절대 무오성과 절대 권위를 믿는 개혁주의 신학자들이 성경 원문과 원어에 대해 가졌던 견해를 살펴보면 찾을 수 있을 것이다.

따라서, 이번 장의 첫 번째 부분에서 대표적인 종교 개혁가인 칼빈의 견해를 살펴보고자 한다. 이 때에 한 가지 고려할 것은 그 당시 신학계의 동향이다. 원어에 대한 종교개혁자들의 자세가 그 당시나 이전의 시대적 풍조와 비교할 때 어떤 차이점을 가지고 있는지를 알아 볼 필요성이 있다. 그러므로 칼빈 이전시대인 중세시대의 성경 원어에 대한 견해와 종교개혁시대 함께 활동했던 인문주의자들의 견해를 간략하게 언급하고자 한다. 나아가 현대에 이르러 개혁주의를 포함한 복음주의 진영과 자유주의 진영에서 어떤 경향이 생겼는지 알아보고, 또한 신학적 성향이 성경 원어에 대한

1) 성경의 영감성과 무오성에 대한 논의를 위해서는, 정창욱, "성경의 영감성과 무오성: 그 성경적 근거," 『신학지남』, 276호 (2003), 270-301을 보라.

견해에 어떤 영향을 미치는지 살펴보고자 한다.

두 번째 부분에서는 성경 해석과 이해에 있어서 성경 원어가 갖는 중요성에 대해 구체적으로 논의하게 될 것이다. 현시대적 상황 속에서 왜 여전히 성경의 올바른 이해를 위해서 성경원어가 필요한지 그 이유를 제시해 보고자 한다. 이번 장의 논의를 통하여 역사적 정황 속에서 성경 원어가 성경 이해에 있어 어떤 역할을 했는지 드러내고 아직도 여전히 성경 해석과 이해에 있어 성경 원어가 중요성을 갖는다는 사실을 밝혀내게 될 것이다.

I. 성경 원어에 대한 견해의 시대적 변천: 중세시대에서 현대까지

1. 중세시대의 성경 원어에 대한 자세

먼저 칼빈의 종교 개혁시대 이전 시기인 중세시대의 신학자들이 가졌던 원어에 대한 자세를 소개해 보도록 한다. 이 때 주로 성경 헬라어에 대한 견해를 살펴보되, 중세시대의 경우에는 헬라어보다는 히브리어에 대한 관심이 더 있었기에 히브리어를 중심으로 살펴보고자 한다.

중세시대의 성경 이해와 관련하여 일반적으로 그 당시에는 성경 본문에 대한 관심은 거의 없었고 성경은 단지 가톨릭 교회의 교리를 떠받쳐주는 역할만을 했다고 생각하기 쉽다.[2] 또한 중세는 오로지 스콜라철학이 지배

2) 언제부터 중세로 볼 것이냐에 대해서 여러 가지 의견이 존재해 왔다. 이것은 상당히 흥미를 끄는 주제이나, 본 연구에서 다룰 수 있는 주제는 아니다. 이 주제에 관해서는 Gerald Bray, *Biblical Interpretation: Past & Present* (Downers Grove: InterVarsity, 1996), 129-33. 편의상 여기서는 중기나 후기 중세시대를 중심으로 살펴보게 될 것이다. 왜냐하면 그 때에 비로소 중세의 학풍이 굳건히 세워졌기 때문이다.

하는 세계였다고 가정해 버릴 수도 있다. 물론, 로마 가톨릭 교회의 횡포가 극심하여 라틴어 성경만을 인정하고 자신들의 교리에 맞게 성경을 고치고 의미를 왜곡한 것은 사실이다. 또한 스콜라 철학이 전반적으로 중세 중반 이후에 신학을 통치한 것도 사실이다. 하지만 중세 시대를 자세히 살펴보면 흔히 인식하는 것보다 "철학적이면서도 상당히 넓은 (성경해석의) 방법론적 스펙트럼"을 가지고 있음을 알 수 있다.[3] 이것은 구약 성경을 연구하던 유대교 진영에서만 그런 것이 아니라 가톨릭 진영에서도 그렇다.

물론, 성경 해석을 위해 성경 원어가 갖는 중요성을 잘 인식했던 경우를 가톨릭 진영보다는 유대교 진영에서 쉽게 발견할 수 있다. 중세 유대교 학자들은 세월이 흐름에 따라 점점 더 시대적 상황에 맞는 메시지를 얻는데 주력하는 미드라쉬(*Midrash*)적 방식보다는 본문의 문맥을 중시여기며 원뜻을 밝히려 추구하는 페샤트(*peshat*)적 방식을 따랐는데, 그들에게 있어서 히브리어의 중요성은 더 이상 말할 필요조차 없는 것이었다.[4] 이들은 성경을 주해하면서 히브리어 문헌학, 사전편찬학, 심지어 언어학까지 잘 사용하며 그 작업을 진행해 나간다. 사실 원문의 의미를 문맥 속에서 찾아

---

3) Alan J. Hauser & Duane F. Watson (eds.), *A History of Biblical Interpretation: The Medieval Through the Reformation Periods* (Grand Rapids: Wm B. Eerdmans, 2009), 5.

4) 미드라쉬는 구약 성경에 대한 주석으로 볼 수 있는데, 주로 현실 생활에 구약의 말씀을 어떻게 적용할 것인가에 더 많은 관심을 기울였다. 그에 반해서 페샤트는 구약 성경 본문자체의 문자적 의미를 파악해 내는데 주된 관심을 가진 작업이었다. 중세시대 유대교 학자들의 페샤트적 연구에 대해서는 Hauser & Watson, *A History*, 144-65를 보라. 또한 미드라쉬에 대한 간략한 소개와 방법론을 보려면 H.L. Strack & G. Stemberger, *Introduction to Talmud and Midrash* (Edingburgh: T & T Clark, 1991), 255-312와 M.D. Goulder, *Midrash and Lection in Matthew* (London: SPCK, 1974), 28-46을 보라. 페샤트와 관련해서는 "Peshat," in *Encyclopaedia Judaica*, v.13 (Jerusalem: Keter Publishing House, unknown year), 329-31을 보라.

내려면 문법, 언어학, 사전편찬학, 그리고 문헌학은 반드시 필요했던 것이다. 그들은 히브리어를 너무도 중시 여겨서 히브리어 문법서 출간 뿐만 아니라 사전편찬 작업까지 해낸다. 역설적이게도, 유대교 학자들이 편찬한 히브리어 문법서를 기독교 학자들이 사용한다.[5]

유대교 학자들 뿐만 아니라 그 당시 기독교인 가톨릭 학자들도 성경의 원문에 근거한 의미 파악에 힘을 기울였다. 대표적으로 성 빅터의 휴(Hugh of St. Victor)를 들 수 있다. 물론, 그가 은유적(allegorical) 해석에 집착하여 본문을 잘못 해석한 것은 사실이다. 하지만, 그가 이상적이라고 생각한 체계는 "세속의 과학이 성경의 문자적 해석에 도움을 주는" 그런 체계였다.[6] 이것은 그가 성경의 문자적 해석을 위해 성경 원어도 사용했음을 말해준다. 그는 성경 해석자는 무엇보다도 "문법적 구조와 구문을 통하여 실제적인 단어들을 정확하게 다루어야 한다"고 주장하였다.[7] 비록 그가 신약 성경 헬라어 문법에 대해 깊은 지식을 가지고 있었는지 분명하지는 않지만, 유대교 학자들과 교류하면서 구약의 원문연구에 깊은 관심을 가졌던 것은 분명하다.

반면에 성경 헬라어에 대한 관심은 저조했다. 심지어 어거스틴 조차도 헬라어와 히브리어 실력이 허약했다고 전해진다. 그는 옛 라틴 역본(Old Latin translation)만이 영감되었다고 믿었다.[8] 중세시대에 성경 히브리어에

5) Hauser & Watson, *A History*, 13, 18.

6) Bray, *Biblical Interpretation*, 138.

7) Hauser & Watson, *A History*, 8-9. 휴와 비슷하게 성 빅터의 앤드루(Andrew of St. Victor) 또한 성경의 역사적/ 문자적 의미에 거의 절대적으로 초점을 맞춘다. 그는 교회의 전통을 존중하고 따라가지만, 성경 해석에서 그것에 너무 지나치게 의존하는 것에서 벗어나려고 몸부림친다. 그는 유대교 학자들의 주장을 참고하고 라틴어 성경인 벌게이트가 구약의 히브리어 본문을 제대로 반영하는지 점검하려고 시도한다. 자세한 사항은, *A History* 9-10, 17을 참조하라.

대한 관심은 유대교의 영향으로 그런대로 유지되었으나, 성경 헬라어에 대한 관심은 거의 죽어 있었다고 평가해 볼 수 있다.

2. 칼빈의 성경 헬라어에 대한 견해

위에서 간략하게 중세시대의 신학자들이 성경 원어에 대해 취했던 태도를 소개하였다. 이제 칼빈을 중심으로 종교개혁시대의 학자들이 성경 원어, 특별히 성경 헬라어에 대해 가졌던 견해를 살펴보도록 한다. 종교개혁자들의 성경 연구 자세와 연관이 있는 인문주의자들의 입장을 먼저 알아볼 것이다.

가. 인문주의자들의 성경 헬라어에 대한 자세

종교개혁 시대 성경 연구에 지대한 영향을 준 사람들은 인문주의자들이었다. 이들의 구호인 'ad fonte'(원천으로 돌아가라!)는 인간성을 말살시키는 중세의 저서들이 아닌 고전 시대의 저서들로 돌아가라는 외침을 나타낸다.[9] 성경 연구의 영역에서 이 말은 중세시대의 저작들이 아닌 원전인 히브리어 성경과 헬라어 성경으로 돌아가는 것을 의미한다. 로마 교회의 전통에 근거한 가르침을 설파하며 온갖 부정한 짓을 저지르던 로마 교회 성직자들을 보면서 인문주의자들은 그들의 가르침이 진정 성경 말씀에 근거한 것인지에 대해 의문과 불신을 갖게 되었다. 그래서 그들을 신뢰할 수 없었던 인문주의자들은 성경원문에 근거한, 원래 성경의 의미에 근거한 가

---

8) John D. Currid, *Calvin and The Biblical Languages* (Ross-shir, scotland: Mentor, 2006), 10-11.

9) Hauser & Watson, *A History*, 40-41. 또한 Bard Thompson, *Humanists and Reformers: A History of Renaissance and Reformation* (Grand Rapids: Eerdmans, 1966), 31을 보라.

르침을 가지고 로마 교회의 가르침을 비판하고 공격하고자 했다. 그들은 로마 교회가 자신들의 입맛에 맞도록 라틴어 성경에 근거하여 해석한 가르침을 원문에 근거하여 바꾸어 보기를 원했기에 원문 성경 출판에 심혈을 기울였다.

이것은 특별히 에라스무스의 신약 헬라어 성경 출간 작업에서 잘 드러난다. 그가 히브리어 구약 성경이 아닌 헬라어 신약 성경 출간에 심혈을 기울였던 이유는 중세의 상황과 관련이 있다. 구약성경의 경우, 앞서 설명한대로 중세시대에도 유대교 학자들이 원문 출간과 사전 편찬 작업을 하고 히브리어 성경 연구를 시도했던 반면 헬라어 신약 성경에 대한 연구는 거의 없는 실정이었다. 그래서 에라스무스는 헬라어 신약 성경을 1516년에 서둘러 출판하였던 것이다. 에라스무스는 라틴어 성경도 출판했는데 그것은 아마도 로마 가톨릭이 그 신학을 세우고 제시하기 위해 사용한 성경이 라틴어 성경이었기 때문인 것으로 보인다.[10] 어떻든, 그의 헬라어 신약 성경의 영향력은 실로 지대했는데 특별히 일반 언어로 번역하는 작업에 유용하게 사용되어, 루터의 독일어 성경도 그의 판본에 의존하였고, 틴데일 영어 번역성경과 다른 종교 개혁자들의 번역을 위한 원본이 되었다. 칼빈도 최소한 공관복음서 연구를 위해 1527년에 출판된 에라스무스의 헬라어 성경 제 4판에 의존했다.[11] 특별히 그의 헬라어 성경은 "종교개혁자들

---

10) 에라스무스에게 있어서 신약 헬라어 원문 성경은 인문주의적인 개혁을 이루기 위해 사용한 몇 가지 강력한 무기 중 하나였다. Basil Hall, *Humanists & Protestants* (Edinburgh: T & T Clark, 1990), 52. 그런데 사실 애초에 에라스무스가 공을 들여 작업한 것은 라틴어 성경이었다고 전해진다. 그가 헬라어 성경을 포함시킨 것은 라틴어 성경을 돋보이게 하기 위함이었다는 것이다. 하지만, 일단 책이 출간되자, 헬라어 성경에만 관심이 집중되었고, 결국 그의 헬라어 성경은 지대한 영향을 미쳐서 Textus Receptus가 되어 버렸던 것이다. 그 결과 그의 신약 성경 헬라어 성경은 인문주의적 개혁을 위한 주요 무기가 되었던 것이다.

에게 벌게이트에 근거한 로마 가톨릭의 교리들을 비판하는 도구를 제공해 주었으며 그들의 신학적 어젠다를 지지해 주는 도구를 제공해 주었다."[12]

여기서 잠시 그의 헬라어 성경의 성격에 대해 평가해 보도록 하자. 위에 지적한 공헌에도 불구하고 에라스무스의 헬라어 판본은 많은 오류를 내포하고 있다. 무엇보다도 시간에 쫓겨서 그는 어떤 부분에서는 충분히 숙고하여 원문을 결정하지 못했다. 그런데 이것에 근거하여 번역한 KJV만이 영감된 번역성경이라고 주장하는 견해는 문제가 심각하다. 번역본의 원전이 온전하지 못한데 어떻게 그것의 번역본만이 영감된 성경이라고 말할 수 있겠는가?[13] 후대의 이런 잘못된 수용태도에도 불구하고 에라스무스의 헬라어 성경 출판의 공헌은 인정해 줄만하다. 물론 그의 신학적 입장은 개혁주의와 분명한 차이가 있으며 특별히 하나님의 절대 주권 사상을 나타내 주는 핵심 내용 중 하나인 예정론에 대한 부정은 그와 종교 개혁가들 사이의 차이를 분명하게 나타내 준다. 하지만 그의 시대 상황에서 헬라어 성경의 출간은 말할 수 없을 만큼 중요성을 갖고 있었다.

그런데 헬라어 성경 출간 작업보다 더 눈여겨 볼 것은 성경 본문 연구와 관련한 인문주의자들의 태도다. 이들은 성경 본문은 성경 원어로 연구되어야만 한다고 생각했다. 이제 라틴어 성경이 아니라 신약과 관련하여 헬라어 성경이 훨씬 더 권위를 갖게 되었고 따라서 헬라어 문법에 대한 관

---

11) Darlene K. Flaming, "Calvin as Commentator on the Synoptic Gospels", in D.K. Mckim (ed.), *Calvin and The Bible* (Cambridge: Cambridge University Press, 2006), 142-43.

12) Hauser & Watson, *A History*, 34-35.

13) 에라스무스의 헬라어 신약 성경에서 계시록의 마지막 6절은 원래 사본에 없던 것을 에라스무스가 라틴어 벌게이트 판을 보고 헬라어로 작문했다는 사실은 널리 알려져 있다. 이것만 보아도 그의 헬라어 신약 성경은 그 당시 상황을 고려할 때 훌륭한 것이었으나 충분히 만족스러운 것이었다고 보기 어렵다는 것을 쉽게 알 수 있다.

심이 높아지게 되었던 것이다.[14)]

나. 칼빈의 성경 헬라어에 대한 견해

칼빈을 비롯한 종교 개혁자들의 구호는 '오직 성경으로' '오직 믿음으로' '오직 은혜로' 라고 요약할 수 있다. 이 중에서 '오직 성경으로' 라는 외침은 중세 로마 가톨릭이 견지한 자세, 곧 성경보다 전통을 위에 놓는 자세에 대한 강력한 반대 외침으로 볼 수 있다. 이와 더불어 칼빈은 성경이 모든 삶의 기준을 밝혀준다고 보았다.[15)] 그런데 중세 시대 로마 교회의 성경은 벌게이트 라틴어 역본이었다. 흥미롭게도 벌게이트 역본의 번역자인 제롬이 번역할 당시에 다른 학자들은 70인경 구약 역본을 중시한 반면에 제롬은 히브리어 성경을 중시하고 거기에 근거하여 자신의 라틴어 성경 번역 작업을 진행했다.[16)] 제롬은 70인역 판본이 아닌 히브리어 원문 성

---

14) 물론, 칼빈은 인문주의자들보다 루터에게서 더 큰 영향을 받았음은 주지의 사실이다. R. Ward Holer, "Calvin as Commentators on the Pauline Epistles", in D.K. Mckim (ed.), *Calvin and The Bible* (Cambridge: Cambridge University Press, 2006), 237-38. 하지만, 인문주의자들의 영향도 무시할 수 없다.

15) 칼빈은 베드로후서 1장 19절을 주석하면서 이렇게 선언한다: "그 말씀(the Word)이 없으면 우리에게는 오직 어두움만 있을뿐이다." 칼빈은 인생 여정을 비추어 주는 빛으로 하나님의 말씀이 필요함을 계속해서 강조한다. R.A. Muller, "The Foundation of Calvin's Theology: Scripture as Revealing God's Word", *Duke Divinity School Review* 44(1979), 14와 23을 보라.

16) 제롬시대의 상황을 고려해 볼 때, 제롬이 헬라어에 능통했음을 가능성이 크다. 라틴어와 헬라어 문법이 서로 유사하기 때문에 관심만 있으면 쉽게 배울 수 있었다. 하지만 히브리어에 능통했는가 하는 것은 분명치가 않다. 그래서 어떤 학자들은 제롬이 히브리어 성경에만 의존하여 구약 성경을 번역했다는 사실에 의문을 제기한다. 하지만 제롬이 히브리어 성경에 근거하여-어떤 의미에서건- 번역하려고 심혈을 기울였던 것은 인정할 수 있다고 여겨진다. 이에 대한 자세한 논의를 위해서는 H. W. OSB, *The Use and Abuse of the Bible: A Brief History of Biblical Interpretation* (London/New York: T & T Clark International, 2010), 54-56을 보라. 또한 H. De Lubac, *Medieval Exegesis*, vol. 3 (Grand Rapids: Eerdmans, 1961, new printing,

경이 더 권위가 있다고 믿었던 것이다. 하지만 일단 라틴어로 번역되고 나자 로마교회의 성경은 헬라어나 히브리어 성경이 아닌 벌게이트 라틴어 역본이 되고 말았다.

칼빈을 비롯한 종교 개혁자들이 로마 가톨릭의 잘못된 교리를 밝혀내고 논리적으로 혁파하기 위해서 가장 중시 여겼던 일 중에 하나는 바로 원문 성경에 근거한 성경 본문의 의미 파악이었다. 이는 그 당시 로마교회가 취한 전통에 대한 태도에 비추어 볼 때 당연한 것이었다. 성경이 분명하게 말씀하는 의미조차도 전통에 비추어 왜곡시키고, 온갖 부정과 만행을 저지르며, 사람들을 억압하는 교리를 만들어 내는 가톨릭 교회에 대항할 수 있는 길은 모든 것의 뿌리인 성경으로 돌아가는 방법뿐이었던 것이다. 그래서 칼빈은 중세에서 강조하던 교회 전통에 충실한 것 보다는 성경 원어에 대한 지식을 강조한다. 사실 종교 개혁자들은 성경 본문의 문자적 의미 파악에 집중한다. 그래서 문법적-역사적(grammatical-historical) 접근 방법을 사용하는데 이 때에 성경 원어는 중요한 역할을 했다. 문법과 문헌학에 대한 관심은 말할 것도 없는데 이것은 칼빈에게만 해당하는 것이 아니라 그 당시 학자들에게도 공통되게 해당하는 것이었다.[17)]

그런데 이 지점에서 다음과 같은 의문이 떠오를 수 있다. 칼빈은 과연

2009), 177-93을 보라.

17) 앞서 언급한대로 중세시대에 성경 원어와 성경 원문에 대한 관심이 아예 없었던 것은 아니다. 그런 관심을 갖는 학자들이 존재하기는 했던 것이다. 그것이 인문주의자들에게 어느 정도 영향을 미친 것은 사실이지만, 문제는 중세 가톨릭 교회 신학 성향의 거대한 흐름 속에서 그런 몸부림은 쉽사리 묻혀졌다는데 있다. 칼빈에게 미친 중세 신학의 영향과 관련해서는 Richard A. Muller, "Biblical Interpretation in the Era of the Reformation: The View from the Middle Ages," in R.A. Muller and J.L. Thompson (eds.), *Biblical Interpretation in the Era of the Reformation: Essays Presented to David C. Steinmetz in Honor of His Sixtieth Birthday* (Grand Rapids: Eerdmans, 1996), 12-13을 참조하라.

성경 원어에 능통했었을까? 어떤 학자들은 칼빈이 헬라어나 히브리어를 잘 몰랐다고 가정하며 특별히 히브리어를 잘 알지 못했다고 주장한다.[18] 이런 의문을 가질만한 이유가 충분히 있다. 그의 설교를 보면 그는 본문에 대한 문헌학적 고찰이나 문법적 사항에 대한 언급을 거의 하지 않는다. 설교에서는 성경 본문이 시대적 상황에 대해 제시해 주는 함축적 의미가 주로 언급되었다.[19] 하지만, 이것을 근거로 칼빈이 원어에 능통하지 않았던 사람, 적어도 잘 알지 못했던 사람이라고 판단하는 것은 옳지 않다. 왜냐하면 그는 설교에서는 원문에 대한 문법적/문헌학적 분석이 필요치 않다고 생각해서 그렇게 했기 때문이다. 게다가 칼빈은 주해의 경우에도 비록 문헌학적, 역사적 고찰을 하기는 하지만 그 때에도 '명쾌한 간결성' (*perspicua brevitas =lucid brevity*)의 원칙을 고수했다.[20] 결국 칼빈은 성경 원문을 중시여겼고 성경 원어, 특별히 그 중에서 성경 헬라어에 능통했으며, 원어를 본문 주해를 위한 기본 도구로 삼았다고 판단해 볼 수 있다.[21]

---

18) 커리드는 그렇게 주장하는 학자들의 의견을 소개하면서 그 견해를 논박한다. *Calvin and the Biblical Languages*, 12. 그는 칼빈이 언제 어디에서 헬라어를 배웠고 히브리어를 배웠는지, 어떻게 그것을 활용하여 주해하고 설교했는지 등을 다룬다.

19) 칼빈의 설교에 대한 견해를 이해하려면 다음 논문들을 보라. 오현철, "칼빈의 설교환경과 설교", 『한국개혁신학』 제9호(2011): 45-73. 류응렬, "칼빈의 설교에 나타난 성경해석 방법론". 『설교한국』 제1권 (2009년 가을): 226-65.

20) 칼빈의 주해 방식을 한마디로 요약하여 라틴어로 perspicua brevitas 혹은 brevitas et facilitas라고 표현하는 것에는 이견이 별로 없다. Richard C. Gamble, "Exposition and Method in Calvin", *WTJ* 49:1 (1987), 154.

21) 칼빈은 그 당시 공용어에 가까웠던 라틴어에 능통했다. 그런데 라틴어와 헬라어는 문법적으로 아주 유사하다. 마음만 먹으면 쉽게 배울 수 있는 성경 헬라어를 원문을 중시 여기던 칼빈이 배우지 않았다고 가정하는 것은 설득력이 없다. 게다가, 가톨릭 신학의 잘못된 전통을 격파하기 위해 성경의 의미를 밝혀내는데 심혈을 기울인 칼빈이 쉽게 배울 수 있는 헬라어를 배우지 않았다고 판단하는 것은 적절치 않아 보인다.

3. 성경헬라어에 대한 현대의 견해

가. 전반적 상황

종교개혁 시대 이래로 성경 헬라어는 신학을 배우는 학생들이 필수적으로 배워야 하는 과목이었다.[22] 1900년대 전반부 더 나아가 70, 80년대까지만 해도 성경 원어를 강조하는 추세는 세계 신학계어서 수그러들지 않았다. 이것은 각국의 신학 교육에서 차지했던 성경 언어의 비중을 살펴보면 금방 드러난다. 실용주의적 경향이 강하며 학문성 추구가 유럽보다 약한 미국의 예만 보더라도, 거의 대부분의 신학교들이 헬라어와 히브리어를 신학을 배우기 위한 선수 과목으로 요구했다. 유럽은 더 말할 나위 없었다. 성경을 올바르게 이해하려면 성경 언어에 대한 지식이 필수적이라고 여겼기 때문이다. 소위 말하는 목회학 석사(M. Div) 과정에 들어가려면 반드시 성경 언어를 해야만 했던 것이다.

그런데 1900년대 후반기에 들어서면서 서구 신학계에서 성경 언어의 중요성을 역설하는 목소리는 점점 더 작아지기 시작했다. 이같은 흐름을 선도한 것은 미국 신학계였는데 그것은 미국인들의 실용주의를 신봉하는 경향을 생각할 때 놀라운 일이 아니다. 유럽은 여전히 성경 언어를 강조하려고 했으나, 교회의 쇠퇴로 신학의 명맥을 이어가기 어렵게 되어 흐름을 주도하지 못하게 되었다. 그 결과 성경 원어에 대한 관심은 급격히 떨어졌다. 너무도 빨리 변화하는 세상에 대응하기 위해서는 그 흐름을 빠르게 읽어내고 거기에 발 빠르게 대응해야 한다는 사상이 판을 치기 시작한 것이

---

22) 유럽은 물론 미국에서도 신학을 배우는 과정 중에 헬라어 뿐만 아니라 라틴어도 반드시 배워야 하는 과목으로 포함되어 있기도 했다. 특별히 라틴어는 고등학교 과정에서 가르쳐 지기도 하였다.

다. 한번 그렇게 방향을 잡자 급격히 한 쪽으로 쏠림현상이 나타났으니, 이것은 용이한 쪽으로 기우는 인간의 심성을 고려해 볼 때 당연한 귀결이었다.

그런데 흥미롭게도 이 기간에 수많은 주석들이 쏟아져 나왔다. 그 중에 많은 주석은 성경 원어에 대한 성경 신학자들의 어정쩡한 자세를 그대로 표현해 준다. 그들은 성경 언어를 배웠기에 원문을 다루려고 시도하지만 동시에 시대적 상황과 독자를 고려하여 원문에 대한 연구를 최소화하려는 경향을 나타낸다. 그래서 많은 경우에 학문적으로 깊이가 있는 것도 아니면서 그렇다고 그 적용적 해설에서 통찰력이 있는 것도 아닌 주석서들이 양산되어 버렸다. 그래서 특이한 현상이 나타나게 되는데, 이것은 어떤 성경 구절의 이해와 관련하여 다수 의견이라는 것이 형성되는 과정에서 발생한다. 한 저명한 학자가 어떤 주장을 펼치면 다른 학자들은 그 의견에 특별히 설명을 더하거나 심층 연구하는 것 없이 단순히 동의한다. 원문에 대한 철저한 연구나 분석없이 단순히 그 의견에 설득력이 있어 보인다는 이유만으로 동의해 버리는 것이다. 그렇게 학자들의 수가 더해지면 그것이 다수 의견이 되어 버린다.[23)]

이같은 현상은 성경 이해에 심각한 폐해를 가져다 줄 수 있다. 성경 언

23) 그 대표적인 예를 누가복음 1장 37절에서 찾을 수 있다. 대부분의 학자들은 이 구절을 '하나님에게는 능치 못할 일이 없다'라고 이해한다. 하지만 원문에 대한 주의 깊은 연구는 이 구절이 '하나님으로부터 나오는 모든 말씀은 불가능이 없다'라고 이해해야 함을 드러내 준다. 헬라어 단어의 용례와 문법에 대한 연구와 이 구절의 전후 문맥을 종합적으로 고려해 볼 때 이렇게 번역되어야 마땅하다. 이러한 사실에도 불구하고 누가복음 연구의 대가인 피츠마이어(J.A. Fitzmyer)의 주장을 대부분의 학자들은 거의 그대로 비판없이 수용한다. 이 하나의 예는 성경 원문과 성경 언어에 대해 현재 학자들이 갖고 있는 태도를 암시적으로 보여준다. 이 구절에 대한 자세한 논의가 이 장의 두 번째 부분에서 이루어질 것이다.

어에 대한 지식을 근간으로 해서 성경 원문을 이해하게 되면 같은 본문에 대한 심층적인 해석, 때로는 이전과는 상당히 다른 해석이 나올 수 있는데 이것이 간과될 수 있기 때문이다.

나. 신학 성향과 성경 헬라어에 대한 견해의 상관관계

신학성향이나 성경에 대한 자세는 성경 헬라어에 대한 태도를 결정하는 데 영향을 준다고 할 수 있다. 결정지어준다고 확언하긴 어렵지만, 최소한 깊은 영향을 주는 것은 부인할 수 없는 사실이다. 예를 들면, 최근의 자유주의 진영의 학자들은 포스트모더니즘의 기본적 전제를 받아들이는데 이 것은 필연적으로 성경 해석에 영향을 미친다. 절대적 기준을 부인하는 포스트모더니즘의 핵심 사상은 모든 기준의 근거가 되는 성경 본문에 대한 경시로 귀결될 수 밖에 없다.[24] 그리고 본문에 대한 경시는 성경 헬라어의 외면으로 귀착되게 되어있음은 불을 보듯 확연한 사실이다. 문제는 개혁주의를 표방하는 신학자들이나 목회자들조차 자신들도 인식하지 못하는 사이에 이런 사상에 물들어서 본문이 말하는 내용이 아니라, 자신이 깨닫고 아는 것이 가장 중요하다고 주장한다는 데 있다.[25] 그렇다면 구체적으로 성경 원어에 대한 태도는 신학 성향과 어떤 관계가 있는 것일까?

(1) 성경 원어의 부정적 사용

역설적이게도, 신약연구에 있어서 중요한 획을 그은 사람으로 인정되는

---

24) 포스트모더니즘이 성경 해석에 미친 영향을 자세히 보려면, Markus Bockmuehl, *Seeing the Word: Refocusing New Testament Study* (Grand Rapids: Baker, 2006), 48과 James K. Mead, *Biblical Theology: Issues, Methods, and Themes* (Louisville/London: Westminster John Knox, 2007), 105-107을 보라.

25) W. Yarchin, *History of Biblical Interpretation: A Reader* (Peabody, Massachusetts: Hendrickson, 2004), Introduction, xxix.

신학자들은 – 부정적이건 긍정적이건 – 성경 헬라어에 능통한 사람들이었다. 대표적으로 불트만(R. Bultmann)을 들 수 있는데, 그는 요한복음에 대한 책을 저술하면서 그의 신약원어에 대한 박식함을 유감없이 드러내 준다.[26) 이것은 바울 연구의 대가였던 콘첼만(H. Conzelmann)에게도 그대로 적용된다. 그는 성경 헬라어에 능통한 사람으로서 신약 신학에서 영향력있는 주장을 생성해 내었다.[27) 그런데 이 두 사람의 문제는 그 탁월한 성경언어 실력에 근거하여 본문을 있는 그대로 분석하고 영감된 하나님 말씀으로서 그 뜻을 드러내는데 힘을 쏟지 않고, 성경을 과학적 탐구의 대상으로 삼은데 있다. 불트만에게 중요한 것은 성경에서 자신이 보기에 신화적 요소라 할 수 있는 것들을 제거하는 작업 곧 '비신화화'를 통하여 성경을 난도질하는 일이다. 물론 그는 그 방법만이 성경을 올바르게 이해하는 유일한 길이라고 여겼다. 마침내 그는 성경의 권위를 부인하고 하나님의 말씀의 영감에 대한 견해를 포기해 버린다. 콘첼만은 그의 헬라어 지식과 신학적 입장을 종합하여 바울서신이 바울의 저작이 아니라는 주장을 펼쳐낸다. 그의 주석서들은 헬라어 지식이 없이는 읽어 내려가기 어려운데 그런 헬라어의 박식함을 무기로 그는 바울의 저작권을 부인하고 결과적으로 성경의 권위를 무너뜨리고 만다.

그렇다면, 불트만과 콘첼만은 성경 원어에 탁월했음에도 왜 잘못된 길로 간 것일까? 성경원어의 박식함이 그들을 오류에 빠지게 한 것일까?[28)]

---

26) 그의 저서, *Das Evangelium des Johannes* (Goettingen: Vandenhoeck & Ruprecht, 1941) 혹은 영어 번역본, *The Gospel of John: A Commentary* (Philadelphia: Westminster John Knox Press, 1971)을 보라.

27) 그의 저서, *A Commentary on the First Epistle to the Corinthians*. ed. by George W. MacRae. trans. by James W. Leitch. Hermeneia (Philadelphia: Fortress, 1975)을 참조하라.

언듯보기에 불트만과 콘첼만의 경우에 그들의 많은 지식, 특별히 성경 언어에 대한 지식의 풍성함이 그들로 하여금 성경 권위를 인정하는데서 벗어나 잘못된 길로 가게 만든 것 처럼 보인다. 하지만, 사실은 그렇지 않다. 불트만과 콘첼만은 성경 언어의 박식함이나 학문의 풍성함 때문에 딴 길로 간 것이 아니라, 이성의 빛에 현혹되어 하나님의 자리에 이성을 놓아두는 바람에 그릇된 길로 간 것이다. 그래서 결국은 성경과 하나님에 대한 견해가 성경 해석에 근본적인 영향을 줌을 발견하게 된다. 한마디로 성경 원어에 대한 지식 자체는 중립성을 가지며 그것을 어떻게 활용하는가는 사용자의 의도와 의지에 달린 것이라 할 수 있다.

(2) 성경 원어의 긍정적 사용

이같은 주장은 불트만이나 콘첼만과는 정반대로 성경 원어를 사용한 신학자들에 의해 입증된다. 대표적으로 웨스트민스터 신학교의 위대한 신약학자 메이첸(G. Machen)을 들 수 있다. 그는 후대의 많은 개혁주의 신학자들로부터 칭송을 받은 학자였는데, 특별히 한국에서 더욱 그 이름이 잘 알려진 학자다. 그가 저술한 헬라어 문법책은 여전히 한국의 많은 신학교에서 교재로 사용되고 있으며, 최근에 출간된 문법책들 중 여전히 많은 책들은 그의 문법서를 근간으로 하고 있다.[29] 그런데 역설적이게도 그의 헬라

28) 이 지점에서 사도행전 26장에 기록된 사도바울에게 베스도가 한 말이 떠오른다: "바울이 이같이 변명하매 베스도가 크게 소리내어 이르되 바울아 네가 미쳤도다. 네 많은 학문이 너를 미치게한다". 베스도가 보기에 바울은 학문적으로 너무 박식하여 마치 '정신이 나간 사람'이었다. 하지만 사실 바울은 학문 때문에 미친 것이 아니라, 예수님을 만난 까닭에 유대교의 가르침을 바라보는 그의 관점이 바뀐 것이다. 불트만이나 콘첼만은 성경원어 지식 때문에 엉뚱한 소리를 한 것이 아니라 그의 관점 때문에 그렇게 했던 것이다.

29) 그의 책을 번역하거나 편역하여 사용하는 신학교가 아직도 한국에 많이 있다는 사실

어 문법서의 탁월성 때문에, 그의 학문적 탁월성은 때때로 제대로 평가받지 못할 때가 있다. 그 이유는 헬라어 문법책은 널리 소개된 반면, 그의 학문적 성과에 대한 자세한 소개와 평가는 제대로 이루어지지 못했기 때문이다.[30] 그리하여 메이첸하면 떠오르는 것은 '헬라어 문법책'이 되어 버렸다. 하지만 그의 신약학자로서의 탁월한 학문성은 헬라어 문법에 대한 지식을 훨씬 능가한다. 동정녀 탄생에 대한 그의 저술, 특별히 프린스톤신학교의 학술지에 실린 누가복음 1장 31절에 대한 그의 논문은 그의 헬라어 문법 지식을 드러내는 백미로 볼 수 있다.[31] 이 논문에서 메이첸은 누가복음 원문에 대한 문법적인 치밀한 분석을 통하여 동정녀 탄생에 대한 기록이 후대에 동정녀 사상을 주입하기 위해 삽입되었다는 주장을 반박한다. 그의 논문을 읽노라면, 치밀하게 조직되어 있는 정밀한 과학적 결과 보고서를 보는 듯하다. 자신의 헬라어 문법적 또한 문헌학적 지식을 총동원하여, 어떻게 그 구절이 원래 그 자리에 있어야만 하는지를 입증해 나가기 때문이다. 메이첸의 예는 성경 원어를 가지고 어떻게 치밀하게 성경의 권위를 세워나갈 수 있는지를 보여준다.

메이첸 이후 시대에도 걸출한 복음주의 신약학자들은 성경 원어에 능통한 사람들이었다. 브루스(F.F. Bruce)는 원래 서양 고전어를 전공한 사람으로 그 후에 신약을 전공하여 학문적 공헌을 한다. 그의 제자 마샬(I.H. Marshall)의 경우에도 그 스승과 동일한 길을 걷는다. 미국에서는 칼슨(D.A. Carson)을 대표적으로 들 수 있는데 그는 헬라어에 정통한 학자로서 신약

이 그의 헬라어 문법서의 영향력을 입증해 준다.

30) 메이천 박사의 학문적 성과를 소개하기 위해 노력하는 학자로 김길성을 꼽을 수 있다. 그의 저서, 『메이천 박사 저작선집』 (서울: 총신대학교 출판부, 2002)를 보라.

31) G. Machen, "The New Testament Account of the Birth of Jesus, Part II," *The Princeton Theological Review* 4.1 (1906), 37-81.

연구에 뛰어들어 수많은 연구업적을 남겼으며, 복음주의 신약학 계열에서 거대한 영향력을 행사하고 있다. 그의 제자 포터(S.E. Porter) 역시 비슷한 경우다.[32)]

정리해 보자면, 불트만의 경우처럼 성경 헬라어에 대한 열정을 갖는 학자들이 전부 올바르게 성경을 해석하는데 사용하는 것은 아니다. 성경을 바르게 알고자 하는 간절함을 가지고 있음에도 불구하고 성경의 권위와 영감성을 인정하지 않는 상태로 성경을 분석하고자 한다면, 성경 원어의 지식은 몽학선생이 될 뿐이며, 효용성이 없다. 아니, 오히려 해악이 될 수 있다. 성경 헬라어의 지식을 어떤 자세를 가지고 어떻게 사용하는가가 중요하다. 하지만, 한 가지 분명한 사실은 성경의 절대 가치를 받아들이고 정확 무오성을 믿는 학자라면 반드시 성경 원어에 대한 지식을 갖추고 있어야 한다는 것이다. 최소한 성경 원어의 중요성에 대해서 깊이 인식하고 인정할 필요가 있다.

특별히 목회자의 핵심사역에 대한 개혁주의적 입장에서 볼 때 성경 원어의 중요성은 아무리 강조되어도 지나치지 않다. 목회자 사역의 중심을 '그 말씀'의 선포자라고 인정한다면, 그 말씀의 전문가가 되어야 한다. 물론, 말씀이 현재 상황에 대해 갖는 함의를 잘 풀어주는 것이 필요하다. 그

---

32) 포터는 먼저 고전 헬라어를 전공한 후에 언어학적 관점에서 신약을 연구하여 수많은 영향력을 행사하고 있다. 특별히 그는 누가복음 2장에 기록되어 있는 인구조사에 대한 연구에서 헬라어에 대한 풍부한 지식이 어떻게 성경 기록의 역사적 진정성을 옹호하는데 사용될 수 있는지를 보여준다. 자유주의 진영의 학자들이 쉽게 저자의 무지와 부주의로 인해 생긴 실수와 오류라고 치부해 버리는 것들에 대해서 성경 헬라어 지식을 가지고 성경의 권위와 성경 기록의 역사적 사실성을 입증해 내고 있는 것이다. 그의 논문, "The Reasons for the Lukan Census", in Alf Christopherson et al. *Luke and the Graeco-Roman World: Essays in Honour of Alexander J.M. Wedderburn* (Sheffield: Sheffield Academci Press, 2004), 165-88을 보라.

런데 그 적용은 본문 말씀을 벗어나서 이루어질 수 없고 본문에 근거하여 이루어져야 한다. 그렇게 본문의 의미를 바르게 파악하기 위하서는 성경원어를 잘 알아야만 한다.[33)]

Ⅱ. 성경 이해와 성경 원어의 관계[34)]

위에서 대략적으로 성경 원어, 그 중에서 주로 성경 헬라어에 대한 자세의 역사적 흐름을 중세 시대 때부터 간략하게 살펴 보았다. 그 논의를 통하여 성경 헬라어에 대한 견해의 역사적 변천 과정을 파악히 볼 수 있었다. 특별히 종교 개혁가였던 칼빈과 개혁주의 전통을 잇는 신학자들이 취한 자세를 통하여 개혁주의에서 차지하는 성경 원어의 중요성에 대해서 어느 정도 윤곽을 잡아볼 수 있었다. 이번 부븐에서는 신약 성경 이해에 있어 성경 헬라어가 갖는 중요성에 대해서 집중적으로 논의해 보고자 한다. 특별히 최근에 한국 신학계와 세계 신학계에 나타나고 있는 성경원어에 대한 태도를 면밀하게 분석하여 신학적인 새로운 학문적 환경이 조성되었음에도 불구하고 왜 여전히 성경 원어 연구가 성경 이해에 있어 중요한 역할을 하는지 밝혀볼 것이다.

---

33) 앞서 언급한대로, 이것은 중세시대에 조차도 있었던 흐름이다. 곧 중세시대에 어떤 학자들은, 비록 극소수이기는 했지만, 말씀의 원 의미를 잘 파악하고 그것에 근거하여 적용이 이루어져야 한다고 주장했다. 종교개혁자들은 말할 필요도 없다. '오직 성경으로'의 기치를 내걸고 나아갔던 종교 개혁자들은 성경의 원저자의 의도가 무엇인가에 주의를 기울였고, 그것에 근거하여 그 시대상황에 맞게 적용했던 것이다. 그들에게 있어서 성경의 올바른 이해를 위하여 차지하는 성경 원어의 중요성은 더 없이 컸다.

34) 이 부분은 본인의 논문 "성경 언어의 중요성에 대한 고찰과 발전 방향모색",『성경과 개혁신학』(서울: 쿰란출판사, 2007), 851-72를 수정하여 재수록한 것이다.

1. 문제 제기

성경 본문에 대한 주해와 해석의 목적이 성경 본문의 의미를 밝혀내는 것이라면,[35] 그 본문의 의미를 밝혀내는데 있어 첫번째 되는 중요한 작업은 성경을 원 언어에서 다른 언어로 옮기고 이해하는 작업일 것이다. 이런 작업을 하는 가운데 이미 어느 정도 본문에 대한 해석과 이해가 주어지며, 어떤 부분에서는 본문의 해석과 이해의 영향으로 본문의 번역이 결정되고 이루어진다.[36] 그리고 성경 번역을 어떻게 하느냐에 따라 본문에 대한 해석도 영향을 받는다. 그런데, 성경의 바른 번역은 성경 언어에 대한 바른 지식과 이해를 전제로 한다. 따라서 성경 주석가나 해석자가 인식하고 있든지 그렇지 않든지 간에, 성경 원어는 성경의 올바른 이해에 있어 중요한 위치를 차지하고 있다. 이는 마치 공기의 중요성을 인식하든 하지 않든 그것이 중요한 이치와 같다. 또 다른 측면에서 살펴보자면, 언어는 사고의 집이며, 저자가 전달하고자 하는 내용을 담아내는 그릇이다. 그 그릇을 잘 이해하지 못하고서는 저자의 본래 의도를 바르게 읽어낼 수가 없다. 성경의 올바른 이해와 해석을 위한 첫번째 관문에서 우리는 성경 원어와 마주

---

35) 주석학과 해석학의 목표가 본문의 의미를 파악하는 것이라는 데는 이론이 없을 것이다. 그런데, "본문의 의미 파악"이라는 표현 자체는 벌써 그 본문의 의미라는 것이 구체적으로 무엇을 뜻하는가 하는 문제를 제기한다. 그럼에도 불구하고 "본문의 의미 파악"이라는 목표는 여전히 유효한 진술이다. 해석학의 목표와 관련된 자세한 논의를 위해서는 E.E. Johnson의 "Author' s Intention and Biblical Interpretation", in *Hermeneutics, Interpretation, &the Bible: Papers from ICBI Summit II* (eds. E.D. Radmacher et R.D. Preus; Grand Rapids: Zondervan, 1984),410-17을 보라.

36) 박형용은 언어의 해석학적인 성격이 성경 해석에 미치는 영향을 언급하면서, 다음과 같이 쓰고 있다: "언어의 해석적 성격은 번역에서도 나타난다. 한 언어에서 다른 언어로 번역할 때 해석적 성격이 나타나는 것이다." 자세한 논의를 위해서는 그의 책, 『성경해석의 원리』 (서울: 엠마오, 1991), 107을 보라.

하게 된다. 이런 사실들을 고려해 볼 때, 성경 이해에 있어 성경 원어가 갖는 중요성은 올바르게 인식되어야 한다.

그럼에도 불구하고 성경 원어의 중요성은 자주 간과된다. 앞서 지적한 대로, 현시대 들어 그런 경향은 더욱 강해지고 있다. 게다가 새로운 원어 교육 환경이 만들어져서 그것에 대한 이해와 수용, 또한 적용과 관련하여 올바른 이해가 필요한 시점이다. 이러한 현재 상황을 어떻게 받아들이고 평가해야 하는가? 성경 언어, 특별히 신약 성경 원어인 헬라어가 신약 성경의 이해와 해석을 위해 갖는 중요성에 대해서 어떻게 정리해야 하는가? 이 문제를 여기서 다루어 보고자 한다.

2. 성경 원어에 대한 올바른 자세

가. 성경 원어의 중요성에 대한 오해

어떤 학자들은 성경 원어의 중요성을 지나치게 강조하는 반면에, 다른 학자들은 그 중요성을 지나치게 깍아 내린다. 성경 원어에 대한 이러한 두 극단적인 태도는 성경 원어의 중요성에 대한 두 극단적인 오해를 반영해 준다. 성경 원어의 특수성과 중요성을 지나치게 강조하는 신학자들이 과거에 많이 있었다. 이러한 사람들에 따르면 하나님께서 헬라어로 신약을 쓰게 하신 것은 섭리이며, 헬라어로 쓰였기에 성경의 의미가 분명하게 드러난다. 한글이나 다른 언어로 기록되었으면 문제가 많았으리라는 가정이 깔려있다. 이것은 어떤 면에서는 그럴 듯하게 들릴지도 모른다.

그러나, 헬라어가 아닌 다른 언어, 예컨대 산스크리트어로 쓰여졌으면 어떠했을까? 격에 관련해서만 얘기하자면, 헬라어는 5개의 격만가지고 있는 반면에 이 언어는 9개의 격을 가지고 있다. 보다 더 구체적으로 명사의 역할을 지칭해 주는 것이다. 산스크리트어로 쓰여졌으면, 하나님의 말씀은 좀 더 분명하게 전달되었을까? 좀 더 현실성 있게 라틴어와 비교하자면 라틴어의 격도 헬라어 보다 하나 많은 6개이다. 그렇다면 과연 라틴어로 성경이 쓰여졌다면 좀 더 하나님의 말씀이 분명해졌을 것인가?[37] 이런 식의 논의의 문제점은 구약의 언어가 히브리어라는 사실에서 더 분명하게 찾을 수 있다. 히브리어의 명사에는 격이 없다. 그리고 더 큰 문제로 동사의 시상은 미완료와 완료만 있다. 분명하게 격을 밝히지 않고 시제를 말해주지 않으므로, 하나님의 뜻을 전달하는데 문제가 있는 것일까? 문제가 있다고 생각하든 하지 않든 성경은 히브리어로 기록되어 있다. 이러한 점들은 성경 언어 자체가 특별해서 선택된 것이 아님을 말해준다. 오히려 그 반대로 성경을 기록한 언어인 까닭에 특수성과 특별함을 갖게 된 것이다. 따라서 성경이 한글로 쓰여졌다고 해도 아무런 문제가 없었을 것이다. 이제 성경 언어에 대한 양 극단의 자세를 자세히 살펴보도록 한다.

나. 성경 언어는 거룩한 언어라는 입장

흥미롭게도 19세기에는 많은 학자들이 성경의 내용뿐만 아니라 그 언어 자체도 영감되었다고 믿었다. 성경의 저자에게 성령께서 감동을 줄 때에 사상뿐만 아니라, 언어도 영감된 것은 사실이다.[38] 그러나 영감 된 말씀을 기록하고 있는 언어가 영감 된 것이지, 그 언어 자체가 거룩하거나 영감 된 것은 아니다. 성경을 기록한 언어는 특수 언어가 아닌, 그 당시 사

---

37) 라틴어의 기본 문법에 대해서는 기초 문법을 위한 고전으로 불리는 *Wheelock's Latin* (6th ed. rev. R.A. LaFleur; New York: Harpercollins, 2000)나 N. Goldman과 J.E. Nyenhuis 공저인 *Latin via Ovid* (Detroit: Wayne State University Press, 1986)를 참조하라.

38) 벌코프가 지적한 대로, "사상은 언어에서 분리시킬 수가 없다." 그는 오르(Orr) 박사의 말을 다음과 같이 인용하고 있다: "사상은 반드시 형태를 취하고 언어로서 표현된다. 만일 영감이 있다고 하면, 그것은 틀림없이 사상과 함께 언어에도 침투하여 표현을 형성해야 할 것이다". 기독교 신학 개론. 신복윤 역 (서울: 성광문화사, 1974), 43.

람들이 일상 생활에서 쓰던 언어였다.[39] 그 일반 언어로 저자가 영감을 받아 성경을 기록할 때에 기록된 내용과 함께 그 기록된 언어도 영감 된 것이다. 그런데, 많은 학자들은 그 언어 자체를 독특한 거룩한 언어라고 보았다. 그래서 그들은 성경 헬라어를 "성령 헬라어"(Holy Ghost Greek)로 보는 이론을 옳다고 받아들였다.[40] 이들은 신약성경 헬라어와 70인경 헬라어를 하나로 묶어서 그 당시 헬라어와는 구별되는 문법과 어휘를 가진 "거룩한 헬라어"(sacred Greek)이라고 불렀다.[41]

---

39) 이러한 사실을 최초로 밝히 드러낸 사람은 독일 학자 다이스만 (A. Deissmann)으로서, 그는 신약 성경과 동시대 이집트에서 쓰이던 헬라어 파피루스의 연구에 근거하여 신약 성경의 헬라어가 파피루스의 헬라어와 본질적으로 동일함을 역설하였다. 자세한 논의를 위해서는 그의 저서 *Bible Studies* (2nd ed.; trans. A. Grieve; Edinburgh: T. & T. Clark,1903),특별히 67-70을 참조하라.

40) 로스(R. Rothe)는 신약성경 헬라어를 "Holy Ghost Greek"이라고 부른다. (*Zur Dogmatik* [Gotha, 1863],238). 캐드버리(H.J. Cadbury)는 18세기의 신약을 배우는 학생들은 신약성경 헬라어를 헬라어의 독특한 한 방언으로 생각했다고 적고 있다. *The Making of Luke-Acts* (London: S.P.C.K, 1927. 2nd ed. 1958),115-16. 이 각주와 아래 각주는 본인의 책, *The Original Language of the Lukan Infancy Narrative* (New York/London: T & T Clark International, 2004), 11, 15-17에 의존한 것이다.

41) 기독교의 선생들과 저자들은 70인경의 번역이 영감 되었다고 가정했고, 히브리어 보다 열등하다고 여기지 않았다는 사실도 주목할 만하다. 이와 같은 사람들에게 성경 원어가 갖는 의미는 중차대한 것임에 틀림없다. 참조. H.B. Swete, *Introduction to the Old Testament in Greek* (rev. R.R. Ottley; Cambridge: the University Press,1914), 462. 70인경과 신약 성경을 기록한 헬라어가 "유대인 헬라어"(Jewish Greek)임을 주장하기 위해 많은 학자들이 여러 가지 연구를 행하였다. 게만(H.S. Gehman)은 70인경의 헬라어는 셈족화된 헬라어로 유대인의 헬라어라고 주장한다. H.S Gehman, "The Hebraic Character of Septuagint Greek", *VT* 1 (1951),81. 터너(N. Turner)는 신약 헬라어는 70인경의 영향아래 형성된 "유대인 헬라어"이거나 "성령 헬라어"라고 주장한다. N. Turner, "The Language of Jesus and His Disciples", in *The Language of the New Testament: Classical Essays* (ed. S.E. Porter; Sheffield: Sheffield Academic Press, 1991),184.

다. 원어에 대한 평가절하

그 반면에, 특별히 최근 들어 성경 언어의 중요성을 폄하하는 사람들이 있다. 그러한 현상이 나타난 이유 중의 하나는 수많은 번역 성경들의 출판일 것이다. 그리고 세계적으로 흐르고 있는 반 지성주의의 영향을 지적하지 않을 수 없다.[42] 이것은 일반 해석자에게 성경 언어의 필요성은 물론 그 존재조차도 때로는 인식하지 못하게 만든다. 이러한 경향은 점점 더 심해져서, 많은 신학교는 성경 원어 교육을 포기하고 있다. 뿐만 아니라, 신학자들 역시 원어에 대한 연구보다는 원문의 문화적, 역사적 배경이나 문맥을 통해 원문의 뜻을 밝혀내는 것을 더 우선시하고 있다. 더 나아가 요즈음에는 문예비평이나 독자비평등의 방법을 통하여 성경을 이해하려고 한다.

그러한 경향을 잘 나타내는 예가 브라운(R.E. Brown)의 누가복음 1-2장의 유아기 기사의 원언어 연구에서 발견된다. 브라운은 누가복음 1-2장의 유아기 기사의 원 언어 문제를 다루면서, 자신이 언어학적인 연구로 자료 문제를 결정하는 것을 포기했다고 적고 있다. 언어 연구가 아니라, 내용과 주제의 연구가 자료 문제에 대한 결정적인 답을 줄 수 있다고 주장하는 것이다.[43] 자료 문제를 결정하는데 있어서도 원어가 아닌 내용과 주제가 더 중요한 역할을 한다고 보는 입장이다.[44] 하지만 내용과 주제에 근거한 연

---

42) 왜 사람들이 성경 원어를 읽기를 싫어하는지에 대해 날카로운 분석과 왜 성경을 원어로 읽어야 하는지를 라이온(T. Lyon)은 자세히 밝히고 있다. 목회자는 더 이상 "그 책(성경)의 사람으로 인식되지 않는다." 그에 따르면, 목회자는 이제 "교회의 행정가나 사회 통합가, 또는 인간관계 치유자 정도로 생각되고 있다." 자세한 논의를 위해서는 그의 논문 "왜 우리는 원어로 성경 읽기를 힘써야 할까?" 진리의 깃발 (2003), 76-85를 보라.

43) *The Birth of the Messiah: A Commentary on the Infancy Narrative in Matthew and Luke* (London: Geoffrey Chapman,1977),

구 또한 제한적일 수 밖에 없으며 원어 연구가 자료문제 해결에 있어서도 중요한 근간이 되고 없어서는 안될 뼈대가 됨을 분명하게 인식하여야 한다. 올바른 문법적 관찰에 근거하지 않은 이론은 한순간에 무너져 내릴 수가 있기 때문이다. 그렇다면 한국 신학계는 이 문제에 대해 어떤 자세를 취하고 있는 것일까?

라. 한국 신학계의 성경 원어에 대한 태도

(1) 현재 상황

한국 신학계는 원어 공부에 대한 열정이나 갈급함을 더 이상 갖고 있지 않다.[45] 원어에 대한 이러한 한국 신학의 태도는 세계적인 추세를 잘 따라가고 있다. 앞에서도 잠시 언급했듯이, 세계적인 추세를 말하자면, 성경 원어에 대한 관심과 교육은 현저히 그 열기가 식어 가고 있다.

그런데, 여기서 한가지 유의해서 봐야 할 사실이 있다. 우선, 원어에 대한 무시를 선도해나가는 학교들이 자유주의 진영에 속해 있다는 사실이다.

---

44) 비슷한 주장을, 에베소서 3:12에 있는 표현 πίστος Χριστοῦ에 대해 논의하면서, 포스터(P. Foster)는 펼친다. 그는 문법적 분석의 의미와 관련해 다음과 같이 쓰고 있는데, 이는 최근 학자들의 원문 연구에 대한 태도를 잘 드러내 준다: '문법적 분석이 주석에 반대되는 명제가 아닌 반면에, 그것은 궁극적으로 종속적인 역할을 하며, 본문을 주해하는 최상의 방법에 빛을 던져 줄 수도 있는 하나의 도구로 작용할 뿐이다.' "The First Contribution to the πίστος Χριστοῦ debate", *JSNT* 85(2002), 77. 이러한 포스터의 주장은 올바른 측면과 오해를 불러일으키는 측면을 함께 담고 있다. 문법적 연구가 본문의 의미를 해석하는데 유일한 중추 역할을 하지 못하는 것은 사실일 수도 있다. 그러나, 문법적 분석은 본문의 주해를 위한 기초와 근간이 된다는 사실 또한 올바로 인식되어야 한다.

45) 그리고 그것이 필요치 않다고 외치며, 차라리 영어를 더 공부하라고 주장한다. 이러한 주장은 전혀 틀린 말은 아닐 지도 모른다. 원어에 투자하는 시간에 새로운 신학사상을 배우고 익히는 것이 더 유익하고 바람직한 것일 수 있기 때문이다.

이것은 결코 우연이 아니다. 그 진영의 학자들의 주된 관심사는 본문 (text)이 아니라 상황이나 맥락(context)이기 때문에 본문에 대한 연구는 부차적이 된다. 본문에 대한 관심소홀은 필연적으로 성경원어에 대한 경시로 나아가게 되어 있었던 것이다. 다만 얼마나 시간이 걸리는가 하는 문제였을 뿐이다. 예컨대, 여성 신학을 이야기할 때, 성경 원문을 연구해서 그것에 근거해 발전시켜 나갈 필요는 거의 없다. 여성 신학 전공자들은 여성 신학을 구축하기 위해 그 이론에 충실하려고 하지 성경 본문에 충실하려고 하지 않기 때문이다. 영어로 표현해 보자면 본문에서 의미를 끌어내는 주석이나 주해를 의미하는 'exegesis'가 아니라 본문에다 해석자의 사상을 집어 넣어 버리는 'eisegesis'가 되어 버리는 것이다. 그런 자세가 왜 잘못된 것인지에 대해서는 지면 관계상 여기에서 자세히 논의할 수는 없다. 하지만, 그런 사람들의 태도 속에 배어 있는 기본 생각이 무엇인지를 따져 보기만 해도 문제는 극명하게 드러난다. 이러한 본문에 대한 경시가 성경 원문에 대한 연구를 소홀하게 만들고 만 것이다.

그 반면에 소위 복음주의 계통의 신학교들은 여전히 성경 원문과 성경 원어의 중요성을 강조하고 그 교육에 힘을 쏟고 있다. 이 현상은 어쩌면 자연스러운지도 모른다. 왜냐하면, 복음주의 진영, 특별히 개혁주의 진영의 학자들은 상황이나 맥락(context)보다는 본문(text)을 강조하고 그 본문의 바른 의미에 확고히 근거해서 시대상황에 대해 답을 제시하려고 시도하기 때문이다. 본문에 대한 강조, 그리고 본문의 의미 파악에 대한 강조는 필연적으로 그 본문의 원 언어에 대한 중요성의 인식으로 발전해 가게 되어 있다. 그래서 지금도 여전히 복음주의 계통의 학교들은 성경 원어에 대한 인식이 높고, 교육과정에 그 중요성이 잘 배어 있음을 발견하게 된다.[46)]

(2) 서구 신학 전통의 견실성과 성경원어

간과해서는 안 되는 또 다른 측면은 서구의 경우에는 성경 원어에 대한 연구가 오랜 기간 동안 진행되어 왔고 그 결과 넓이와 깊이가 다져져 있는 가운데 눈을 좀 더 실제적인 것에 돌린 반면에, 한국 신학은 그런 토양이 전혀 되어 있지 않은데, 토대가 쌓이기도 전에 관심조차 갖지 않게 되어 버렸다는 사실이다. 서구에서 원어에 대한 관심이 줄었다고는 하나 한국과는 처지가 다르다. 우선 그들은 신학자층이 두텁다. 그 사람들이 세부적으로 얼마나 세세한 부분에 까지 전문화되어 있는지를 보면 알 수 있다.[47] 그 만큼 전통이 깊고 따라서 학자층도 두터운 것이다. 이것은 원어 영역에도 예외가 아니어서 세세한 원어 영역에까지 전문가들이 존재한다.

또 하나 주목할 것은 미국의 거의 모든 4년제 대학에는 고전 라틴어와 고전 헬라어를 가르치는 고전어 학부가 있으며, 이것은 유럽의 경우에는 더 말할 나위가 없다. 그런 사람들 중 일부가 신학교에 진학하고 그런 사람들 중에서 (성경) 신학자가 나오는 구조를 가지고 있다. 그런데, 우리나라는 전혀 그렇지가 못하다. 우리는 신학의 전통도 짧고 게다가 학자층도 두텁지 못하다.[48] 이러한 상황을 염두에 두고 성경 원어에 대한 현재의 세계적인 추세를 바라보아야 한다.

---

46) 개혁주의를 포함한 복음주의 계열의 신학교들은 여전히 원어를 강조한다. 대표적으로 Calvin과 Gordon Cornell 신학교를 들 수 있으며, Westmister도 여기에 포함된다.

47) 세계적으로 가장 큰 기독교 학회인 성경 문헌 학회(SBL)의 경우에, 각 분야가 아주 세분화되어 있다.

48) 이런 면에서 일본은 우리와는 다른 모습으로 나타난다. 그들은 각 영역에서 전문가들을 키워내고 영향력을 행사하고 있다. 대표적인 사람으로 셈족어 연구의 대가인 T. Muraoka 교수를 들 수 있는데, 그의 저서는 그 방면에서는 빼놓을 수 없는 필독서다. 그 뿐만 아니라, 우리가 알지 못하는 수많은 뛰어난 일본인 학자들이 있다. 대표적인 신약 학자모임인 세계 신약 신학자 대회(SNTS)에도 많은 일본학자들이 회원으로 등록되어 있고 활동하고 있다.

(3) 한국 신학의 서구의존성과 성경 원어와의 관계

서구에서 수 백년 동안 내려오는 튼튼한 원어 연구의 토대 위에 세워놓은 신학을 아무런 토대가 없는 상태에서 받아들이게 되면 진정한 깊이는 습득할 수 없게 된다. 그런 토대 위에서 서구 신학자들은 계속해서 새로운 주장들을 쏟아내어 왔고 또 쏟아낼 것이다. 그들은 원전에 충실하면서 동시에 현실에 대해 반응하는 균형을 이루는 반면에 한국 신학은 잘못하면 오로지 뿌리 없는 이론만 계속해서 수입하게 된다. 그 결과 우리 한국 신학에 주어진 사명 중에 하나인 세계 신학계에서 공헌할 수 있는 기회를 잃을 수도 있음을 기억해야 한다.[49] 성경에 근거한 신학을 깊이 있게 하지 못하다 보니 한국 상황을 중시하여 독특하게 형성된 민중신학 같은 토착화 신학이 이름을 떨치고 있는데, 사실 그 신학을 따르는 신봉자가 한국 교회에 얼마나 있겠는가? 그럼에도 불구하고 그것이 한국을 대표하는 신학처럼 되어 버렸다.[50] 이 같은 현상은 성경 원어에 대한 깊은 이해 없이 신학만 뒤따라 가서 생긴 결과이다. 최소한 이러한 현상이 발생하게 된 원인 중의 하나가 성경 원어에 대한 무관심임이 틀림없다. 개혁주의 입장에서 생각해 보더라도, 개혁 신학을 올바르게 정립하기 위해서 해야할 일 중

---

49) 이것은 대단히 유감스러운 일이다. 한국교회의 발전과 위상에 걸맞게 한국 신학도 세계 신학계에서 그 위상을 높이고 또 공헌을 해야함에도 그렇게 하지 못하는 것은 실로 유감이다.

50) 몇 년 전 독일인 신학자 4명이 민중신학으로 박사학위를 독일에서 받았다. 그것은 뉴스거리여서 일반 방송 뉴스에서 다루어지기 까지 했다. 한국 교회에서 거의 외면당하는 민중신학이 한국을 대표하는 신학이 되어 버린 것이다. 이러한 왜곡은 복음주의자들, 특별히 개혁진영의 학자들에게도 반성을 촉구한다. 대부분의 한국 교회가 속해 있는 복음주의적, 또는 개혁주의적 신학계에서 세계적으로 활동하거나 인정받는 학자들이 별로 없으므로 한국을 대표하는 신학이 민중신학으로 비추어지는 이 현상을 타파하기 위한 각성과 노력이 절실히 요구되는 것이다.

에 가장 중요한 것은 성경에 근거한 개혁주의 신학을 세우고 발전시켜나가는 것이다. 물론, 역사적인 개혁주의 입장을 견지하며 과거 개혁주의 정통신학을 숙지하기 위해 그것을 연구하는 작업도 중요하다. 하지만 그와 더불어 성경에 근거하여 그것을 평가하고 발전시켜 나가는 작업 역시 중요하다고 말할 수 있다. 그리고 이것은 필연적으로 성경 원문에 대한 주의 깊은 관심을 요구하며 결국은 성경 원어에 대한 깊은 관심을 요청하게 된다.

마. 성경 원어 연구와 성경 문맥

성경 원어 연구에 있어서 고려해야 하는 중요한 사항 중 하나는 원어와 문맥과의 관계다. 성경 원어를 연구할 때, 과거에는 같은 뜻을 가진 서로 다른 단어들 사이의 미묘한 차이점을 강조하고 거기에 근거해 본문의 의미를 파악하려는 경향이 있었다. 반면, 요즈음의 경향은 성경 원어에서 단어들이 갖는 미묘한 차이나 상이점보다는 문맥에서 그 원어의 뜻이 무엇인지를 결정해야 한다고 강조한다.[51] 이러한 커다란 방향은 맞는 것이다. 소위 말하는 사전적 연구는 주해를 위해 가장 중요한 요소 중에 하나임에도 불구하고 크게 남용되는 영역이기도 하다.[52] 사실, 문맥의 고려 없이

---

51) 이러한 주장을 위해서는 W.C. Kaiser와 M. Silva의 *An Introduction to Biblical Hermeneutics: The Search for Meaning* (Grand Rapids: Zondervan, 1994) 60-64을 보라.

52) T.R. Schreiner, *Interpreting the Pauline Epistles: Guides to New Testament Exegesis* (Grand Rapids: Baker Book House, 1990),128. 그 대표적인 예가 바로 예수님께서 베드로에게 "네가 날 사랑하느냐?" 라고 세 번 물으시는 사건의 기록에서 발견된다 (요 21:15-19). 이 본문에 대해서 누구나 한번쯤은 다음과 같은 요지의 설교를 들어보았을 것이고, 또 직접 그런 설교를 해보았을 것이다. 예수님께서 세 번 베드로에게 똑같은 질문을 하셨지만, 원문에 "사랑하다" 를 위해 쓰인 동사는 첫번째와 두 번째에서는 ἀγαπάω였고, 세 번째에서는 φιλέω였으며, 그것이 이 본문의 의미를 파악하는데 핵심이라는 것이 이런 설교의 대략적 내용이다. 예수님께서 두 번째 까지 아가페

단어 자체에 대한 연구에 의존하여 이끌어낸 결과에 근거한 해석은 타당성이 없다. 이런 식의 연구를 집대성한 것은 바로 TDNT이다. 이러한 연구 방식에 대해 의문을 제기하고 단어는 구체적인 문맥에서 어떤 의미로 쓰였는가에 따라 그 뜻이 결정되어야 한다고 주장한 사람은 바(James Barr)였다.[53] 그의 주장은 성경 해석의 물줄기를 바로 잡아 놓았다고 평가할 수 있다.

하지만 문맥에 대한 지나친 강조는 또 다른 부작용을 낳을 수 있다. 어떤 단어의 어떤 의미가 문맥상 가장 적합하게 보일 때, 그 단어가 그런 의

의 사랑을 할 수 있느냐고 물으셨으나, 베드로는 그런 사랑을 하지 못하기에 결국 예수님께서 베드로의 수준에 맞게 기준을 낮추어 잡아서 필레오의 사랑을 하도록 허락했다는 말씀은 우리 같은 사랑의 능력이 없는 자들에게는 얼마나 큰 위로가 되는지 모른다. 하지만 이러한 주장은 문헌학적으로 전혀 근거가 없다. 이 두 단어 사이에 그러한 차이는 분명하게 나타나지 않으며 두 단어는 서로 혼용되어 신약성경 당시 헬라어 문헌들에 나타나고 있으며, 더 중요하게는 요한 문헌에서도 구분없이 사용된다. 이 본문에 얽힌 여러 가지 해석의 문제와 관련해서는 D.A. Carson, *The Gospel According to John* (Grand Rapids: Eerdmans, 1991), 676-78을 보라.

또 다른 예를 든다면, πέμπω와 ἀποστέλλω사이의 구별일 것이다. 전자는 아무런 사명 없이 그냥 보낼 때 쓰이고 후자는 사명을 주어 보낼 때 쓰이는 단어라는 설명을 신학 서적들 속에서 찾아볼 수 있다. 하지만 이런 구분은 사실 명확하게 나타나지 않는다. 두 단어는 신약성경에서, 최소한 요한복음에서는, 서로 바뀌어 사용되고 있다. Kittel의 *Theological Dictionary of the New Testament* (TDNT)에서 렝스톨프(Karl-Heinz Rengstorf)는 이 두 단어의 차이를 언급하고 있으며 (vol. I, 398-446), 한국 신학교에서 가장 많이 사용되는 기초 문법책 중에 하나인 G. Machen의 기초 문법 책에도 이런 구분을 분명하게 언급하고 설명하고 있다 (「신약성서헬라어」, 이순한 편역 [한국 기독교 교육연구원], 52).

53) 그의 책, *The Semantics of Biblical Language* (Oxford: Oxford University Press, 1961)을 보라. 실바(M. Silva)도 언어학적인 입장에서 끊임없이 구문론과 문맥의 중요성을 강조한다. 이러한 그의 주장에 대해서는, 그의 책 *Biblical Words and Their Meaning: An Introduction to Lexical Semantics* (Grand Rapids: Zondervan, 1983), 특별히 18-22을 보라. 또한 그의 저서 *God, Language and Scripture: Reading the Bible in the Light of General Linguistics* (Grand Rapids: Zondervan, 1990)을 참조

미로 사용된 용례를 찾아볼 수 없는 경우에도 문맥에 맞는 그 단어의 의미를 취하게 된다는 부작용이 나타날 수 있기 때문이다. 그러한 예 중의 하나가 누가복음 1장 37절에서 나타난다. 거의 모든 영어 성경과 주석가들은 이 본문을 "for with God nothing will be impossible" 이라고 번역하지만, "with God" 에 해당하는 헬라어 전치사구는 문법적으로 그렇게 해석될 수 없다.[54] 그 전치사 구문은 "from God" 으로 해석해야만 함에도 불구하고, 문맥이 요구한다는 명분으로 그렇게 번역하고 거기에 맞추어 본문을 해석하는 것은 올바른 것이 아님이 분명하다.[55]

비단 단어의 뜻 뿐만 아니라, 시제의 의미도 문맥에서 결정해야 한다는 주장이 제기되었다. 이 주장에 따르면, 헬라어의 시제는, 심지어 직설법의 경우조차도, 원래 시간 개념이 없으므로, 그 시제의 의미는 문맥에서 결정되어야만 한다.[56] 이러한 주장은 기본적으로는 올바른 것이지만, 실제적으로 어떤 시제가, 예컨대 미래시제가 현재를 의미하기 위해 쓰여진 이유가 오직 문맥이 요구하기 때문이라고 가정해 보면, 문맥이 시제에 대한 절대

하라.

54) 한글 『개역성경』 (개정판포함)은 이 전치사 구를 "하나님의" 라고 번역하여 "from God" 에 가깝게 번역하는 반면에 『표준 새번역』과 『표준 새번역개정』, 『공동번역』과 『공동 새번역』은 "with God" 에 가깝게 해석하고 있다. 자세한 논의를 보려면, 본 필자의 논고 "누가 복음 1장 37절 본문의 연구", 『성경 원문 연구』, 제 13호 (2003), 92-113을 보라.

55) 누가복음에 나타나는 또 다른 대표적인 예는 11장의 "한밤중에 찾아온 친구 비유" 중 8절에 있는 "(그 친구의) 강청함 (때문에)" 으로 번역된 헬라어 단어 ἀναίδεια에 대한 이해일 것이다. 이 헬라어 명사는 헬라어 문헌 그 어디에서도 결단코 그런 의미로 쓰인 적이 없었음에도 문맥에서 그렇게 요구하고 있다고 생각하여 그 번역을 채택하고 있다.

56) 이와 같은 주장을 하는 대표적인 학자는 포터다. S.E. Porter, *Verbal Aspect in the Greek of the New Testament with Reference to Tense and Mood* (New York: PeterLang,1989)를 참조하라. 헬라어 시제에 대한 그의 견해는 다음 장에서 다루어진다.

결정권을 갖게 되고 만다. 그리고 그 문맥이라는 것은 많은 경우 신학적인 입장에 따라 결정된다. 문맥의 결정은 문법적 해석과 서로 밀접하게 연결되어 있으며, 문맥에 대한 지나친 강조는 문법에 대한 지나친 강조가 낳는 문제점 못지 않게 문제를 일으킬 수 있다. 그러므로, 문맥과 문법에 대한 균형 잡힌 자세와 시각을 가지고 본문에 접근할 때에 올바른 해석이 가능함을 인식해야 한다.

바. 새로운 성경 해석이론과 성경 원문

어떤 사람들에게는 새로운 성경 해석의 방법론이 성경 원문을 강조하는 전통적인 방법론과는 병존할 수 없는 것처럼 느껴질지 모른다. 그래서 새로운 해석이론의 등장은 성경 원문을 몰라도 성경 본문의 의미를 밝히 드러내 줄 것이라는 신념을 갖게 할 수도 있다. 하지만, 이것은 잘못된 인식이다. 새로운 성경해석 방법론과 성경원문을 강조하는 전통적 방법론은 서로 모순되는 관계가 아니라 서로 보완해 주고 의미를 더욱 더 밝히 드러내 주는 관계를 가지고 있다. 원문에 대한 깊이 있는 이해는 새로운 방법론을 깊이 있게 원문에 적용할 수 있게 만들어 준다. 세계적인 개혁주의 성경 신학자들과 조금 폭을 넓혀 복음주의 진영의 신학자들의 원어 실력은 수준급이라는 것은 주지의 사실이다. (G. Machen, F.F. Bruce, H. Ridderbos, I.H. Marshall, J. Jeremias, M. Hengel, G. Fee, M. Silver, S.E. Porter) 신약 신학자들 뿐만 아니라, 설교학(S. Greidanus)이나 조직신학의 경우에도 많은 학자들이 성경원어를 잘 알아 조직 신학의 근거로 어떤 구절을 사용할 때 원어에 근거한 주해를 실행한다. (B.B. Warfield)[57] 원어 연구에 근거할 때 성경에서

57) 역사 신학자 중에도 헬라어에 상당한 조예가 있는 경우를 R.A. Muller에서 찾을 수 있다.

벗어나지 않으면서도 독창성을 가지고 있는 해석과 이론을 발견해 낼 수 있다. 이전 해석학은 물론 새로운 성경 해석 방법론의 밑바닥에도 성경원어에 대한 깊이 있는 이해가 깔려 있어야 그 방법론이 믿을 만하고 견실하며 풍성하게 열매를 맺을 수 있기 때문이다.

사. 결론적 제안

위와 같은 좋은 여건에도 불구하고 성경원어에 대한 관심과 연구가 살아나지 않는 이유는 무엇일까? 그 이유 중에 하나는 이러한 새로운 환경을 이용한 새로운 원어 교육 방법론이 제시되지 못하고 있으며, 또한 제시되어도 제대로 적용되지 못하는 데 있다. 새로운 원어 교육 여건에 맞는 방법론을 개발하여 체계적으로 기초 문법을 가르치고, 한 걸음 더 나아가 중급 혹은 고급 헬라어 문법 지식을 가르친다면, 성경을 바르게 해석하고 그 해석을 근거로 설교를 준비하는데 큰 변화가 일어날 것이다. 그런 의미에서 기존의 주요 문법 사항에 대해 정리해 주고 새로운 헬라어 문법 이론에 대한 소개와 평가에 근거한 연구저서가 절실히 요청된다.

이러한 새로운 원어 교육방법론과 더불어 새로운 환경을 적극 활용하고자 하는 성경 해석자와 설교자의 자세가 절실히 요구된다. 아무리 좋은 환경이어도 그것을 이용하여 성경 말씀을 바르게 해석하고 그 진리의 말씀에 나아 가고자 하는 결심이 없다면 그 환경은 무용지물이 되기 때문이다. 그러한 진지한 자세를 가지고 새로운 원어 환경에 접근할 때에, 성경 언어에 대한 관심과 성경 본문 해석에 대한 관심이 깊이 있게 형성될 것이고 그 토양에서 개혁 주의적 전통에 충실하면서도 독창성을 가진, 성경에 근거한 개혁 신학의 발전이 이루어 질 수 있을 것이다.

(1장의 요약)

이상의 논의에서 성경의 올바른 이해를 위해 성경 원어가 얼마나 중요한 역할을 하는지에 대해서 살펴보았다. 특별히 성경의 정확무오성과 성경이 모든 삶의 영역에서 원리를 제공해 준다는 개혁주의의 입장을 파악하기 위해서 대표적인 종교 개혁가이며 개혁주의의 원조라 할 수 있는 칼빈의 성경원어에 대한 견해를 살펴보았다. 그 결과 칼빈이 성경의 올바른 해석을 위해 성경 원어, 그 중에서 특별히 성경 헬라어를 중시여겼음을 알 수 있었다. 또한 그 후의 시대와 현대에서도 왜 신약 성경의 올바른 해석을 위해 성경 헬라어가 중요한지를 밝혀보았다. 결국 성경의 무오성과 절대 권위를 믿고 주창하는 개혁주의적 입장에서 볼 때, 성경의 올바른 이해는 아무리 강조해도 지나치지 않다고 볼 수 있으며, 그것을 위해 성경 원어 이해의 중요성 또한 올바르게 인식되어야만 한다고 말할 수 있다. 그렇다면 구체적으로 어떻게 성경 헬라어의 지식이 성경 해석에 영향을 주는가? 다음 장에서는 이 질문의 대답 중 중요한 부분을 차지하는 헬라어 동사의 시제에 대해 연구해 보고자 한다.

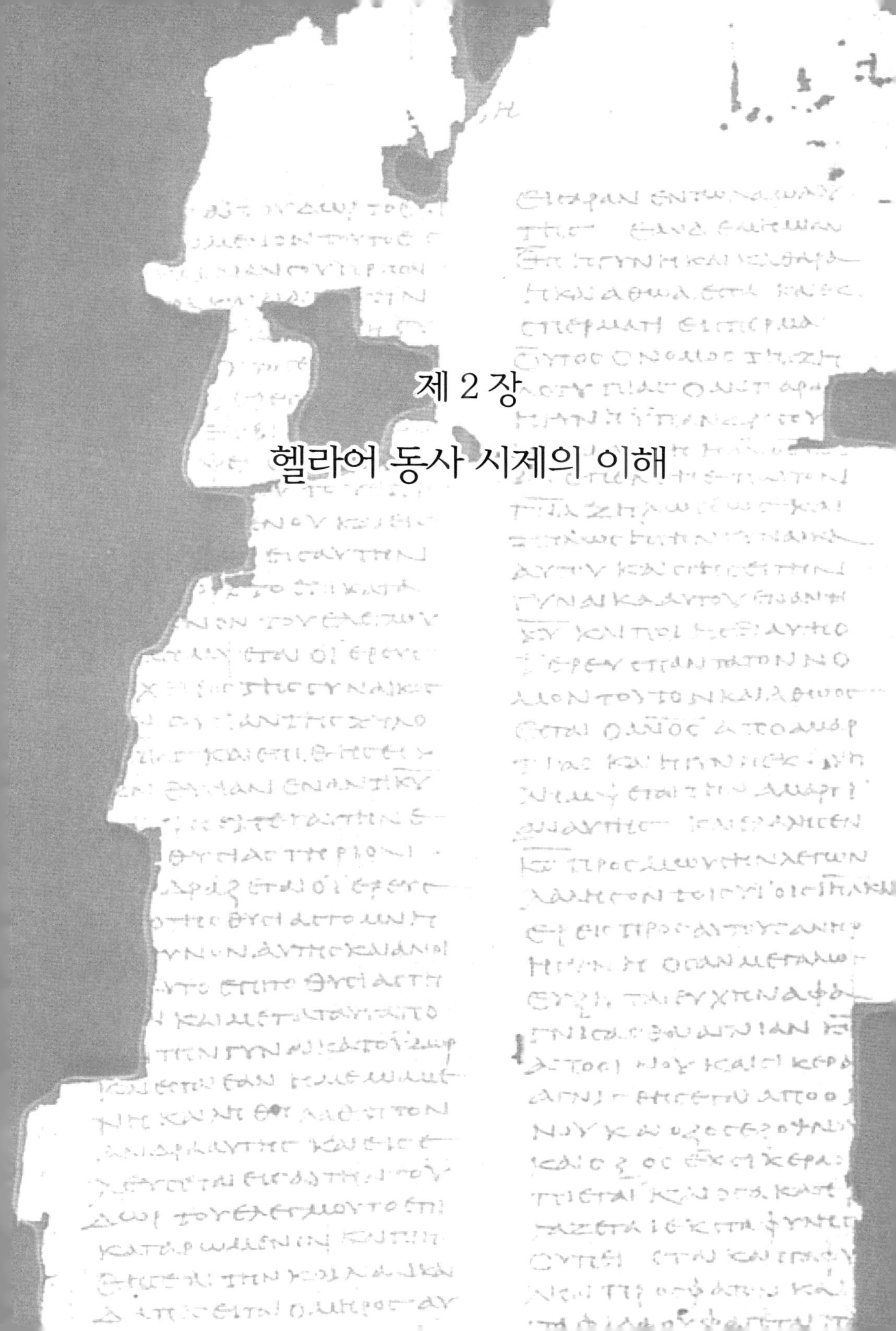

제 2 장

헬라어 동사 시제의 이해

제 2 장 헬라어 동사 시제의 이해

최근 들어 헬라어 동사 시제에 대한 견해만큼 급격한 변화를 겪고 수많은 논란과 혼란을 불러 일으킨 주제는 없을 것이다. 새로운 언어학적 방법론을 성경 헬라어에 적용하여 기존의 전통적인 헬라어 시제에 대한 견해를 뒤집고 새롭게 성경 헬라어 시제를 해석하고자 하는 시도가 있었고, 그것이 지대한 영향을 미치고 있기 때문이다. 따라서 이 주제에 대한 주의깊은 관찰과 평가가 이루어져야 한다.[1] 그러므로 이번 장에서는 헬라어 동사 시제의 의미에 대해 살펴보고자 한다. 먼저 최근에 등장하여 깊은 영향을 주고 있는 동사 상 이론(Verbal Aspect Theory)을 소개하고 평가한 후, 이 책의 입장을 결정하고 그 견해에 입각하여 헬라어 시제를 연구해 보도록 할 것이다. 이렇게 함에 있어 직설법부터 시작하여 명령법, 분사, 가정법 등에서 동사의 시제가 어떻게 사용되었는지 연구해 보고자 한다.

I. 동사 상 이론(Verbal Aspect Theory)

약 20년 전에 일반 언어학에서 시작하여 발전한 동사의 시제에 대한 개념이 성경 헬라어에도 도입되어 소개되기 시작하였다. 사실 100여년 전에

1) 이러한 새로운 흐름에 대한 연구와 논의가 국내 신약학계에서 별로 없는 것은 대단히 아쉬운 일이다. 물론, 간헐적으로 개별학자들에 의해서 논문이 발표되기도 하지만 집중적인 논의와 평가는 거의 없는 실정이기 때문이다. 빌레몬서의 동사 상 연구와 관련해서는, 박윤만, "동사 상과 빌레몬 담화처리" 『신약연구』 10/4(2011), 941-76을 보라.

일반 언어학에서 상(aspect)에 대해 활발한 논의가 일어났었는데, 1990년경에 상에 대한 연구가 특별히 성경 헬라어 영역에서 다시 부흥기를 맞게 되었던 것이다.[2] 그 때 두 명의 신약 신학자가 이 개념에 대한 논쟁을 벌여서 큰 관심을 불러 일으켰다. 한 사람은 패닝(Buist Fanning)이었고 다른 한 사람은 포터(S.E. Porter)였다.[3] 두 사람은 전통적으로 견지되어 오던 헬라어 시제에 대한 견해, 곧 헬라어 시제가 기본적으로 시간이나 객관적인 동작의 종류(Aktionsart)를 나타낸다는 전통적인 주장을 한 목소리로 논박한다.

시제가 시간을 나타낸다는 주장은 쉽게 이해할 수 있으므로 긴 설명이 필요없다. 반면에 동작의 종류를 나타낸다는 견해는 설명이 필요하다. 이것을 간단하게 설명해 보자면 헬라어의 시제는 기본적으로 어떤 동작이 어떻게 생겨났는지를 묘사하기 위해 사용된다고 본다.[4] 그래서 현재 시제에 속하는 시제는 진행 중인 동작(on-going action)을 나타내고 과거시제는 완료된 동작(completed action)을 나타낸다. 그런데 이것을 저자의 주관적인 선택이 아닌, 객관적으로 묘사되는 동작의 종류라고 보았던 것이다. 물론, 직설법이나 분사의 경우에는 시제 자체가 절대적 혹은 상대적 시간관계를 표현해 준다고 보았다.

---

2) Constantine R. Campbell, *Verbal Aspect. the Indicative Mood. and Narrative Verbal Aspect* (New York: Peter Lang, 2007), 1.

3) 이들에 의해 출간된 두 권의 책은 성경 헬라어 시상 연구의 교과서가 되었다. Buist M. Fanning, *Verbal Aspect in New Testament Greek. Oxford Theological Monographs* (Oxford: Clarendon, 1990); S.E. Porter, *Verbal Aspect in the Greek New Testament: With Reference to Tense and Mood* (New York: Peter Lang, 1989).

4) Porter, *Idioms of the Greek New Testament* (Sheffield: Sheffield Academic Press, 1992), 27. 동사의 시제는 언제(when-시간) 어떻게(how-동작의 종류)에 관심이 없고 상(aspect)을 나타내 주는데 상이란 저자가 어떤 동작을 묘사하기 위해 어떻게 선택했는지를 나타내 준다. David L. Matthewson의 책, *Verbal Aspect in the Book of Revelation : The Function of Greek Verb Tenses in John's Apocalypse*(Leiden/Boston: Brill, 2010), 16을 보라.

그런데 패닝과 포터 이 두 학자는 일반 언어학의 개념을 도입하여 헬라어 시제에 대해 새로운 관점을 제시한다. 이 분야에서 두 사람의 영향이 지대하기 때문에 그들의 주장을 소개하고 평가해 볼 필요가 있다. 두 사람 사이에는 공통점과 차이점이 있는데 이것들을 정리해 보도록한다.

1. 포터의 입장

먼저 포터의 입장을 살펴보자면, 그는 보다 급진적인 주장을 펼친다. 헬라어 시제는 시간이나 동작의 종류가 아니라 상(aspect)를 나타내는데, 이것은 직설법 이외의 법에만 해당되는 것이 아니라 심지어 직설법에도 적용된다고 주장한다. 다시말해, 직설법에서도 현재 시제는 현재를 나타내는 것이 아니며 과거 시제는 과거를 지칭하지 않는다. 모든 법(mood)에서 시제는 어떤 동작에 대한 화자나 저자의 주관적 묘사일 뿐이다. 다시 말해 그 동사를 사용하는 화자나 저자의 어떤 동작에 대한 주관적 묘사이지 동작의 종류(Aktionsart)의 경우처럼 객관적 동작의 종류가 아니다.[5)]

어떤 동작을 객관적으로 그렇게 표현해야만 하기에 어떤 시제를 사용한 것이 아니라, 저자나 화자의 주관적 선택이라고 보는 것이다. 따라서 동일한 동작을 위해 현재 시제가 사용될 수도 있고 과거 시제가 쓰일 수도 있다. 자세히 설명해 보자면, 저자의 관점에서 볼 때 어떤 동작을 내적 관점(internal perspective)에서 진행하는 것으로 보는 것이 현재 시제이고 동작 전체를 외부에서 보고(external perspective) 하나의 동작으로 표현하는 것이 과거 시제라는 것이다.[6)] 또한 그는 전통적으로 내려오는 시제의 분류에 따른 범주

---

5) Porter, *Verbl Aspect*, 86-88.

6) 상(aspect)에 대한 포터의 정의를 보려면 그의 책, *Verbal Aspect*, 88을 보라. 상에 대한 정의를 하지 않으면서 그 용어를 사용하는 일이 자주 있음을 지적하면서 그는 다

의 구분을 완전히 부인한다. 예를 들어서 직설법 현재 시제의 '역사적 현재' 용법이나, '미래를 나타내는 현재' 등의 범주를 거부한다. 헬라어의 시제는 직설법에서 조차 원래 시간의 관념을 전혀 가지고 있지 않기에 그러한 분류는 혼란만 일으킨다고 생각한다. 어떤 동사의 시간적 의미는 동사의 시제가 아니라 문장 속의 다른 여러 가지 요소들에 의해 결정된다.

그러면서 포터는 동사의 상을 세 가지로 구분한다. 완료(perfective) – 미완료(imperfective) – 상태(stative). 완료 상은 어떤 동작을 외부에서 하나의 전체로 보아서 표현해 주는 것을 말하며, 미완료 상은 어떤 동작을 내부에서 관찰하여 묘사하는 것을 말한다. 단순과거가 완료 상에 해당하고 현재와 미완료 과거가 미완료 상에 해당한다. 상태를 나타내는 상은 완료 시제를 뜻하는데, 여기에서도 포터는 전통적인 견해를 거부한다.[7] 전통적 견해에 따르면 현재 완료는 동작 중에서 과거에 일어났으나 그 영향과 결과와 효과가 현재 존재하는 동작을 표현해 준다.[8] 하지만, 포터는 과감하게 여기에서 시간 개념을 삭제해 버린다. 동작이나 사건이 언제 일어났는지를 현재 완료는 말해주지 않고 다만 현재 상태를 표현해 줄 뿐이라는 것이다. 이와같이 포터는 시제에 대한 전통적인 견해를 완전히 거부한다. 물론 이것은 일반 언어학 중에서 조직 언어학(systematic Linguistics)을 자신의 모델로 받아들여 나온 결과이지 본인이 만들어낸 것은 아니다. 어떻든 그는 일반 언어학의 이론을 성경 헬라어 연구에 도입하여 새로운 지평을 열고자

음과 같이 상에 대해 간략한 정의를 제시한다: "Greek verbal aspect is a synthetic semantic category (realized in the forms of verbs) used of meaningful opposition in a network of tense systems to grammaticalize the author's reasoned subjective choice of conception of a process."

7) *Verbal Aspect*, 253.

8) 현재 완료 시제에 대해서는 아래에서 자세히 다루어질 것이다.

시도했던 것이다. 특별히 동사의 시제에 대한 일반 언어학의 견해를 성경 헬라어에 적용하여 기존의 견해를 뒤엎으려 시도했다. 자신의 이러한 시도의 정당성을 그는 시제에 대한 전통적 견해의 허점에서 찾아낸다. 그에 따르면, 전통적 견해에 의해 설명될 수 없는 수많은 예외들이 헬라어 신약성경에 등장한다. 예를 들면, 현재 직설법 시제 동사는 지나간 역사적 사실을 기술한 이야기 속에 자주 등장하는데 이것은 시제가 시간을 나타내 준다는 견해를 부정하는 것이다. 또한 헬라어 분사의 시제가 상대적 시간관계를 나타낸다는 전통적 견해, 곧 과거는 주동사보다 앞선 동작을 나타내고 현재는 주동사와 같거나 주동사 보다 늦은 동작을 나타낸다는 주장에 걸맞지 않는 예들이 수없이 많음을 지적한다. 따라서 이 예외들을 전통적 견해 주창자들이 그렇게 하듯이 예외 범주를 만들어 처리하지 말고 아예 시제에 대한 조직 언어학의 견해를 받아들여 해결하고자 하는 것이다.

2. 패닝의 견해

포터에 비하자면 패닝은 온건하다. 물론 패닝은 동사의 시제가 무엇보다도 상을 나타낸다는 주장을 함에 있어서 포터와 일치한다. 그래서 동사의 시제가 갖는 객관적 가치를 중시하고 시제만 보고 그에 따라 시간 관계와 동작의 종류를 파악하려했던 전통적 견해와는 의견을 달리한다. 무엇보다도 동사의 상을 중시여기면서, 문맥 속에 있는 다른 요소들이 동사 시제의 의미를 이해하고 결정하는데 중요한 역할을 하게 된다고 생각한다.

또한 포터와 마찬가지로 헬라어 시제에서 상은 시간성을 나타내지 않는다고 주장하면서, 상(aspect)과 동작의 종류(Aktionsart)를 구별해 내려고 시도한다. 그러면서 그는 동작의 종류를 절차적 특성(procedural character)이라고 명명한다.[9] 시제가 갖는 영향받지 않는 의미(unaffected meaning)과 영향받는 의미(affected meaning)을 구별하여 전자를 상이 전해 주는 것으로 보고 후자는 동작의 종류가 전해주는 것으로 본다. 이와같이 상은 시제 자체가 갖는 순전한 양상이며 동작의 종류는 그 상이 어떤 문맥에서 사용될 때 여러 가지 요소에 의해 영향을 받아 생긴 양상을 의미한다. 이상의 내용은 포터의 주장과 일맥상통한다. 또한 상과 동작의 종류 사이의 구별과 연관된 것으로 의미론(semantics)와 화용론(pragmatics)를 구분한다. 의미론은 헬라어의 시제 어미 자체가 갖는 고유한 의미에 관한 것이며, 화용론은 어떤 동사가 다양한 문맥 속에서 사용되어 동사 상이 실제화되는 것에 관한 것이다.[10] 이런 입장 역시 포터에서도 나타난다.

하지만, 패닝의 견해는 포터의 견해와는 다른 점을 가지고 있다. 무엇보다도 그는 포터와는 달리 직설법의 경우에는 시제가 시간적 의미를 갖는다고 생각한다. 물론, 다른 법들의 경우에는 헬라어의 시제가 보통 시간적 의미를 전달하지 않으며 상을 전달한다고 본다 하지만 직설법에는 분명 시간을 나타내 주는 요소가 있다고 생각한다. 이것은 그가 동사의 상이 주변의 문맥이나 문맥적 요소들에 의해 깊이 영향을 받아 형성된다고 보는 데서 기인한 것이다. 그렇기 때문에 그는 전통적으로 성경 헬라어에서 사용하던 용어들, 예를 들면 미완료 과거의 습관적 용법, 반복적 용법등이 동사의 상에 대한 새로운 견해를 잘 담아낸다고 주장한다. 또한 패닝은 현재 완료의 경우에는 동작의 종류(Aktionsart)가 나타나서 상태의 동작의 종류를 표현해 준다고 주장하며, 포터와는 달리 완료 시제는 미완료 상에 속

---

9) 이와 관련해서는 Fanning의 책, *Verbal Aspect*, 3장을 참조하라.

10) 이러한 입장은 동사 상 이론을 주장하는 학자들이 일반적으로 받아들이는 것이다. 이와 관련하여, Mathewson, *Verbal Aspect in the Bock of Revelation*, 26-27을 보라.

한다고 본다.[11] 결국 상의 종류를 분류하면서 현재 완료를 위해 따로 상태 상을 만들지 않고 두 개의 상, 곧 미완료 상과 완료 상만 인정하는 것이다.

3. 두 견해에 대한 평가

이렇게 동사의 시제를 상을 중심으로 해석하는 견해는 지난 20년 동안 점점 더 많은 영향력을 발휘해왔다. 그래서 많은 학자들이 이 견해를 받아들이게 되었다. 하지만, 상을 설명하는 방식이나 상에 대한 정의가 이 견해를 지지하는 학자들 사이에서도 논란이 많고 의견 일치가 어려워서 주석이나 다른 연구에서 이 체계에 입각한 연구를 찾아보기는 어려운 실정이다. 또한 이 의견이 본격적으로 제시된지 이제 20년이 갓 지난 까닭에 저변이 넓지 않은 것도 사실이다. 이 두 학자들의 책이 출간되기 이전 세대나 나온 직후 세대는 동사의 시제가 동작의 종류를 나타낸다고 배웠다. 대부분의 언어에서 동사의 시제가 시간개념을 나타내는 까닭에 헬라어의 시제 이해에 어려움을 겪었는데, 겨우 터득한 헬라어의 시제 개념, 곧 동작의 종류(Aktionsart) 이론을 채 소화하기도 전에, 정의하기도 어려운 '상(aspect)'으로 다시 변경하여 이해하는 것은 여간 어려운 일이 아니다. 이런 현실적인 어려움과 더불어 학자마다 상에 대한 견해를 달리한다는 사실은 어려움을 가중시킨다. 학자들마다 의견이 다르다는 것은 어느 한 의견이 큰 대세를 이루지 못했음을 뜻한다.[12]

그럼에도 불구하고 헬라어 시제의 상을 강조하는 학자들이 제시하는 여러가지 주장 중에서 가장 설득력이 있는 주장을 선택하는 일은 가능할 뿐

---

11) Fanning, *Verbal Aspect*, 119-120. 완료 시제는 시제 이해에 있어 중요성을 가짐으로 아래에서 상세히 다루어질 것이다.

12) Campbell, *Verbal Aspect*, 26.

만 아니라, 연구의 진행을 위해 반드시 필요하다 그렇다면 위에서 제시한 두 개의 주장 중 어느 주장이 더 설득력이 있는 것일까? 우선, 직설법에서도 헬라어 시제는 시간을 나타내지 않는다는 포터의 의견도 일리는 있으나, 그의 주장은 결정적인 약점을 가지고 있다. 만일 그의 주장이 옳다면 왜 다른 법에서와는 달리 직설법에서 과거형(단순과거, 미완료과거)에 시상 접두어가 붙어야 하는 것일까?[13] 이 문제에 대해서 포터가 대답하려고 시도하는 것은 사실이다. 하지만 아주 간략하게 설득력이 없게 주장을 펼친다. 포터가 헬라어에는 원래 직설법에서도 시간 개념이 하나도 없었으며 과거 시제에 붙는 시상 접두어 엡실론도 원래 없었다고 주장하며 제시하는 예들은 대부분 호머(Homer)의 작품에 등장한다.[14] 아주 오래전에 그것도 서사시 형태로 쓰여진 작품에 근거하여 나머지 셀 수도 없을 만큼 많은 저서들에 사용된 방식을 논박하는 것은 설득력이 없다. 또한 만일 직설법에서 시제가 다른 법에서와 마찬가지로 동일한 동작의 범주만을 나타낸다면 왜 직설법에 그렇게 다양한 시제들이 사용되고 있는 것일까? 예를 들어 만일 미완료 상을 나타내는 것이 목적이라면 현재 시제만 있으면 되지 왜 미완료 과거가 필요한 것일까? 물론, 포터는 답변을 시도하지만 만족스럽지가 못하다.[15]

---

13) 주지하는 대로 직설법 과거형에서 시상을 나타내 주는 시상 접두어 엡실론(ev)이 붙는다. 만일 시간을 나타낼 필요가 없다면 이것을 붙여서 현재와 구별할 필요가 별로 없어 보인다.

14) Porter, *Verbal Aspect*, 208-209. 한글의 시제도 이같이 파악하여 시간의 개념이 없다고 보는 견해도 있다.

15) 이와 관련하여 현저성, 근접성, 원근성 등의 개념을 드입하여 설명을 시도한다. 하지만 이러한 방식의 해석은 너무나 자의적이라는 인상을 지울 수 없다. 게다가 미완료 과거의 경우 거의 모든 예에서 과거 사건을 지칭한다. 따라서 이런 설명은 설득력이 없어 보인다.

사실 포터의 구분에 따르면 시제 이해는 아주 간단하고 분명해 보인다. 그에 따르면 시제는 어떠한 시간 관계도 나타내지 않는다. 이것은 직설법 뿐만 아니라, 앞서 언급한대로 분사에서도 마찬가지다. 일반적으로, 전통적 견해에 따라, 대부분의 학자들은 분사의 시제는 본동사와의 상대적 시간(relative time)을 나타내 준다고 이해한다. 포터는 분사가 갖는 이같은 상대적 시간 개념도 거부한다. 그런데 문제는, 전통적인 견해를 따라 성경의 예들을 살펴보면 그 견해가 대체적으로 옳다는 것이다. 물론 소수의 예외가 있기는 하다. 그러나 소수의 예외가 어떤 견해를 무효화할 수는 없다. 포터는 어떠한 예외도 허용하지 않는 개념의 범주를 만들어 내려고 시도하는데 예외가 없는 범주를 만들려면 포괄적이고 단순한 개념을 도입할 수 밖에 없다. 이것이 그의 견해의 강점이지만, 그 허점도 바로 거기에 놓여있다.

그러므로 패닝이 대표하는 입장을 따라 직설법에서는 시제가 시간을 나타낸다고 보는 것이 타당하다고 할 수 있다. 전통적으로 시제의 용법을 구분하기 위해 사용된 용어들 역시 허용될 수 있을 뿐 아니라 직설법 시제 용법 이해를 위해 타당한 것이다. 이 문제와 연관하여, 기존에 제시되었던 동작의 종류(Aktionsart)의 개념을 철저히 배제하고 오직 상만을 가지고 시제를 이해하고자 하는 포터의 주장은 성경 헬라어의 실제적 이해를 위해서는 한계를 가지고 있다. 따라서 동작의 종류(Aktionsart)를 상과 전혀 상관없는 별개의 것으로 보기 보다는 서로 깊이 연관되어 있는 것으로 보고자 한다. 이 구분에 따라서 상은 시제가 가지고 있는 순수한 측면으로서 영향받지 않는 의미를 지칭하고 동작의 종류는 문맥이나 사전적 요소들에 의해서 영향받는 의미를 가리킨다. 영향받지 않는 의미는 영향받는 의미와는 구별되어야 하며, 전자가 후자를 표현해 주지 않는다.[16] 그렇지만 이 둘은 구별되어야 하지만 분리될 수는 없다. 서로 긴밀하게 연결되어 있기에 완전 분리된 것으로 볼 수 없는 것이다.

(정리)

이상에서 동사 상 이론을 주장하는 대표적인 두 학자, 곧 포터와 패닝의 견해를 소개하고 평가해 보았다. 결국 보다 과격한 포터의 주장보다는 새로운 이론을 수용하고 발전시키면서도 전통적 견해와 접촉점을 찾아내는 패닝의 주장이 더 설득력이 있다는 결론에 도달하였다. 따라서 본 연구에서는 이같은 입장을 받아들여서 그것에 근거하여 헬라어 시제가 신약성경 이해에 미치는 영향에 대하여 살펴보고자 한다.

Ⅱ. 직설법 시제

위에서 정리한 대로 직설법의 경우에 다른 법과는 달리 시제는 절대적인 시간 개념을 포함하고 있다. 이런 입장이 직설법 시제의 이해에 있어서 어떻게 견지될 수 있는지 두 시제를 선택하여 살펴보고자 한다. 하나는 시제와 관련하여 가장 복잡하고 의견이 분분한 현재완료시제이고 다른 하나는 때때로 오해를 불러 일으켜 해석과 번역에 혼동을 주곤 하는 미완료 과거 시제다. 이 두 가지 시제를 차례대로 살펴보도록 한다.

---

16) D.B. Wallace, *Greek Grammar Beyond the Basics: An Exegetical Syntax of the New Testament* (Grand Rapids: Zondervan, 1996), 2-3. 여러 가지 외적 요인의 영향을 받아 생긴 동작의 종류(Aktionsart)를 원래 시제가 그런 의미를 나타내는 것으로 오해하는 데서 문제가 발생한다. 이 두 요소를 구분하지 않고 함께 혼용하여 문제가 생기는 대표적인 예를 금지의 명령법에서 찾을 수 있다. 금지의 명령법에 대한 자세한 논의는 이 장 뒤 부분에서 이루어진다. 캠벨 또한 이 두 개념의 구별을 주창한다. *Verbal Aspect: The indicative Mood*, 8-12.

1. 헬라어 현재 완료 시제

헬라어의 현재 완료는 한글이나 영어에서는 찾아볼 수 없는 독특한 시상을 표현해 준다. 물론 영어에도 현재완료의 형태는 있으며 용법도 다양한 것은 사실이다.[17] 그래서 한글과는 달리 영어는 헬라어의 현재 완료를 제대로 표현해 줄 수 있다고 생각하기도 한다. 하지만 영어의 현재 완료는 헬라어의 현재 완료와는 근본적으로 다르다. 사실 헬라어 시상에서 현재 완료는 가장 복잡한 형태이며 이것을 어떻게 이해하느냐에 대해서 학자들이 의견일치를 가장 보지 못하고 있는 분야라 할 수 있다.[18] 전통적인 견해와 동사 상 이론 주창자들 사이의 차이와 논쟁은 물론이거니와, 동사 상 이론을 주장하는 학자들 사이에서 조차도 입장 차가 크다는 사실은 현재 완료 시제 이해의 어려움을 잘 나타내 준다. 그렇다면 헬라어의 현재 완료는 어떻게 이해되어야 하는가?

가. 현재 완료 시제의 상에 대한 견해

우선 현재 완료의 상(aspect)가 무엇인지부터 결정해야 한다. 여기에서 당장 난관에 봉착하는데, 그 이유는 너무나 다양한 이론들이 제시되고 어

17) 영어 문법에 따르면 영어의 현재 완료는 다음과 같은 용법으로 사용될 수 있다: 완료, 경험, 계속, 결과. 이 용법들은 모든 영어 문법서의 현재완료 부분에 소개되어 있다. 이 네 가지 용법 중에서 계속용법과 결과 용법이 마치 헬라어의 현재완료 개념과 유사한 것으로 착각할 수 있는 것은 사실이다. 계속은 과거부터 지금까지 지속적으로 이어져 오는 행동을 나타내주기 때문이며 (I have known him for 5 year=나는 그를 오년간 알고 지내왔다) 결과는 과거의 행동의 결과를 표현해 주기 때문이다 (I have lost the Greek textbook [so I do not have it)=나는 헬라어 교재를 분실했다 [그래서 지금 가지고 있지 않다]). 하지만, 이 두가지 용법 중 그 어느 것도 헬라어의 현재완료를 설명해 주지 못한다. 그 자세한 이유와 관련해서는 아래의 논의를 보라.

18) Campbell, *Verbal Aspect*, 161.

느 한쪽이 일방적으로 옳다고 할 수 없을 정도로 팽팽하게 대립해 있기 때문이다. 하지만 결국 정리해 보자면, 완료 시제의 동사 상에 대한 학자들의 견해는 크게 보아서 헬라어 동사 상의 종류를 두 개로 볼 것이냐 세 개로 볼 것이냐에 따라 갈린다고 볼 수 있다. 첫 번째 견해는 헬라어 동사 상을 완료 상과 미완료 상 이 두 가지로 보면서 완료 시제가 완료 상이나 미완료 상을 나타낸다고 생각한다. 둘 중에 어느 상을 완료 시제가 나타내느냐에 대해서는 학자들간에 의견이 서로 다르다. 그 반면에 두 번째 견해는 헬라어 동사 상을 두 가지로 제한할 필요가 없다고 보면서 완료 시제를 위하여 세 번째 동사 상 영역을 만들어 낸다. 이 두 가지 견해를 각각 대변하는 캠벨과 포터의 주장을 살펴보면, 이들은 동사 상 이론의 주창자들로서 전통적 입장과는 완전 대척을 이루는 입장을 함께 견지한다. 이 두 사람 모두 직설법에서 조차도 동사의 시상은 시간 관계를 나타내지 않는다는데 의견을 같이 하는 것이다. 그런데 현재 완료를 다루면서 포터는 현재 완료를 위해서 제 3의 상을 만들어 내는 반면에 캠벨은 현재 완료가 두 가지 상 중 하나인 미완료 상을 나타낸다고 설명한다. 이 두 의견을 하나씩 살펴보도록 한다.

(1) 제 3의 상으로 보는 견해

현재 완료 시제를 위해서 포터는 완료 상과 미완료 상에 더하여 상태 상(stative aspcet)라는 범주를 만들어 낸다. 곧, 현재로 대표되는 미완료 상(imperfective aspect)와 과거로 대표되는 완료 상(perfective aspect) 외에 헬라어의 현재완료의 시제를 위해 상태 상(stative aspect)이란 범주를 만들어 사용하는 것이다. 포터에 따르면, 현재 완료는 전통적 견해의 주창자들이 생각하듯이 반드시 과거에 발생한 동작을 지칭해 주지는 않는다. 어떤 현재 완료 동사의 동작은 과거에 일어났을 수도 있고 아닐 수도 있는데 이것은 문맥이 결정해 준다. 중요한 것은 문법적 주어의 상태나 조건인 것이지 그 상태를 만들어낸 동작의 이전 발생이 전혀 아닌 것이다.[19] 그의 주장은 반향을 불러 일으켜서 최근에 쓰여진 요한 계시록의 동사의 상에 대한 연구서에서 채택되어, 현재 완료 시제 이해의 준거로 사용되었다.[20] 과연 그의 견해는 정당성을 확보하고 있는 것일까?

사실 이같은 그의 주장은 그가 언어학적 이론을 성경 헬라어에 적용하는 데서 따라 나온 자연스런 결과다. 어차피 그에게 있어서 직설법의 경우에도 그 자체 속에 시간 개념은 없고 상만 있으며, 시간은 문맥 속에서 다른 요소들에 의해 결정되기에 현재 완료 동사의 동작의 시간관계를 생각할 필요가 전혀 없는 것이다. 하지만, 앞서 언급한대로 직설법 이외의 법과 직설법은 구분할 필요가 있다. 따라서 이런 큰 논의의 맥락에서 볼 때, 포터의 현재 완료에 대한 주장은 최소한도 직설법과 관련해서는 설득력이 크다고 보기 어렵다.

또한 결정적으로 그가 전통적 입장을 비판하기 위해 그렇게도 즐겨 사용하는 언어학적 입장에서 볼 때, 그의 주장은 설득력이 약하다. 그의 핵심 주장 중의 하나는 동사의 상(verbal aspect)를 동사의 동작의 종류(Aktionsart)와 분류해야 한다는 것이다. 이 둘을 분류하는데 실패하여 수많은 오해와 혼동이 생겼다고 그는 주장한다. 그런데 문제는 그가 완료 시제를 위한 동사의 상을 표현하기 위해 도입한 상태성(stativity)는 동사의 상이라기보다는 동사의 동작의 종류라고 보는 것이 더 타당하다는데 있다.[21]

---

19) Porter, *Verbal Aspect*, 259; *Idioms*, 21-22.

20) Mathewson, *Verbal Aspect in the Book of Revelation*. 30-34.

21) Fanning, "Approaches to Verbal Aspect in New Testament Greek: Issues in

이것은 성경 헬라어 언어학자들 뿐만 아니라 일반 언어학자들도 대부분 인정하는 내용이다. 그렇다면 그것을 모를리 없는 포터는 왜 구태여 상태성이라는 범주를 만들어 완료 시제를 설명하고자 했던 것일까?

그 이유는 아마도 완료 상이나 미완료 상 둘 중에 하나로 완료 시제를 분류할 때에 "너무나 많은 예외들"(numerous exceptions)가 생겨나기 때문일 것이다. 포터를 비롯한 동사 상 이론의 주창자들이 전통적 입장을 무너뜨리기 위해 사용하는 전형적인 어투는 전통적 입장을 따르게 되면 헬라어 신약성경에서 "수많은 예외들이 발견된다."는 것이다. 그런데 이제 동사의 상에 대한 이해를 일관성있고 철저하게 견지하여 두 개의 동사의 상만 인정하고 거기에 완료시제까지 포함시키게되면, 그야말로 수많은 예외들이 발견되는 일이 발생하고 만다. 이것은 포터로서는 어떻게 해서든지 피하고 싶은 현상이다. 그래서 그는 상태성이 동사의 상이라기 보다는 동사의 동작의 종류임을 알면서도 이 범주를 도입할 수 밖에 없었던 것으로 보인다.[22)]

사실 그렇게 함으로서 포터는 눈 앞에 직면한 어려움은 피할 수 있었을

Definition and Method", in *Biblical Greek Language and Linguistics: Open Questions in Current Research*. eds. S.E. Porter and D.A. Carson (Sheffield: Sheffield Academic Press, 1993). 49-50.

22) 전통적 견해를 격파하는데 동사의 상 이론 주창자들이 너무나 강력한 무기로 유용하게 사용했던 이 준거가 결국은 완료 시제를 설명하는데 그들의 발목을 잡아버린 것은 아이러니라 할 수 있다. 실상 동사의 상 이론 주창자들이 강조하는 '너무나 많은 예외들'이란 표현은 지나친 것이라 할 수 있다. 우선 명확하게 예외로 볼 수 있는 경우들이 있는 것은 사실이나, 그 숫자는 그리 많다고 보기 어렵다. 몇 개의 명쾌한 예외를 발견하면 그것에다 다른 모호한 예들까지 포함시켜 예외들의 숫자 부풀리기를 한 듯한 인상을 준다. 이것은 상대방의 이론을 격파하는데 효과적이기는 하지만 자신의 주장을 설득력있게 풀어 가는 데는 그리 효과적이라 보기 어렵다. 이것이 아마도 극단적인 동사의 상 이론이 전폭적 지지를 받지 못하는 이유일 것이다.

지 모른다. 하지만 그 결과 더 큰 어려움을 초래하고 만다. 곧 동사의 상이 아닌 것을 상의 범주로 만들어 버리는 바람에 더 큰 난관에 봉착하게 된 것이다. 그것을 혁파하는 길은 상태성이 동사의 동작의 종류가 아니라 상이라고 주장하는 길 뿐이다. 그것은 가능한 전략이지만 성공하기는 어렵다. 적어도 자신이 언어학 이론의 철저한 일관성있는 적용을 주장하기에 결국 자가당착에 빠지고 만다.

(2) 두 개의 상 중 하나에 포함된다고 보는 견해

헬라어 동사시제와 관련하여 포터의 동사의 상에 대한 주장을 기본적으로 수용하면서도 캠벨은 현재 완료에서는 포터와 완전히 다른 입장을 취한다. 그에 따르면, 현재 완료는 미완료 상(imperfective aspect)를 나타낸다. 곧 아직 완료되지 않은 동작으로 어떤 행동을 묘사한다는 것이다. 여기에서 한가지 질문이 떠오른다: 그렇다면 이것은 현재 시제의 미완료 상과는 어떤 차이가 있는가?[23] 그는 여기서 고조된 근접성(heightened proximity)라는 개념을 소개한다. 현재 시제는 근접성을 가진 미완료 상인 반면에 현재 완료 시제는 고조된 근접성을 가진 미완료 상이라는 것이다. 다시 말해, 현재 시제는 어떤 동작을 가까이에서 본 것으로 묘사하는데, 그 동작을 그보다 더 가까운 거리에서 본 것으로 묘사하기 위해 현재 완료가 사용된다는 것이다. 그래서 그 동작은 더 강조되어진다. 사실 그의 이런 주장은 아주 독특한 그만의 것인데, 그의 주장은 어떤 강점이 있는 것처럼 보이기도 한다. 예를 들면, 현재 완료 시제 자체가 미완료된 현재 상태를 강조해주는(intensive) 의미를 갖는다는 입장을 통해 어떤 본문을 보게되면 의미가

---

23) 미완료 과거도 미완료 상인데, 현재는 근접성을 미완료 과거는 원격성(remoteness)를 나타낸다고 캠벨은 이해한다. 자세한 논의를 위해서는 그의 책을 참조하라.

분명하게 드러나는 경우가 있기 때문이다.

그가 제시한 구체적인 예를 들어보자면, 요한복음 6장 69절에 사용된 두 개의 현재 완료 동사는 현재의 상태를 강조해 주지, 전통적 견해가 강조하듯이 이전에 그런 상태에 들어간 것에는 관심을 두지 않는다고 설명한다.[24]

> καὶ ἡμεῖς πεπιστεύκαμεν καὶ ἐγνώκαμεν ὅτι σὺ εἶ ὁ ἅγιος τοῦ θεοῦ.
>
> 그리고 우리들은 당신이 하나님의 거룩한 분임을 믿었고 알았습니다.[25]

이 구절을 영어 성경은 다양하게 번역해서 어떤 성경은 영어의 현재 완료로 어떤 성경은 현재로 번역한다.[26] 캠벨은 영어의 현재 완료로 이해한 NRSV의 번역을 비판하고 이 부분에서 헬라어 현재 완료는 현재 상태를 강조한다고 주장하면서 다음과 같은 번역을 제시한다: We truly believe and know that you are the Holy One of God.[27] 이 경우에는 그의 이런 주장이 그럴듯한 해석을 만들어 내는 것처럼 보인다. 과거에 믿고 알았던 것이 아니라 현재 믿고 아는 것이 강조되고 있다고 볼 수 있기 때문이다. 하지만 이 구절도 꼭 현재 상태에만 관심이 있다고 말하기는 어렵다. 이미 믿고 알았던 과거 행동을 포함하고 있다고 볼 수 있기 때문이다. 그리고 더 큰 문제는 그의 이런 주장이 다른 구절과 관련해서는 전혀 설득력이 없

---

24) *Verbal Aspect: The Indicative Mood*, 202.

25) 『개역개정성경』도 이 동사들을 과거로 해석한다: 우리가 주는 하나님의 거룩하신 자이신 줄 믿고 알았사옵나이다.

26) 한글 성경 중 『공동번역』과 『공동 새번역』은 현재르 이해한다. 그 반면에 『개역성경』을 비롯한 다른 성경들은 과거로 번역하고 있다.

27) 그의 번역은 강조해 주는 부사 truly가 빠진 것을 제외하면 NIV와 유사하다: We believe and know that you are the Holy One of God.

는 해석을 만들어 낸다는데 있다. 대표적인 예를 디모데 후서 4장 6-7절에 대한 그의 이해에서 찾을 수 있다:

6 Ἐγὼ γὰρ ἤδη σπένδομαι, καὶ ὁ καιρὸς τῆς ἀναλύσεώς μου **ἐφέστηκεν**.
7 τὸν καλὸν ἀγῶνα **ἠγώνισμαι**, τὸν δρόμον **τετέλεκα**, τὴν πίστιν **τετήρηκα**·

6 관제와 같이 벌써 내가 부음이 되고 나의 떠날 기약이 **가까왔도다**.
7 내가 선한 싸움을 **싸우**고 나의 달려갈 길을 **마치고** 믿음을 **지켰으니**.[28] (『개역개정』)

캠벨은 현재 완료는 현재 상태를 강조하기에 이 구절에서 현재 완료 동사들은 미완료 상을 나타낸다고 보며 따라서 다음과 같은 번역을 제시한다:

For I am already being poured out as a drink offering, and the time of my departure **is coming**. I **am fighting** the good fight, I **am finishing** the race, I am keeping the faith.

볼드체 부분이 보여주는 대로 그는 헬라어 현재 완료시제를 영어의 현재 진행형으로 번역해 놓는다. 그런데 이 번역은 설득력이 별로 없어 보인다. 바울은 자신이 떠날 기약이 가까웠고, 이미 선한 싸움을 싸웠으며 갈 길을 마쳤고, 믿음을 지켰으며, 그 결과 현재의 상태로 있음을 역설하지 단순히 현재의 미완료 상의 개념을 표현해 준다고 보기 어렵다.[29] 이 구절

---

28) 주지하는 대로, 한글을 특성 때문에 '싸우고' '마치고'는 마치 현재처럼 되어 있으나 마지막 동사를 과거인 '지켰으니'로 번역한 까닭에 이 두 동사의 시제도 과거를 의미한다.

29) 이것이 아마도 모든 영어 성경이 이 세개의 헬라어 현재완료 동사를 영어의 현재완료로 표현한 이유일 것이다. 한글 성경도 모두 과거로 이 세 동작을 표현한다. 이 구절의 다음 구절인 8절의 의미, 특별히, 그곳에 쓰인 접속사의 의미와 관련해서는 이 책의 제 4장을 참조하라.

외에도 그가 제시한 구절들 중에서 그의 이론대로 이해하면 이상한 의미를 전달하게 되는 구절들이 더 있다.[30] 따라서 그의 주장은 받아들이기 어렵다고 결론내릴 수 있다.

나. 현재 완료 시제의 정의와 용법

(1) 현재 완료 시제의 정의

그렇다면 현재 완료 시제와 관련하여 이와같은 혼란과 논란이 일어나는 이유는 무엇일까? 그것은 현재 완료 시제가 독특한 상을 표현하기 때문일 것이다. 동사 상 이론만으로는 설명할 수 없는 특별한 측면을 가지고 있기에 따로 떼어 설명할 필요가 있다고 볼 수 있다. 이것은 미래 시제의 경우와도 비견될 수 있다. 동사 상 이론 주창자들도 미래 직설법에서는 동사의 상이 어떻게 표현되는지 결정하기 어려움을 인정한다. 미래 시제에 동사의 상이 있는지에 대해 의견 일치가 없고, 동사의 상이 있더라도 그것이 완료 상인지 미완료 상인지 확증하기 어려워 상에 관한한 모호하다고 인정한다.[31] 미래 시제에 대한 동사의 상 설명이 독특하게 이해되어야 하듯이,

---

30) 이 구절들 외에도 그는 골로새서 2:1과 요한복음 9:37절을 예로 드는데, 첫 번째 예는 현재완료형만 있어서 그것으로 현재의미를 전달하는 οἶδα동사여서 특별한 의미가 없고 두 번째는 설명이 필요해 보인다:

εἶπεν αὐτῷ ὁ Ἰησοῦς· καὶ **ἑώρακας** αὐτὸν καὶ ὁ λαλῶν μετὰ σοῦ ἐκεῖνός ἐστιν.
그러자 예수께서 그에게 말씀하셨다. 너는 그를 보기도 했다. 그리고 너와 말하는 분이 바로 저이다.

캠벨은 볼드체 완료 동사를 현재상태를 나타내는 것으로 보아서 '지금 너는 그를 본다'고 해석한다. 이 부분은 소경된 자가 눈을 뜬 사건에 대한 기록인데, 그가 눈을 뜨기 전에 예수님을 볼 수는 없다. 그래서 보통 믿음으로 마음의 눈으로 본 것을 의미한다. 하지만 캠벨은 이것은 현재상태의 표현으로 보아야 한다고 주장한다. Campbell, *Verbal Aspect: The Indicative Mood*, 195. 그의 주장은 무리가 있어 보인다. 전통적 견해가 오히려 더 설득력있는 설명을 해 준다고 볼 수 있다.

현재 완료 시제 역시 독특한 시상으로 이해하여 동사 상 이론에 꿰어 맞추기 보다는 새로운 방식으로 이해할 필요가 있다.

그렇다면 현재완료는 어떤 상을 표현하는가? 현재 완료의 상은 두 가지 상, 곧 외적인 상과 내적인 상의 결합으로 보아야한다. "행동은 외적으로 제시된다(요약), 반면에 그 행동에서 나온 결과적 상태는 내적으로 제시된다(계속적 상태)."[32] 이렇게 두 가지 상을 타나내기에 결국은 두 가지 측면을 모두 표현해 준다. 다시 말하면, 현재 완료의 시간 관계는 과거와 현재 모두와 연관되어 있는데, 과거에 일어난 행동과 그것이 가져온 현재의 영향이나 상태 혹은 결과 이 두 개념을 모두 포함하고 있는 것이다. 하지만 여기서 무엇보다도 중요하게 기억해야 할 것은 헬라어의 현재 완료는 과거의 행동과 현재의 결과 사이에 공백(interval)이 존재한다는 사실이다.[33] 이것은 영어 현재 완료에는 결단코 존재하지 않는 개념이다. 또한 헬라어 현재 완료의 강조점은 과거의 동작일 수도 있고 그 동작의 현재 결과일 수도 있지만, 어느 한쪽이 강조되더라도 다른 한쪽이 사라져 버리는 것은 결코 아니다. 단순히 강조점의 차이라는 것이다. 이러한 역동적인 현재 완료의 의미 또한 영어에서는 전혀 나타나지 않는다. 이러한 특이한 역할 때문에 완료 시제를 – 현재 완료나 과거 완료 둘 모두 – "주석학적으로 헬라어 시제 중에서 가장 중요한 시제로 인정하는 것이다."[34] 시제 중에서 가장 적게

---

31) 캠벨과 포터를 포함하여 모든 학자들이 미래시제는 복잡하고 애매한 시제여서 정의하기 어렵다고 인정하며, 시간 개념도 있어서 미래사건을 지칭하기 위해 사용된다는데 동의한다. Campbell, *Verbal Aspect, The Indicative Mood*, 127-60, 특별히 127과 159를 보라.

32) Wallace, *Greek Grammar Beyond the Basics*, 573.

33) 모울(C.F.D. Moule)은 자신의 책에서 이것을 정확하게 기술한다. *An Idiom Book of New Testament Greek* (Cambridge: Cambridge University Press, 1953), 13. 헬라어의 현재완료에서와는 달리 영어의 현재완료는 과거의 행동과 현재의 결과 사이에 어

사용되는 완료형을 어떤 저자가 사용할 때는 거기에는 반드시 의도가 있다고 보아야한다.[35)]

(2) 현재 완료 시제의 용법

그렇다면 헬라어의 현재 완료시제는 구체적으로 어떤 용법으로 사용되어지는가?[36)] 앞서 설명한 대로 현재 완료 시제는 과거시제를 나타내는 외적인 상(相)과 현재시제를 표현하는 내적인 상(相) 두 개를 모두 포괄한다.[37)] 그렇다면 이 두 가지 측면이 어떠한 모습으로 결합하느냐에 따라 완

떤 공백이 존재하지 않는 것이다.

34) 몰튼(Moulton)은 그의 헬라어 문법서인 *Prolegomena*, 140쪽에서 분명하게 그렇게 선언한다. 그의 입장은 비록 조금은 과장되어 있으나, 완료시제가 갖는 복잡한 함축적 의미를 고려해 볼 때 정당하다고 볼 수 있다. 완료시제에 대해 올바르게 이해하고 그것에 대한 설명이 주어져야만 그것을 사용한 저자의 의도가 비로소 제대로 이해되어질 수 있기 때문이다.

35) William Watson Goodwin, *Syntax of the Mood and Tenses of the Greek Verb* (London/Melbourne/Toronto: Macmillan, 1896), 13-15와 Nigel Turner, *A Grammar of New Testament Greek: Syntax* (Edinburgh: T&T Clark, 1963), 81-83을 보라. 또한 Fanning, *Verbal Aspect in the New Testament*, 112-20을 보라. 요한일서에 사용된 현재완료의 의미와 해석과 관련해서는 정창욱, "요한일서 3장 6절과 9절의 그리스도인과 죄의 관계: 요한일서 1:8과 3장6,9절을 중심으로", 『신약논단』 13 (2006), 663-91을 보라.

36) 연구의 효율성을 위하여 완료시제 중 현재완료로 범위를 한정하였다. 이렇게 하는 이유는 무엇보다도 과거 완료형이 자주 등장하지 않기 때문이다. 완곡어법(periphrastic)으로 사용된 경우, 다시말해 εἰμί 동사와 함께 과거완료 분사가 사용되는 경우를 제외하면 과거완료는 오직 86회만 사용된다. Wallace, *Greek Grammar Beyond the Basics*, 583. 그리고 과거 완료는 현재 완료와 그 의미에서 단 한 가지만 차이가 난다. 현재 완료는 과거 동작과 현재 결과를 합쳐놓은 것이라면 과거 완료는 과거 이전 동작과 과거 결과를 합쳐놓은 것이다. 대표적인 고전 헬라어 문법서 중에 하나인 굿윈(Goodwin)의 문법서의 현재 완료에 대한 설명은 조금은 애매해 보인다. 그것에 따르면 완료는 과거에 일어난 행동을 나타내 주지만 그것이 현재 완료된 채로 있음을 말해 준다. 다시 말해 현재 이미 끝나있는 행동을 지칭한다는 것이다. 물론 완료된 행동의 현재 지속성을 나타내 주기도 하지만 반드시 그렇지는 않다고 주장한다. 그에 따르면, 그런 사상이 보다 더 잘 드러나는 구문은 완곡 구문 (εἰμί 직설법 + 현재 완

료 시제의 용법을 분류해 볼 수 있을 것이다.

ㄱ. 현재적 상태의 강조

첫 번째, 현재 완료는 과거에 발생한 사건이나 행동이 만들어낸 결과나 현재적 상태를 강조해 준다. 현재 완료는 과거와 현재를 하나로 묶어내는 데 이때에 과거의 행동에 강조점을 둘 수도 있고 현재의 상태에 강조점을 둘 수도 있다. 헬라어 현재 완료는 우선적으로 과거의 사건이 화자나 저자가 말하거나 글을 쓰는 현재 시점에 존재하고 있는 영향이나 결과, 효과를 강조해 줄 수 있다. 대표적인 예가 갈라디아서 6장 14절에서 발견된다:

> Ἐμοὶ δὲ μὴ γένοιτο καυχᾶσθαι εἰ μὴ ἐν τῷ σταυρῷ τοῦ κυρίου ἡμῶν Ἰησοῦ Χριστοῦ, δι᾽ οὗ ἐμοὶ κόσμος **ἐσταύρωται** κἀγὼ κόσμῳ.
>
> 그러나 내게는 우리 주 예수 그리스도의 십자가 외에 결코 자랑할 것이 없으니 그리스도로 말미암아 세상이 나를 대하여 **십자가에 못 박히고** 내가 또한 세상을 대하여 그러하니라. (『개역개정』)

이 구절에서 볼드체 부분에 해당하는 헬라어 동사는 현재 완료 동사다.

료)이다. Goodwin, *Syntax of the Moods and Tenses*, 13-14.

37) 월리스의 주장을 따라서, 완료 시제가 두 가지 상을 나타낸다고 보는 것이 가장 무난하다고 보겠다. 결국, 완료 시제에 대한 전통적 견해의 현대적 표현으로 보이는 이 견해는 고루해 보이며 전통적 이론과 맥을 같이 하는 것 처럼 보이나 차이점도 분명하다. 무엇보다도 완료 시제가 표현하는 동사의 상에 대해서 설명을 해 주며, 그런 이해를 바탕으로 설명을 진행해 나간다. 따라서 이 견해를 받아들이는데 아무런 문제가 없음을 알 수 있다. 이같이 헬라어 현재 완료시제를 이해하는 견해와 관련해서는 Goodwin, *Syntax of the Mood and Tenses of the Greek Verb*, 13-15와 Nigel Turner, *A Grammar of New Testament Greek: Syntax* (Edinburgh: T&T Clark, 1963), 81-83을 보라. 또한 Buist M. Fanning, *Verbal Aspect in the New Testament* (Oxford: Clarendon, 1990), 112-120을 보라. 요한일서에 사용된 현재 완료의 의미와 해석과 관련해서는 정창욱, “요한일서 3장 6절과 9절의 그리스도인과 죄의 관계: 요한일서 1:8과 3장6,9절을 중심으로”, 『신약논단』 13(2006), 663-91을 보라.

바울이 이 부분에서 강조하고자 하는 것은 자신이 예전에 그리스도 때문에 세상에 대해 한번 십자가에 못박힌 적이 있다는 사실이 아니다. 바울은 십자가에 못박히는 그 경험을 갈라디아서 6장을 쓰기 이전에 겪었다. 하지만, 그런 적이 있었다는 것이 바울의 강조점은 아니다. 바울은 그 경험이 가져다준 결과와 영향을 이 부분을 쓰는 그 순간-바울 입장에서는 '현재' -에도 생생하게 가지고 있음을 표현하고자 일부러 현재 완료 동사를 사용한 것이다. 전후 문맥을 살펴보아도 바울이 강조하고자 하는 것은 현재 어떤 상태인가 하는 것이다. 바울은 14절 이전 구절에서 소위 말하는 '할례당' 에 속한 사람들이 현재 어떤 일을 하고 있는가를 설명하며, 그 이후 구절인 15절에서도 지금 중요한 것은 할례나 무할례가 아니라 새로운 창조임을 강조한다. 따라서 바울은 자신의 십자가에서 이미 죽은 경험의 결과를 강조하고자 했던 것이다.

이 부분의 헬라어의 완료 동사를 한글 『개역성경』과 『개역개정성경』은 현재로 번역한 반면에, 그 외의 다른 한글 성경들 곧 『표준 새번역』, 『표준 새번역개정』, 『공동번역』, 『공동 새번역』 등은 한결같이 과거로 번역한다.

> 그런데 내게는 우리 주 예수 그리스도의 십자가 밖에는, 자랑할 것이 아무것도 없습니다. 그리스도로 말미암아, 내 쪽에서 보면 세상이 **죽었고**, 세상 쪽에서 보면 내가 **죽었습니다.** (『표준 새번역』).[38)]

이 번역은 여러 가지 면에서 본문의 의미를 제대로 전달해 주지 못한다. 우선 동사의 원뜻인 '십자가에 못박다' 를 살려주지 못하고, 현재 완료 시

---

38) 『공동 새번역』 도 비슷하게 번역을 하고 있다: "그러나 나에게는 우리 주 예수 그리스도의 십자가밖에는 아무것도 자랑할 것이 없습니다. 그리스도께서 십자가에 못 박히심으로써 세상은 나에 대해서 죽었고 나는 세상에 대해서 죽었습니다."

제의 의미도 제대로 전달해 주지 못한다. 동사의 원뜻을 살려서 현재로 번역한 한글 『개역개정성경』의 번역은 정당하다고 볼 수 있다. 이것을 다른 성경들처럼 과거로 번역해 버리면 현재 상태를 강조하는 현재 완료의 용법으로 사용된 이 동사의 시제의 의미를 죽여 버릴 수 있기 때문이다.

영어 성경의 경우 대부분은 영어의 현재 완료를 사용하여 이 동사를 번역해 주는데 이것은 잘못하면 원문의 의미를 곡해해 버릴 수도 있다:

> May I never boast of anything except the cross of our Lord Jesus Christ, by which the world **has been crucified** to me, and I to the world. (NRSV)[39)]

볼드체 영어 문장에서 헬라어의 현재 분사가 표현해 주는 현재 상태에 대한 강조는 전혀 나타나지 않는다. 오히려 이 부분은 영어의 현재 시제로 표현해 주어야 더 정확하게 본문의 의미를 전달해 주게 된다. 이것이 바로 KJV을 포함한 몇몇 영어 성경이 헬라어 현재 완료동사를 현재 동사로 번역한 이유일 것이다:

> But God forbid that I should glory, save in the cross of our Lord Jesus Christ, by whom the world **is crucified** unto me, and I unto the world.

또 다른 예가 고린도 전서 7장에서 나타난다. 이 장에서 12개의 현재 완료 직설법이 등장하고 현재 완료 분사가 5번이 사용되어 합해서 17개의 현재 완료형이 나타난다. 그 중에서 7장14절과 15절의 현재 완료가 대표

---

39) NRSV뿐만 아니라, NKJV을 비롯하여 ASV, ESV, NAB, NASB, NET, NIB, GNB 그리고 NJB까지도 영어의 현재 완료시제로 번역한다. Luther의 독일어 성경판은 이 동사를 현재로 번역해 주고 있다.

적으로 현재 상태를 강조해 주는 용법으로 사용되고 있는데, 그 중에서 7장14절을 살펴보도록 한다. 원문과 『개역개정성경』의 번역은 아래와 같다:

> **ἡγίασται** γὰρ ὁ ἀνὴρ ὁ ἄπιστος ἐν τῇ γυναικὶ καὶ **ἡγίασται** ἡ γυνὴ ἡ ἄπιστος ἐν τῷ ἀδελφῷ· ἐπεὶ ἄρα τὰ τέκνα ὑμῶν ἀκάθαρτά ἐστιν, νῦν δὲ ἅγιά ἐστιν.
>
> 믿지 아니하는 남편이 아내로 말미암아 **거룩하게 되고** 믿지 아니하는 아내가 남편으로 말미암아 **거룩하게 되나니** 그렇지 아니하면 너희 자녀도 깨끗하지 못하니라 그러나 이제 거룩하니라. (『개역개정』)

사실 이 구절의 의미가 무엇인가 하는 것을 밝히는 작업은 간단한 일이 아니다. 특별히 어떤 의미에서 믿지 않는 남편이 아내를 통하여 거룩하게 되는지 분명치 않기 때문이다.[40] 그 문제는 일단 제쳐놓고 현재 완료 시제에만 국한시켜 살펴보자면, 볼드체로 표기된 현재 완료 동사는 현재와 과거 중에서 현재측면을 강조해 주고 있다. NIV는 이 동사를 영어의 완료로 표현하는데 이것은 잘못된 번역으로 보아야한다.[41] 여전히 생생하게 영향을 주는 믿는 아내나 혹은 믿는 남편의 역할을 강조해 주고 있는 것이다. 이것이 바로 NRSV와 NKJV는 물론 가능하면 원문을 그대로 반영하려는 경향을 가진 NASB 조차도 이 동사를 현재로 번역하고 있는 이유일 것이다.[42]

---

40) 씨슬튼(Anthony C. Thiselton)은 이 동사의 의미가 이 문맥에서 무엇을 뜻하는지를 밝혀내는 것은 해석의 십자가(crux of interpretation)라고 밝힌다. *The First Epistle to the Corinthians*. NIGTC (Grand Rapids: Eerdmans, 2000), 528.

41) NIV의 번역은 아래와 같다: For the unbelieving husband **has been sanctified** through his wife, and the unbelieving wife **has been sanctified** through her believing husband. Otherwise your children would be unclean, but as it is, they are holy.

42) 피(Gorden D. Fee)는 이 수동태 현재 완료 동사를 현재로 번역한다: “is sanctified.” *The First Epistle to the Corinthians* (Grand Rapids: Eerdmans, 1987), 299. 씨슬턴

신약에서 자주 등장하는 표현 중에서 이렇게 헬라어 현재 완료의 상(相) 중 현재의 상태를 강조해 주는 대표적인 것으로 γράφω의 수동태 완료 3인칭 단수형인 γεγράπται를 들 수 있을 것이다. 이 단어는 구약을 인용하는 부분에서 흔히 사용된다. 그래서 한글 성경은 대부분 '기록된 바' 라고 번역한다. 이 번역은 잘못되었다고 볼 수는 없으나, 헬라어의 현재 완료의 의미를 살리기 위해서는 '기록되어져 있는 바' 라고 번역하는 것이 바람직하다. 그렇게 해야 현재 상태에 대한 강조가 제대로 이루어지게 된다.

ㄴ. 과거의 동작 완료의 강조

그런데 헬라어의 현재 완료 시제가 언제나 현재 상태만을 강조해 주는 것은 아니다. 때때로 현재 완료는 어떤 동작이 과거에 완성되었다는 사실을 강조해 주기도 한다. 물론 어느 경우든 현재의 상태는 과거의 행동에서 나온 것이지만, 현재의 결과가 산출되도록 만든 근거가 되는 이미 완료된 사건이나 행동을 강조해 준다는 것이다. 그렇다고 해서 현재 완료가 내포하고 있는 현재적 측면이 없다는 것은 물론 아니다. 다만, 강조점이 과거에 놓여진다는 것이다. 예를 들어서 고린도 전서 15장 4절에 등장하는 현재 완료는 과거에 대한 강조를 담고 있다:

> καὶ ὅτι ἐτάφη καὶ ὅτι **ἐγήγερται** τῇ ἡμέρᾳ τῇ τρίτῃ κατὰ τὰς γραφὰς.
>
> 장사 지낸바 되셨다가 성경대로 사흘만에 다시 살아나사. (『개역개정』)

은 보다 분명하게 이 현재 완료동사가 현재의 결과적 상태에 강조점을 두고 있다고 주장한다. *The First Epistle to the Corinthians*, 528.

헬라어 원문에 보면 이 문장에는 두 개의 동사가 사용되는데 하나는 과거 동사이고 (ἐτάφη) 다른 하나는 위의 볼드체로 된 동사로서 현재 완료다. 이 현재 완료는 앞에서 설명한 경우들과는 달리 현재 상태보다는 과거의 완료된 동작에 강조점이 놓여진다. 그래서 예수님이 우리 죄를 위하여 돌아가셨고(15장 3절) 장사지낸 바 되셨고, 성경대로 기록된 대로 사흘만에 다시 살아나셨다는 사실이 강조된다. 여기서 주목할 것은 이 현재 완료 동사와 함께 사용된 다른 동사들이 단순 과거 시제를 사용하고 있다는 사실이다. 3절에 사용된 '돌아가셨다' 에 해당하는 헬라어 뿐만 아니라, 5절과 6절에 사용된 '보이셨다' 를 위해서도 단순 과거형이 사용되고 있다.[43] 이런 맥락에서 생각해 볼 때, 4절에서 사용된 현재 완료 동사는 과거의 행동에 더 많은 강조점을 두고 있다고 설명해 볼 수 있다.

물론 이 현재 완료형은 예수님이 부활하셔서 바울이 이 글을 쓰는 현재도 살아계심을 함축한다.[44] 다만 강조점이 이 문맥에서는 과거 사건의 완료에 있다는 것이다.[45] 4절과 5절에서 '죽다' 와 '장사되다' 를 위해 과거

---

43) 고전 15:3과 5-6절의 헬라어 원문은 아래와 같은데, 3절의 볼드체로 된 동사는 '돌아가셨다'에 해당되며 5,6절의 볼드체 동사는 '보이셨다'에 해당된다:

3 παρέδωκα γὰρ ὑμῖν ἐν πρώτοις, ὃ καὶ παρέλαβον, ὅτι Χριστὸς **ἀπέθανεν** ὑπὲρ τῶν ἁμαρτιῶν ἡμῶν κατὰ τὰς γραφὰς

5 καὶ ὅτι **ὤφθη** Κηφᾷ εἶτα τοῖς δώδεκα·

6 ἔπειτα **ὤφθη** ἐπάνω πεντακοσίοις ἀδελφοῖς ἐφάπαξ, ἐξ ὧν οἱ πλείονες μένουσιν ἕως ἄρτι, τινὲς δὲ ἐκοιμήθησαν·

44) 이 동사는 또한 수동태형으로 되어 있는데 이것은 누가복음 1장1절에서와 마찬가지로 '신적 수동태' (divine passive)다. 예수님의 부활은 성부되신 하나님께서 행하신 것임을 이 시제가 나타내 준다. 이 동사와 관련하여 자세한 주해를 보려면 Fee, *The First Epistle to the Corinthians*, 726을 보라.

45) 고린도 전서 15장에 보면 예수님에 대해 언급할 때 자주 현재 완료 시제가 사용된다: 12절, 13절, 14절, 16절, 17절, 20절. 바울은 의도적으로 이 시제를 사용하여 예수님

시제를 쓰고 '일으켜지다' (다시 살아나다)를 위해 현재 완료 시제를 썼기에 과거 시제와는 차별성을 가져서 현재의 상태를 강조해 준다고 주장할 수도 있겠으나, 그 보다는 오히려 과거에 있었던 사건들을 강조하는 중에 부활과 관련하여서는 현재적 가치도 함께 언급한 것으로 해석하는 것이 더 타당해 보인다. 왜냐하면 단순과거형으로 표현한(예수님께서) "죽으셨다"와 "장사지내졌다(묻혔다)" 동사의 내용은 현재 완료로 표현할 필요가 전혀 없는 반면, "부활하셨다"는 내용은 그렇게 할 필요가 있기 때문이다. 곧 "부활하셨다"는 것이 앞의 완료된 두 행동, "죽으셨다"와 "묻혔다"를 받아서 그것의 반전을 이루는 행동임과 동시에 그 반전의 결과가 바울이 말하는 현재까지도 존재함을 표현해 줄 필요가 있기에 바울은 각각 서로 다른 시제를 사용한 것이다.

또 한가지 주목해 볼 것은 바울이 여기서 복음의 핵심을 기술하고 있다는 사실이다. 바울은 자신이 전하는 그리스도의 복음의 중심 내용이 무엇인지를 설명한다. 따라서 바울은 그리스도께서 이전에 어떻게 되셨는지를

과 관련된 과거 행동이 현재적 의미가 있음을 표현해 준다고 볼 수 있다. 한 가지 주목해서 볼 것은 바울은 고린도 전서에서 현재 완료 시제를 너무나 자주 사용한다는 사실이다. 직설법 현재 완료의 경우에 68회나 나타나는데 이것은 신약성경 전체에서 요한복음 다음으로 많은 회수다(206회 사용). 게다가 분사형도 21회나 사용되고 있으며, 가정법은 신약 전체에 사용된 10개중 3개가 고린도전서에 등장한다. 부정사의 현재 완료형은 4회가 쓰이고 있어서 사도행전, 누가복음, 히브리서 다음으로 많이 사용되고 있다. 이것은 고린도전서에서 바울이 현재 완료를 유난히 많이 사용함을 보여주며, 어쩌면 현재 상태에 대한 특별한 함의를 강조해 주기보다는 과거에 완료된 사실을 강조하기 위해 사용된 것으로 볼 수도 있다. 물론 완료의 구체적인 용법은 그것이 사용된 문맥을 잘 살펴서 결정해야 할 것이다. 완료는 경우에 따라서는 아예 단순과거에 가까운 의미로 사용되었을 수도 있다. 완료가 단순과거와 동일한 의미로 사용되는 것은 신약에서 드물기는 하지만 분명히 나타나는 용례다. 그런데 포터는 이런 용법을 나타내는 용례로 제시된 구절들을 살피면서 이같은 주장을 논박한다. 하지만 패닝은 이 용법이 신약에서 분명히 사용된다고 주장하며, 이것을 월리스도 따르고 있다. *Greek Grammar: Beyond the Basics*, 578.

언급하고자 한다. 그에 따르면 그리스도께서는 '죽으셨고', '땅에 묻히셨고', '일으킴을 받으셨고', '제자들에게 나타나셨다.'[46] 이 논리의 흐름 속에서 그리스도의 죽으심, 장사되심, 부활하심, 나타내심이 과거라는 틀 속에서 조명되고 있음을 알 수 있다. 거기에 더하여서 부활하신 그리스도의 현재적 존재와 의미를 추가한 것이다.[47]

위의 예들에서 보듯이 현재 완료 시제의 어떤 면이 강조되어지는가 하는 문제는 문맥에 의해 결정되어짐을 알 수 있다.[48] 유난히 많은 현재 완료형이 사용되고 있는 고린도전서에서 어느 한쪽으로만 치우침이 없이 위의 예처럼 과거의 완료된 행동이 강조되기도 하고 현재의 상태가 강조되기도 한다.

---

46) 대다수 학자들은 3-5절까지의 내용이 초기 기독교 신조 혹은 신앙 고백에 가깝다는데 동의한다. 첫 번째 내용은 '그리스도께서 성경을 따라 우리 죄를 위하여 죽으셨다는 것이며, 둘째는 장사지내신 바 되었다는 것이며, 세 번째는 성경대로 삼일만에 일으킴을 받으셨고 (부활하셨고), 네 번째는 베드로와 그의 제자들에게 나타나셨다는 것이다. 사실 이 내용에 대한 많은 논의가 있어왔는데, 특별히 관심을 끄는 주제 중 하나는 세 번째에서 언급하는 '성경대로 삼일만에 부활했다' 는 내용의 의미일 것이다. 구약 성경에서 정확하게 메시야가 삼일만에 일으킴을 받는다는 내용은 없기 때문이다. 하지만 호세아 6장 2절이나 요나 1장 17절을 바울은 염두에 두었을 수도 있다. 아니면, 삼일 후에 육체가 부패한다는 유대인의 관념에 근거하여 이렇게 표현했을 수도 있다. 이 주제에 대한 자세한 논의를 위해서는 Thiselton, *The First Epistle to the Corinthians*, 1186-1205을 보라.

47) 과거사건인 그리스도의 부활의 결과에 따른 현재적 영향과 효과를 현제완료는 담고 있다.

48) 고린도전서 5장 3절의 경우에 '이미' 를 나타내는 부사 ἤδη가 현재 완료와 함께 사용되어 현재 완료의 의미 중 과거의 측면이 특별히 강조됨을 알 수 있다: ἐγὼ μὲν γάρ, ἀπὼν τῷ σώματι παρὼν δὲ τῷ πνεύματι, ἤδη **κέκρικα** ὡς παρὼν τὸν οὕτως τοῦτο κατεργασάμενον· 내가 실로 몸으로는 떠나 있으나 영으로는 함께 있어서 거기 있는 것 같이 이런 일 행한 자를 **이미 판단하였노라.** 이와같이 현재분사의 용법을 분명하게 드러내주는 품사의 사용은 의미결정을 수월하게 해 준다. 하지만 대부분의 경우에는 이렇게 분명하게 용법이 드러나지 않으며 문맥에 대한 세심한 고려를 통하여 의미를 결정할 수 있다.

(정리)

이상에서 본 바와 같이 헬라어의 현재 완료 시제는 영어나 한글과는 다른 독특한 시상을 전달해 주며 이것은 문맥에 맞게 적절하게 이해되어야 하고 가능하다면 시제의 의미를 반영하여 번역되어야 한다. 현재 완료의 상은 두 가지 측면 곧 현재 측면과 과거 측면을 나타내는데 구체적인 용례에서 어떤 측면을 강조해 주는지를 결정하고 그에 따라 의미를 파악하고 번역을 해낼 필요가 있다. 영어 성경의 경우에 과거에 이루어진 동작이나 행동의 현재 상태가 강조되어야하는 경우에는 영어의 완료 시제보다는 오히려 현재를 써서 표현하는 것이 더 바람직하다. 물론 과거의 완료된 동작을 강조할 때는 단순과거나 현재 완료형을 사용하는 것이 옳음은 말할 것도 없다.

한글로 표현할 경우에도 어떤 원칙이 필요하다. 현재 완료를 무조건 현재로 번역하거나 아니면 무조건 과거로 번역할 것이 아니라 다른 문법사항이나 문맥을 살펴서 그에 따라 정확하게 번역해 줄 필요가 있는 것이다. 아울러 어떤 특정 동사의 경우에는 두 가지 측면을 온전히 나타내는 방법을 강구할 필요도 있다. 예를 들어 앞서 언급한대로, γράφω의 현재 완료형인 γέγραπται를 '기록되어져 있다' 로 번역하려는 시도가 필요하다고 본다. 또한 δέω의 현재 완료형인 δέδεμαι의 경우에도 '묶여져 있다' 로 하면 바람직하다고 볼 수 있다.[49]

49) 이와 관련하여 마태복음 16장 19절에 사용된 이 동사의 완료 분사형이 눈길을 끄는데, 이 구절에서는 이 동사의 완료분사형 뿐만 아니라, λύω의 완료 분사형도 사용되고 있다: δώσω σοι τὰς κλεῖδας τῆς βασιλείας τῶν οὐρανῶν, καὶ ὃ ἐὰν δήσῃς ἐπὶ τῆς γῆς ἔσται **δεδεμένον** ἐν τοῖς οὐρανοῖς, καὶ ὃ ἐὰν λύσῃς ἐπὶ τῆς γῆς ἔσται **λελυμένον** ἐν τοῖς οὐρανοῖς.

이와 더불어 성경 주해와 해석에 있어서도 현재 완료 시제가 전달해 주는 상에 대한 정확한 이해에 근거하여 주어진 문맥 속에서 현재 완료가 나타내는 상 중에 어떤 측면, 곧 과거 동작 혹은 현재 상태 중에 어느 쪽에 중심이 있는가에 대한 심도있는 논의가 이루어져야 할 것이다. 이 때에 문맥이나 전체적인 신학적 논지의 흐름이 그 결정에 영향을 줄 수밖에 없으나, 그 반대로 현재 완료의 상에 대한 세밀한 이해에 따라 어떤 경우에는 기존의 본문 이해가 바뀔 수도 있을 것이다. 이것이 바로 현재 완료 시제에 대한 올바른 이해를 가져야 하는 분명한 이유라 할 수 있다.[50]

이 구절을 『개역개정성경』은 이렇게 번역한다: "내가 천국 열쇠를 네게 주리니 네가 땅에서 무엇이든지 매면 하늘에서도 **매일 것이요** 네가 땅에서 무엇이든지 풀면 하늘에서도 **풀리리라** 하시고." 이 번역은 헬라어의 현재 완료의 시상을 제대로 반영해 주지 못한다. 헬라어 현재분사는 이 구절에서 완곡 어법, 곧 ϵἰμί동사+분사의 형태로 사용되고 있는데, 굿윈에 따르면 단순한 완료분사구문에서 보다도 이 완곡어법 구문에서 과거동사의 현재 지속성이 더 강조된다. 그런데 한글 성경은 이 구문에서 ϵἰμί의 미래시제를 현재 완료분사에 투사하여 단순미래로 번역해 버린다. 이것은 대부분의 영어성경의 경우에도 마찬가지다. 오직 NIB와 NIV만이 미래완료로 이해할 가능성을 제시하고 있을 뿐이다: will have been bound (and loosed). 이 시제의 해석과 관련하여 많은 학자들은 예정론적인 의미를 읽어낸다. 다시말해 땅위에서 매기에 앞서 이미 하늘에서 결정된다는 의미로 해석하는 것이다(Gundry, Carson, Mantey, Marcus, Hagner). 만일 이 해석이 적용된다면, 현재분사의 시상까지 고려해 볼 때, 첫 번째 현재 완료동사는 '하늘에서도 이미 매어져 있을 것이다' 를 두 번째 현재 완료동사는 '하늘에서도 이미 풀리어져 있을 것이다' 라는 의미를 전달해 준다. 이 구절에 대한 자세한 논의를 위해서는 D. A. Hagner, *Matthew* 14-28, 474를 보라. 또한 이부분의 동사의 용법에 대한 연구를 보려면, S.E. Porter, "Vague Verbs, Periphrastics, and Matt. 16.19," *Filologia Neotestamentaria* 2 (1988), 155-73을 보라.

50) 현재 완료 분사의 경우에도 현재 완료의 시제의 의미가 그대로 적용된다. 대표적으로 현재 완료 분사는 누가복음의 첫 번째 구절에서 발견되는데, 헬라어 문장과 그 번역을 옮겨보면 다음과 같다: ἐπειδήπερ πολλοὶ ἐπεχείρησαν ἀνατάξασθαι διήγησιν περὶ τῶν **πεπληροφορημένων** ἐν ἡμῖν πραγμάτων. 우리 중에 **이루어진** 사실에 대하여 처음부터 전하여 준 그대로 내력을 저술하려고 붓을 든 사람이 많은지라.

2. 미완료 과거[51)]

앞에서 정의한대로 직설법 미완료 과거는 시간적으로 과거에 일어난 동작이나 사건을 나타내 준다고 보아야 한다. 그리고 미완료 상을 보여주기에 과거에 일어난 사건을 내적 관점에서 보아 과거의 진행 중인 동작으로 표현해 준다. 단순과거는 과거 동작을 표현하지 않는다고 주장하는 포터조차도 미완료 과거만은 과거 시간을 나타내 주는 경향이 강하다고 인정한다.[51)] 미완료 과거는 거의 모든 경우에 과거의 어떤 동작을 표현하기 위해 사용되기 때문이다. 그렇다면 미완료 과거의 상은 구체적으로 어떻게 기술할 수 있으며 어떤 의미를 나타내는가? 이것을 밝혀보기 위해, 미완료 과

헬라어의 현재 분사에 해당하는 한글 번역의 밑줄 그은 부분을 보면 이것은 과거로 번역되어 있음을 알 수 있다. 이 한글 번역은 사실 원문의 의미를 제대로 잘 전달해 주지는 못한다. 누가복음의 저자인 누가가 이 부분에서 왜 하필이면 과거 분사가 아니라 현재 완료 분사를 사용했는지에 대한 이해를 반영하는 번역이- 만일 한글로 그렇게 하는 것이 가능하다면-이루어지는 것이 바람직하다고 할 수 있다. 사실 여기서 누가는 과거에 자신을 포함한 신자들 가운데서 이루어진 사건들이나 사실들을 묘사하고자 의도하지 않는다. 그 사건들은 그들 가운데 이루졌을 뿐만 아니라, 더 중요하게는 누가가 이 글을 쓰고 있는 그 순간에도 그 사건의 성취로 말미암는 결과와 효과와 영향은 생생하게 존재하고 있다. 이것은 기독교 신앙이 박물관 신앙이 아니라 현재적이며 생동감있는 신앙임을 나타내 준다. 과거사건의 직접적인 영향이 현재 존재하며 또한 사도행전에서 누가에 의해 기록되어질 것임을 암시한다고 해석해 볼 수 있는 것이다.

51) 이 부분은 『총신대 논총』 제27집(신성자 교수 정년 퇴임 기념 특별호, 2007), 65-80에 실었던 논문, “헬라어 미완료 과거의 다양한 의미”를 약간 수정하여 재수록한 것이다.

52) Porter, *Idioms*, 33-34, 포터는 때로는 어간이 변화하는 단순과거와는 달리 현재 형태 그대로에 단순히 시상 접두어와 어미를 붙여 만드는 미완료 과거 형태가 시간과 관계있는 시제 형태에 아주 가깝다는 사실을 인정한다. 하지만, 실망스럽게도 그는 미완료 과거는 절대 시간을 가진 것은 아니라고 주장한다. 뿐만 아니라 미완료 과거의 하위범주에서 몇가지 중요한 범주-예를 들면 시작을 나타내는 미완료(ingressive, inchoative, 혹은 inceptive imperfect)와 습관적 동작을 나타내는 미완료(customary 혹은 habitual imperfect)를 언급하지 않는다.

거처럼 과거사건을 지칭하기 위해 사용되는 단순 과거와 비교하는 것이 효과적이다.

가. 미완료 과거와 단순 과거 사이의 차이: 지속(duration)과 발성(occurrence)

미완료 과거는 단순 과거와는 어떤 차이를 가지고 있는 것일까? 단순 과거와 미완료 과거의 관계는 최근에 포터에 의해서 잘 설명되었는데 이것을 요약해 보자면 다음과 같다: '단순 과거가 일반적으로 미완료 과거에 비해서 월등히 지배적이며,' '단순 과거는 일련의 완성된 사건들을 묘사함으로 이야기를 위한 중추뼈를 제공해 주고, 이 뼈대 위에 이야기는 세워진다.'[53] 다른 말로 표현하자면 단순 과거는 어떤 이야기를 기술할 때 중심 뼈대를 이루는 동작이고 미완료 과거는 그 중심 뼈대 사이에서 무언가 특이한 동작을 표현해 주기 위해 사용된다. 미완료 과거는 다음 순간에 어떤 일이 일어나리라는 긴장감을 주기도 하고, 그 시제 속에 함축적인 의미를 담고 있기도 하다. 따라서 단순 과거는 특별한 의미를 전달해 줄 필요가 없을 때 자연스럽게 사용되며 미완료 과거는 사건 속에서 무언가 색다른 측면을 표현해 주고자 할 때 쓰인다고 볼 수 있다.

미완료 과거 시제는 때때로 단순 과거와 동일한 상(aspect)을 전달하기 위해 사용되며 따라서 어떤 경우에는 둘 사이에 명확한 구별을 하는 것이 어려울 수도 있기는 하다. 하지만 이 같은 사실이 미완료 과거가 일반적으로 단순 과거 동사로 해석되어야 한다는 주장을 지지해 주지는 않는다. 헬라어 미완료 과거 동사는 어떤 경우에 영어의 단순 과거 동사로 고쳐질 수

53) S.E. Porter, *Verbal Aspect in the Greek of the New Testament, with Reference to Tense and Mood* (New York: Peter Lang, 1989), 199, 206.

있는 반면에 대부분의 경우에는 미완료 과거 시제의 독특한 상(aspect)의 의미를 간직할 수 있도록 표현되어야만 한다. 강조점은 미완료 과거의 상을 가능한 한 적극적으로 표현해 내고자 하는데 놓여져야 하는데, 이것은 그렇게 해야만 본문이 원래 간직한 내용을 생생하고 정확하게 담아낼 수 있기 때문이다.

나. 미완료 과거의 상과 용법

그렇다면 미완료 과거의 상을 어떻게 정리해 볼 수 있을까? 미완료 과거의 동사 상은 기본적으로 내적 관점에서 어떤 동작을 표현해 주기 위해 저자나 화자의 주관적 판단에 의해 채택되어 사용된다. 그래서 동작의 시작이나 끝에 관심없이 진행 중인 동작을 나타내 준다. 이와같이 미완료 과거는 말할 것도 없이 미완료 상(imperfective aspect)를 나타내 준다. 이것이 미완료 과거 시제의 기본적인 상이다. 그런데 미완료 과거는 거의 모든 경우에 과거 사건을 묘사하기 위해 사용된다. 예외적 구문에서 사용되는 경우는 그야말로 예외적으로 설명이 가능하다. 그런 예외는 아주 극소수이고 그나마도 특정한 구문에만 등장한다.[54] 하지만 이것은 특정 구문에 사용

---

54) 대표적으로 제 2형식 조건절에 쓰이는 미완료 과거를 들 수 있다. 이 조건절 구문에서는 주절과 조건절에 모두 미완료 과거 동사가 사용되는데 이 때에 미완료 과거 시제는 분명하게 현재를 나타내 준다. 그 대표적인 예가 요한복음 5장 46절에서 발견된다:

εἰ γὰρ ἐπιστεύετε Μωϋσεῖ, ἐπιστεύετε ἂν ἐμοί·

왜냐하면 만일 너희가 모세를 믿는다면 나를 믿을 것이기 때문이다.

『개역개정성경』은 이 부분을 과거처럼 번역하는데 이것은 올바르지 않다: "모세를 믿었더라면 또 나를 믿었으리니." 헬라어 원문은 분명하게 현재와 반대되는 사실을 말해준다. 이 구절에 대한 자세한 연구는 이 책의 마지막 장에서 πιστεύω구문을 중심으로 다루어진다.

되는 예외일 뿐이다.

그러므로 단순화시켜서 표현해 보자면, 미완료 과거는 기본적으로 '과거에 아직 완료되지 않은 동작' 을 나타내 준다. 그래서 기본적으로 '~하고 있었다' 로 번역할 수 있고 이것은 과거 진행형이라고 부를 수 있을 것이다. 하지만 이러한 정의는 미완료 과거의 한 측면만을 나타내 주는 것이고 그 외에도 다양한 동작들을 표현해 주기 위하 미완료 과거 동사는 사용된다. 미완료 과거의 기본적인 상과 문맥이 만나 다양한 의미를 전달하게 되는데, 그 용법을 구별하여 다음과 같이 요약해 볼 수 있을 것이다:

1) 묘사적 미완료(descriptive imperfective): 이것은 앞에서 언급한 용법으로 미완료 과거의 용법 중에서 가장 보편적인 것이며, 어떤 동작이나 상태를 과거에 진행 중인 것으로 묘사하기 위해 사용되면 보통 '(계속해서) 하고 있었다' (was doing) 또는 '일어나고 있었다' (happening continually)로 번역되어 진다;

2) 반복적인(iterative) 혹은 습관적인(customary) 미완료 과거: 이 경우에 미완료 과거는 과거에 반복적으로 혹은 습관적으로 일어난 사건이나 행한 동작을 나타내 준다. 더 엄밀하게 분리해서 설경해 보자면, '반복적인 용법' 은 반복적으로 발생하지만 규칙적으로 일어나지는 않는 동작을 가리키는 반면에 '습관적인 용법' 은 규칙적으로 반복해서 일어나는 동작을 지칭한다. 일반적으로 습관적 용법은 반복적 용법과는 달리 '긴 기간에 걸쳐

영어에도 그 영향이 남아있는 이 구문에서 미완료과거는 분명하게 현재를 지칭한다. 영어에서 사실과 반대되는 조건절을 위해 가장 흔히 사용되는 예는 "If I were a bird, I would fly"다. 이것은 번역하면 "만일 내가 새라면 날아갈텐데"가 된다. 과거를 사용했다고 해서 이것을 "만일 내가 새였다면 날아 갔을텐데"라고 이해하지 않듯이, 헬라어 조건절에서 미완료 과거가 쓰였다고 해서 과거로 해석해서는 안되고 현재로 이해해야 한다.

발생하는 경향이 있는' 동작을 가리킨다.[55] 이 두 용법은 각각 '…하기를 계속하다' (keep on ~ing)와 '…하곤 했다' (used to~)는 표현에 의해 구별될 수 있을 것이다;

3) 기동(起動; 동작의 시작을 나타내는)의 미완료과거(inchoative or ingressive imperfect): 이것은 동작의 시작을 강조하기 위해서 사용되어지며 얼마동안 동작이 계속되어지는 것을 암시하고, 보통 '…하기 시작했다' (began ~ing)로 번역되어 진다.[56]

4) 의욕을 나타내는(혹은 능동적인) 미완료 과거(conative imperfect): 이 때 미완료 과거는 헛되이 시도되거나 시도 중 중단된 행동을 위하여 쓰여진다.

이상의 용법들은 위에서 설명한 미완료 과거 동사의 상의 이해에 잘 부합된다. 과거의 사건에 대한 내적 관점을 나타내기에 위의 네가지 용법으로 문맥 속에서 사용될 수 있는 것이다.

그런데 헬라어 미완료 과거 시제가 이와 같은 다양한 종류의 동작을 묘사하기 위해 사용됨에도 불구하고 한글 번역 성경은 물론 영어 번역 성경도 미완료 과거 동사의 생생한 성격을 무시하는 경향이 있다. 그 결과 미완료 과거가 습관적이거나 반복적이거나 혹은 지속되는 동작을 나타내 주더라도 그것을 애매한 표현- 예를 들면 단순 과거형-을 사용하여 표현해 버린다. 이것은 독자들로 하여금 성경 저자가 독특한 상을 표현하기 위해 미완료 과거 동사를 사용한 본문을 저자의 의도와는 다르게, 때로는 잘못

---

55) Wallace, *Greek Grammar Beyond the Basics*, 546.

56) 헬라어에는 시작하는 미완료 과거와는 다른 시작하는 단순과거도 있다. 시작하는 미완료 과거나 시작하는 단순과거 모두 시작을 강조하지만, 전자는 얼마동안 '동작이 계속되는 것을 암시하는' 반면에 후자는 '동작이 계속된다는 것을 암시하지 않는다 (Wallace, *Greek Grammar Beyond the Basics*, 544). 결과적으로, 시작하는 미완료 과거는 영어로 표현해 보자면 'began doing'으로 번역되어야 하는 반면에 시작하는 단순과거는 'began to do'로 표현되어야 한다.

되고 부정확하게 이해하도록 만든다. 번역이 본문 이해에 긴밀하게 연결되어 있기에 해석에 결정적인 영향을 주게된다.

다. 말하기 동사(verbs of sayings)의 미완료 과거

여기에서 주의 깊게 살펴 볼 것은 '말하기 동사' 의 미완료 과거 동사에 대한 굿윈(Goodwin)의 견해다. 그는 미완료 과거의 '지속'과 단순 과거의 '발생' 의 구별이 '말하기 동사' 의 경우에는 중요하지도 않고 필요하지도 않다고 주장한다.[57] '말하기 동사' 와 관련된 그의 관찰은 올바른 것처럼 보이는데 그것은 어떠한 분명한 구별되는 강제요소(force)가 εἶπον(내가 말했다) 또는 ἔλεγον(내가 말하고 있었다) 같은 표현의 경우에 미완료 과거와 단순 과거 사이에서 발견되지 않기 때문이다.[58] 하지만, '말하기 동사' 조차도 주의 깊은 관찰을 요구 한다. 왜냐하면 그와 같은 동사의 미완료 과거 시제 역시 저자의 숨겨진 의도를 전달해 줄 수 있기 때문이다. 대표적인 예를 마태복음 9장 21절에서 발견할 수 있다

> **ἔλεγεν** γὰρ ἐν ἑαυτῇ· ἐὰν μόνον ἅψωμαι τοῦ ἱματίου αὐτοῦ σωθήσομαι.
>
> 왜냐하면 그녀가 속으로 '만일 내가 그의 옷을 만지면, 구원을 얻을 것이다' 라고 **말하고 있었기** 때문이다.

---

57) Goodwin, *Syntax of the Moods and Tenses*, 200,

58) 굿윈과 같은 구시대 문법학자들은 동사가 나타내는 행동의 객관적인 동작을 강조한다. 반면에 이 책에서 누누이 설명하듯이 최근의 문법학자들은 동작의 주관적 성격을 강조하는데, 이것은 상(aspect)가 동작 자체 속에 객관적으로 있는 것이 아니고 화자나 저자의 마음속에 있다는 것을 의미한다. 어떤 동작이 한 저자에 의해서 단순과거나 미완료 과거로 묘사되어질 수 있다. 다시 말해 저자가 어떤 동작을 어떤 상을 중심으로 해서 묘사할 것인지를 결정하여 미완료 과거나 단순과거로 표현한다고 보는 것이다. 참조. Goodwin, *Syntax of the Moods and Tenses*, 200-201.

λέγω동사의 미완료 과거 시제는 이 구절에서 반복적인 요소를 전달해 주어서 '반복적으로 계속해서 말하고 있었다'로 해석해야 한다. 한글 성경은 단순히 십 이년간 혈우병을 앓던 그 여인이 속으로 그렇게 말했다고 번역한다. 이것은 영어 성경의 경우에도 마찬가지여서 대다수 영어 성경은 미완료 과거를 단순 과거로 번역한다: 'she said to(or within) herself(ASV, ESV, KJV, NAB, NIB, NKJ, NRS, RSV). 오직 NASB와 NJB만이 미완료 과거의 진행 중인 동작을 나타내는 표현을 채택하고 있다: 'she was saying (thinking) to herself.' 헬라어 원문의 미완료 과거는 아마도 그 여인의 마음 속에서 진행되고 있던 생각의 흐름에 대한 생생한 표현을 함축적으로 나타내 주기 위해 사용되었을 수 있다. 게다가 더 나아가 그 여인은 어쩌면 반복적으로 계속해서 마음속으로 만일 그녀가 예수님의 겉옷을 만지기만 하면 나음을 받으리라고 되뇌이고 있었을 수도 있다. 이와 같은 반복적인 강제요소를 고려한다면, 미완료 과거는 예수님의 겉옷을 만지기 전에 그 여인이 마음속으로 자신의 소원을 계속 반복해서 되 뇌임으로써 나음을 받고 싶다는 간절한 열망을 증대시키기 위해 노력하고 있었음을 암시해 준다.

이러한 해석은 그 여인의 심리적인 상태를 추적하는 것을 가능하게 해 주며 또한 믿음의 본성과 관련하여 한 줄기 빛을 비추어 준다. 믿음은 때때로 신자가 자신의 상황이나 조건에 주의를 기울이는 대신에 예수 그리스도의 능력에 주목하기 위해 노력하는 일정 시간을 요구한다.[59] 마태복음 9장 21절에 기록된 이 여인의 상태를 자세히 살펴보자면, 그녀는 십 이년동안 혈우병으로 고통 받아 왔고(9장 20절) 병행절인 마가복음 5장 25-28

59) 윌리스는 이것을 다음과 같이 표현한다: the women tries 'to muster up enough courage for the act.'

절과 누가복음 8:40-43절에 따르면, 자신의 재산을 병 때문에 모두 허비했다. 마태복음 9장 21절의 병행절인 마가복음 5장 28절에도 역시 λέγω동사의 미완료 과거 시제가 사용되는데 이것은 그 여인이 마음 속으로 자신에게 계속 말했음을 나타내 준다.

그 여인의 이전 상황으로 되돌아가서, 그녀는 12년 동안 혈으병을 앓으며 고통 받고 있었고 절대적인 절망 가운데 빠져있었다. 그러던 중 예수님에 대한 소식을 듣고 이 여인은 나음을 받으리라는 소망을 갖기 시작했으나 처음에는 그것을 행동으로 옮길 강력한 믿음을 소유하지 못했다. 하지만, 예수님이 계신 곳에 가서 보면서 마음 속으로 반복해서 겉옷만 만져도 나음을 받을 것이라고 되뇌이면서 점점 더 확신을 갖게 되었다. 여러 가지 이유로 예수님께 직접 나아가 고쳐달라고 하지 못했을 수 있으나,[60] 이 여인은 예수님께서 직접 만져 주지 않아도 나음을 받으리라는 믿음을 가졌기에 다른 사람들보다 더 강한 믿음을 소유한 것으로 볼 수 있다. 어떠한 연유로든 예수님께 직접 나아갈 수 없었던 까닭에 이 여인은 믿음을 강화하기 위해서 지속적으로 자신의 마음속에서 되뇌임으로써 나을 수 있다는 확신을 먼저 가질 필요가 있었던 것이다. 그리고 마침내 그녀는 자신이 예수님의 직접적인 반응이나 만져주심 없이도 단지 예수님을 만지는 것만으로도 나음을 받을 수 있다는 확신을 가지고 행동을 취할 수 있었던 것이다.

많은 의사들에 의해 고통을 받으며 재산을 다 탕진했던 여인이 예수님

60) 여러 주석가들에 따르면, 혈우병을 앓는 사람은 그 당시에 정결하지 못한 것으로 여겨졌으며, 게다가 남성이 아닌 여성으로 이 병을 앓고 있었던 까닭에 이 여성은 예수님께 당당히 나아가 고쳐달라고 하는데 어려움을 겪었다. 자세한 내용을 위해서는 D.A. Hagner, *Matthew 1-13* (Dallas: Word Books, 1993), 248 과 W.D. Davies and D.C. Allison, *Matthew 8-18* (London/New York: T. & T. Clark International, 1991; 3rd ed. 2004), 128을 보라.

의 겉옷만 만져도 나을 것이라는 굳건한 신앙을 갖기 위해서는 마음속으로 반복해서 그 사실을 말할 필요가 있었다고 볼 수 있다. 그 결과 그녀의 믿음은 오히려 다른 사람들의 믿음을 능가하게 되어서 예수님의 직접적인 만짐을 요구하지 않았으며 그래서 그 강한 믿음을 보고 예수님께서 그 여인을 공개적으로 칭찬하신 것이다.

그런데 무슨 이유에서인지는 모르지만 어떠한 주석가도 마태복음 9장 21절(병행절 마가복음 5장 28절)의 미완료 과거 동사의 이 같은 측면에 관심을 기울이지 않는다. 모리스(Leon Morris)만이 그의 마태복음 주석 각주에서 단순하게 아무런 설명 없이 9장 21절의 미완료 과거 동사가 어쩌면 '그녀는 계속해서 말하고 있었다' (she kept saying)는 의미를 전달해 줄 수도 있다고 지적할 뿐이다.[61] 하지만 마태복음 9장의 예는 미완료 과거 동사의 용법에 대한 연구가 주어진 본문의 해석에 중요한 기여를 한다는 사실을 입증해 준다. 마태복음 9장 21절의 미완료 과거는 '기동의 (시작을 나타내는) 미완료' 로 볼 수도 있는데, 이 경우에는 동작의 시작을 강조해 준다: '그녀는 자신에게 말하기 시작했다' (she began saying to herself). 미완료 과거 동사가 이와 같이 해석될 때에 그 행동은 일정 시간동안 지속된 동작을 나타내 줌으로 앞서 제시한 본 연구의 주장과 대치되지 않으며 서로 잘 조화를 이룬다.

마태복음 9장의 이 사건 기록과 병행을 이루는 마가복음 5장의 사건 기록에서 그 여인이 예수님의 겉옷을 만져 나음을 받은 후에 예수님께서 그 여인을 찾기 위해 하신 언행이 기록되어 있다.

---

61) Leon Morris, *The Gospel according to Matthew* (Grand Rapids: Eerdmans, 1992), 230.

30 καὶ εὐθὺς ὁ Ἰησοῦς ἐπιγνοὺς ἐν ἑαυτῷ τὴν ἐξ
αὐτοῦ δύναμιν ἐξελθοῦσαν ἐπιστραφεὶς ἐν τῷ ὄχλῳ
ἔλεγεν· τίς μου ἥψατο τῶν ἱματίων.
31 καὶ **ἔλεγον** αὐτῷ οἱ μαθηταὶ αὐτοῦ· βλέπεις τὸν
ὄχλον συνθλίβοντά σε καὶ λέγεις· τίς μου ἥψατὸ
32 καὶ **περιεβλέπετο** ἰδεῖν τὴν τοῦτο ποιήσασαν.

30 예수께서 그 능력이 자기에게서 나간 줄을 곧 스스로 아시고 무
리 가운데서 돌이켜 말씀하시되 누가 내 옷에 손을 대었느냐 **하
시니**
31 제자들이 **여짜오되** 무리가 에워싸 미는 것을 보시며 누가 내게
손을 대었느냐 물으시나이까 하되
32 예수께서 이 일 행한 여자를 보려고 **둘러 보시니** (『개역개정』)

30절에서 예수님이 '누가 나의 겉옷을 만졌느냐?' 고 말씀하셨다' 고 기록하면서 마가는 이 때에 미완료 과거를 사용하고 있다. 이것은 강한 감정을 동반한 생생한 언급을 소개해 주기 위해 사용되었고, '스타카토 같은 효과' (a staccato-like effect)를 나타내 준다.[62] 두 개의 미완료 과거 동사가 31절(ἔλεγον)과 32절(περιεβλέπτο)에서도 사용되고 있는데 이 동사들은 각각 '그들이 ~라고 말하고 있었다' 와 '그가 계속해서 돌아보고 계셨다' 로 번역되어야 한다. 다시 말해 첫 번째 미완료 과거는 '묘사적인' 미완료 과

62) Wallace, *Greek Grammar: Beyond the Basics*, 542. 이와 동일한 용법의 동사가 여러 곳에서 사용되는데 대표적인 예가 누가복음 23장 42절에서 발견되며 그곳에서 예수님 우편에 달린 강도가 그에게 낙원에 있을 때 자신을 기억해 달하고 부탁할 때 미완료 과거 동사를 사용한다. 그의 간청의 감정적인 측면이 미완료 과거 동사에 포함되어 있다: καὶ ἔλεγεν· Ἰησοῦ, μνήσθητί μου ὅταν ἔλθῃς εἰς τὴν βασιλείαν σου. 그리고 그가 (간절히) 말하고 있었다. "예수님, 당신이 당신의 나라에 들어갈 때 나를 기억해 주십시오".

거로서 32절의 동작과 동시성을 표현해 주며, 두 번째 것은 반복적 미완료 과거로서 과거의 반복적인 행동을 나타내 준다. 두 번째 미완료 과거는 제자들이 그럴 필요 없다고 그만 포기하라고 말하고 있음에도 불구하고 예수님께서 계속해서 자신의 겉옷을 만짐으로 나음을 받은 여인을 찾고자 돌아보셨음을 드러내 준다.[63] 이곳에서도, 28절에서와 마찬가지로 그 여성의 심리적인 상태가 강조되어진다. 이 구절에서 또다시 그 여인이 자신에게 일어난 일을 고백하기 위해서 시간이 걸리게 된다. 그 이유가 무엇이었는가에 대해서는 다양한 해석이 가능하나, 이것은 그녀가 처음에는 드러내고 싶지 않았음을 의미한다.

이유야 어떻든, 야이로의 딸을 고쳐주기 위해 그의 집으로 가던 발걸음은 이 여인에 의해서, 특별히 자신의 치유를 빨리 고백하지 않음으로 해서 방해를 받았으며 예수님의 도착은 지연되었고, 그 결과 야이로의 딸은 죽고 만다. 35절에 따르면, 예수님께서 그 여인과 말하고 있는 동안에 야이로의 집에서 사람들이 와서 야이로의 딸이 죽었다고 알려준다. 이것은 예수님께서 그 여인 때문에 방해를 받아 시간을 얼마간 지체했음을 말해 준다. 그 여성의 태도는 야이로의 태도와 비교되어진다. 야이로는 예수님께 와서 자신의 딸 위에 손을 얹어 달라고 하는 반면에 이 여인은 단지 그의 겉옷을 만지려고만 한다. 이것은 그 병이 불결한 것으로 여겨졌기 때문일 수 있는데, 어떤 이유에서건 이 여성이 그런 행동을 취한 것은 대단한 믿음의 용기를 필요로 한 것이었기에 예수님께서는 그녀를 칭찬하신 것이다.

이 예에서 볼 수 있듯이 말하기 동사조차도 미완료 과거의 경우에 독특

63) 영어 성경 중에서 오직 NIB와 NJB만이 미완료 동사의 계속적인 사상을 반영하고 있다: kept looking(NIB); continued to look.

한 시상을 전달해 주는 경우가 있다. 따라서 미완료 과거 동사는 이 경우에도 신중하게 문맥을 살펴서 해석해야 함을 알 수 있다.

라. 일반 동사의 미완료 과거

말하기 동사의 미완료 과거에 대한 이해가 중요함을 보여주는 예를 앞서 언급하였는데, 이번에는 일반 동사의 미완료 과거의 올바른 이해가 성경 본문 해석을 위한 함의(implication)를 전달해 주는 대표적인 예를 살펴보려고 한다.

(1) 갈라디아서 2장 12절

갈라디아서 2장 12절에서 바울은 소위 말하는 '안디옥 식탁교제 사건'을 기록하고 있다. 그 구절에 따르면 바울은 사람들 앞에서 베드로에게 항의했는데 그 이유는 야고보에게서 온 사람들이 안디옥에 왔을 때에 베드로가 이방인 기독교인들과의 식탁 교제로부터 물러났기 때문이었다. 헬라어 성경은 이 구절을 다음과 같이 기록하고 있다

πρὸ τοῦ γὰρ ἐλθεῖν τινας ἀπὸ Ἰακώβου μετὰ τῶν ἐθνῶν **συνήσθιεν**· ὅτε δὲ ἦλθον, **ὑπέστελλεν** καὶ **ἀφώριζεν** ἑαυτόν φοβούμενος τοὺς ἐκ περιτομῆς.

"야고보에게서 어떤 이들이 이르기 전에 게바가 이방인들과 함께 먹**다가** 저희가 오매 그가 할례자들을 두려워하여 **떠나 물러가매**."64) (『개역성경』)

"For until certain people came from James, **he used to eat** with

64) 이 번역의 두 번째 밑줄 그은 부분은 어색하다. 특별한 이유없이 원문의 분사와 동사의 순서를 뒤바꾸어 놓았다.

the Gentiles. But after they came, **he drew back** and **kept himself separate** for fear of the circumcision faction." (NRSV)

헬라어 본문은 볼드체로 표시된 세 개의 미완료 과거 동사를 포함하고 있으며 NRSV는 그 동사들을 다음과 같이 번역한다: συνήσθιεν([used to] eat); ὑπέστελλεν(drew back); ἀφώριζεν(kept~separate). NRSV는 'used to'와 'kept'같은 조동사를 첨가하여 상대적으로 정확한 번역을 제공해 주고 있다. NRSV의 번역과는 달리 NIB는 두 번째와 세 번째 동사 앞에 'began to' 를 덧붙여 보충해 주고 있다: 'began to draw back and separate himself….'(물러서 자신을 분리하기 시작했다). 그런데 NIB의 번역도 다음과 같이 보다 정확하게 보완될 필요성이 있다: 'began drawing back and kept separating himself'(물러나기 시작했고 자신을 계속해서 [일정 기간동안]분리하고 있었다). 이와 같은 번역과 더불어 본문의 의미는 생생하고 정확하게 전달될 수 있을 것이다. 베드로는 단순히 식탁 교제에서 물러서기 시작했을 뿐만 아니라 일정 기간 동안 지속적으로 물러나 있어서 자신을 이방인 기독교인과의 식탁 교제로부터 분리했음을 알 수 있다. 이것은 베드로가 반복해서 이방인 기독교인들과의 식탁교제를 회피하는 사이에 상당한 시간이 흘렀음을 암시해 준다.

『개역성경』의 미완료 과거 번역은 영어 성경들보다도 훨씬 더 엄밀성이 떨어진다. 더 나아가 이 번역은 독자로 하여금 오해를 불러 일으키게 해서, 마치 베드로가 이방인들과 함께 식탁에서 먹고 있던 중에 야고보에게서 온 자들이 왔고 그러자 즉시 일어나서 식탁에서 떠나 물러간 듯한 뉘앙스를 전달해 준다. 말할 것도 없이 이것은 원문의 의미와는 거리가 멀다. 『개역성경』보다 훨씬 나중에 번역이 이루어진 『개역개정성경』 역시 『개역성경』에서 거의 달라지지 않아서 『개역성경』의 잘못된 인상을 그대로 전해준다: "야고보에게서 온 어떤 이들이 이르기 전에 게바가 이방인과 함께 **먹다가** 그들이 오매 그가 할례자들을 두려워하여 **떠나 물러가매**." 그런데, 『공동번역』과 그 개정판의 번역은 더욱 심각하다 "그의 책망받을 일이란 이런 것이었습니다. 게파가 이방인 교우들과 한자리에서 음식을 **먹고 있었는데**, 야고보가 보낸 사람들이 들어오자 그는 할례를 주장하는 그 사람들이 두려워서 슬그머니 그 자리를 **물러나갔습니다**." 이 번역은 베드로가 이방인 성도들과 식사를 하다가 야고보에게서 온 사람들이 거기에 나타나자 즉시 자리를 피한 것으로 분명하게 묘사하고 있다.

이 구절의 미완료 과거와 관련하여 롱게네커(R.N. Longenecker)는 첫 번째 미완료 과거는 습관적 혹은 관습적 행위를 나타내 주며(used to eat - 먹곤했다) 두 번째 미완료 과거는 행동이 '과정의 문제에 있어' 급작스럽게가 아니라 점차적으로 일어났음을 의미한다고 주장한다.[65] 브루스(Bruce) 또한 두개의 미완료 과거 동사는 베드로가 '그의 이전 행위와 급격하게 단절해버렸음을' 나타내지 않고 '점차적으로 그것을 변화시키기 위해 진행했음을' 보여준다고 역설한다.[66] 비록 이 두 학자의 식탁 사건의 상황에 대한 설명이 정확하기는 하지만 미완료 과거 동사의 정확한 의미에 대한 그들의 태도는 분명하지가 않다. 물론 그들의 주장대로 의심할 나위 없이 첫 번째 미완료 과거는 습관적인 행동을 가리킨다. 하지만 두 번째 세 번째 미완료 동사에 대한 정확한 설명 없이 상황 자체에 대한 의견을 상술하고 있는 점이 문제인 것이다. 이 두 미완료 과거는 각각 '기동의 미완료

---

65) Richard, N. Longenecker, *Galatians* (Waco: Word Books, 1990), 286-87.

66) F.F. Bruce, *The Epistle to The Galatians: A Commentary on the Greek Text* (Grand Rapids: Eerdmans, 1982), 131

과거'와 '반복적인 미완료 과거'로 해석되어서, 각기 '물러나기 시작했다'(began withdrawing)와 '자신을 계속해서 분리했다'(kept separating himself)로 번역하는 것이 마땅하다.

바울은 베드로가 식탁 교제로부터 떠나서 자신을 이방인 기독교인들과 분리하기 시작하자마자 곧바로 그를 비난한 것으로 묘사하고 있지 않으며 계속해서 베드로가 그렇게 지속적으로 행동한 후에야 비로소 항의하는 행동을 취한 것으로 묘사한다. 이러한 설명은 바울이 베드로에게 공개적으로 항의한 이유에 대해 적절한 설명을 제공해 준다. 일정 기간동안 베드로가 이방인과 식탁교제를 했듯이 일정 기간 동안 베드로는 식탁 교제에 합류하기를 꺼리고 피한다. 이러한 그림은 그 기간 동안에 어쩌면 바울과 베드로 사이에 이방인과의 식탁교제와 관련하여 개인적인 논의나 논쟁이 있었음을 나타내 준다. 바울은 아마도 베드로에게 다시 이방인 기독교인들과의 식탁 교제에 합류할 것을 권했을 것이다. 이러한 과정 중에 바울이 베드로에게 개인적으로 권면하거나 문제제기를 하지 않았다면 오히려 이상한 일이었을 것이다. 그렇게 시간이 흐르는 중에 바울은 더 이상 베드로와의 개인적인 차원에서 식탁교제와 관련된 일을 다룰 수 없다고 생각하게 되었고 결국은 공개적으로 모든 사람들 앞에서 그에게 항의하기에 이른 것이다. 이것은 바울이 베드로가 식탁교제를 그만 두자마자 바로 사람들 앞에서 베드로에게 항의했다는 것과는 큰 차이가 있다. 바울은 그렇게 무례하게 경우 없이 베드로를 힐난한 것이 아니다.

이와 같은 해석을 13절의 내용이 지지해 준다. 베드로가 계속해서 이방인들과의 식탁 교제를 꺼렸던 까닭에 다른 유대인들도 점차로 베드로와 합류해서 위선적으로 행동하여 이방인들과 함께 먹지 않게 된다. 그러자 결국 바나바도 베드로와 다른 유대인들을 따라 행동하게 되었다. 바나바는 바울과 함께 1차 전도여행에 동행하여 이방인들에게 복음을 전파하며 이방인들이 회심하는 것을 보았고, 전도 여행 전에도 안디옥에서 이방인들을 위한 성공적인 목회 사역을 했던 사람으로 이방인들에 대한 이해가 남달랐던 사람이었다. 이 바나바조차도 베드로의 영향으로 이방인과의 식탁교제를 꺼리게 되었다는 것은 어느 정도 시간이 흘렀음을 암시한다. 베드로가 이방인 기독교인들과의 식탁교제에서 물러나서 자신을 분리해 버리자 바나바가 곧 바로 그를 따라 식탁교제를 꺼렸을 가능성은 낮으며, 그렇게 되기 위해서 상당한 시간이 필요했을 것이기 때문이다. 마침내 자신의 이방인 사역의 동역자인 바나바마저 넘어가 버리자 바울이 베드로를 모든 사람들 앞에서 힐난하기에 이른 것이다.

놀랍게도, 많은 영어 성경은 'used to'(하곤 했다)나 'kept'(계속했다)와 같은 조동사를 첨가하지 않고 단순 과거 동사를 사용한다: 'he ate with the Gentiles, but after they came, he drew back and separated himself….'(ate-ASB, RSV; drew back-ESV, NJB, KJV, NKJV, RSV, NRSV). 이같은 번역은 이 문장의 의미를 모호하게 만들거나 심지어 곡해하도록 만들 수 있다. 앞서 언급한대로 한글 성경은 헬라어의 미완료 과거를 해석하면서 단순 과거를 사용함으로써 마치 베드로가 식사를 하는 도중에 야고보로부터 온 사람들을 보고 식탁에서 물러간 듯한 느낌을 주어 본문의 의미를 제대로 전달해 주지 못한다.

(2) 마가복음 15장 41절

일반 동사의 미완료 과거에 대한 이해가 본문 이해에 깊은 영향을 주는 또 다른 예는 마가복음 15장 41절에서 발견된다:

> αἳ ὅτε ἦν ἐν τῇ Γαλιλαίᾳ **ἠκολούθουν** αὐτῷ καὶ **διηκόνουν** αὐτῷ, καὶ ἄλλαι πολλαὶ αἱ συναναβᾶσαι αὐτῷ εἰς Ἱεροσόλυμα.
>
> 이들은 예수께서 갈릴리에 계실 때에 **따르며 섬기던** 자들이요 또 이 외에 예수와 함께 예루살렘에 올라온 여자들도 많이 있었더라. (『개역개정』)
>
> who also **followed** Him and **ministered** to Him when He was in Galilee, and many other women who came up with Him to Jerucalem. (NKJV)

볼드체인 두 개의 헬라어 미완료 과거 동사는 그 여성들의 과거의 습관적인 행동을 지칭해 주어서 다음과 같이 번역되어야 한다: (이들은), 그가 갈릴리에 계실 때에 그를 (계속해서) 따르곤 했고 섬기곤 했던 자들이요; "Who, when He was in Galilee, used to follow and minister to Him." 여기에서 사용된 미완료 과거는 과거에 규칙적으로 반복해서 일어난 습관적인 행동을 가리켜 주는 습관적 미완료(customary imperfect)로서 이것은 긴 기간동안 있었던 동작을 지칭해 주며, 짧은 기간 동안 일어난 행동을 나타내 주는 반복적 미완료(iterative imperfect)와는 구별된다. 따라서 이 여성들은 불규칙적으로 혹은 간헐적으로 예수님을 따르고 물질적 필요를 채웠던 것이 아니라, 규칙적으로 따랐고, 반복해서 그것도 오랜 기간동안 경제적인 필요를 채웠음을 나타내 준다.

이것은 이 여성들의 섬김이 예수님의 사역에 있어서 중요한 부분을 차지했음을 의미해 준다. 예수님께서는 까마귀에 의해서 음식을 공급받은 것도 아니고 경제적인 필요가 있을 때마다 항상 기적을 일으켜서 문제를 해결했던 것도 아니다. 사람들, 특별히 이 구절에서는 그 여성들이 그의 사역을 경제적으로 도와주었으며 그들의 도움은 간헐적이었던 것이 아니라 일관성 있게 오랜 기간동안 반복적으로 그리고 습관적으로 이루어 졌던 것이다. 이 구절에 사용된 미완료 과거를 통하여 성경에는 구체적으로 기록되어 있지 않지만 갈릴리 사역 중에 예수님께서는 사람을 통하여 일반적 방법으로 사역의 필요를 채웠음을 알 수 있다. 성경에 기록된 기적들을 베푸실 때에 그 자체가 목적이 아니었으며, 필요할 경우에만 자신이 누구신가를 드러내기 위해서 그렇게 했음을 알 수 있게 된다. 예수님의 지상 사역은 완전한 인간으로서 기본적으로 인간들이 경제적인 필요를 채우는 일반적 방식을 따랐음을 보여준다.

(정리)

헬라어의 미완료 과거 시제는 미완료 상을 나타내 주며, 내적 관점에서 어떤 행동을 표현해 준다. 미완료 과거는 다른 직설법 시제와 마찬가지로 시간을 나타내어 과거의 동작을 표현해 주며, 개별 문맥 속에서 다양한 의미를 전달해 준다. 그래서 그것이 함축하고 있는 독특성을 살려서 의미 파악을 할 필요가 있다. 이것은 어떤 학자들이 미완료 과거와 단순 과거 사이에 전혀 구별이 이루어지지 않는다고 보는 말하기 동사(saying verb)의 경우에도 해당된다. 일반동사의 경우는 더 말할 나위도 없다. 특별히 미완료 과거는 단순 과거와는 구별되게 지금 보다 더 자주 해석되고 번역되어야 한다. 그렇게 이해할 때에 본문의 올바른 의미가 드러날 수 있으며, 미완료 과거 시제를 사용한 저자의 의도가 밝히 드러나서 본문의 풍성한 의미를 읽어낼 수 있다. 극단적인 경우에는 미완료 과거에 대한 부주의한 번역과 해석이 성경 원문의 의미에 대한 오해를 불러일으키기도 한다. 미래 번역 작업과 주석 작업에서 미완료 과거의 독특한 의미를 어떻게 반영할 것인가에 대한 진지한 고민이 있어야 할 것이다.

특별히 위에 언급한 갈라디아서 2장 12절과 같이 잘못된 의미를 전달해 주는 구절들을 올바르게 한글로 번역하고 해석할 방법을 찾아야 한다. 물론 번역의 경우에는 번역될 언어의 특성을 무시한 채로 무턱대고 미완료 과거 시제의 독특성을 살려서 번역할 일은 아니다. 그러나 미완료 과거의 독특성에 강조점을 두고 이 점을 적극적으로 고려하면서 번역과 해석을 진행할 때 미완료 과거가 전달해 주는 생생함을 올바르게 파악하고 전달 할 수 있을 것이다. 덧붙여서 미완료 과거의 독특한 측면이 이전 보다 더 엄밀하게 미래의 신약 주석들에 반영되어지고 제대로 평가 되어야 하며, 그런 과정을 통하여 신약 저자들이 헬라어 미완료 과거 동사를 사용함으로서 전달하고자 했던 동사의 상과 그 속에 포함된 함축적 의미를 파헤쳐 낼 수 있을 것이다.

Ⅲ. 명령법 시제

명령법 시제의 이해와 해석은 시제 해석에 있어 중요한 부분을 차지한다. 물론 사용 빈도수로 보자면 신약성경에서 직설법 이외의 법 중에서 가장 많이 사용되는 것은 아니라 할 수 있다. 구체적으로 통계를 제시해 보자면, 분사가 약 6658번 사용되어 가장 많이 등장하며 다음으로 부정사가 약 2291번으로 뒤를 잇고 있다. 그 뒤를 약 1863번 사용되는 가정법이 따르고 있고, 바로 뒤이어 명령법이 약 1648번 쓰인다.[67] 이 통계가 보여 주듯이 명령법이 분사를 제외하고는 다른 법들보다 현저하게 적게 쓰인 것

67) 정확한 발생 숫자가 아닌 대략적 숫자를 쓴 이유는 사본에 따라서 차이가 존재하기 때문이다.

은 아니나, 그렇다고 다른 법들보다 더 많이 사용된 것은 아니다. 하지만, 명령법은 그것이 갖는 중요성 때문에 주목을 받는다고 볼 수 있다. 하나님의 말씀으로서 예수님이나 사도 바울이 명령한 내용이 기독교의 생활규범과 교훈의 중심 사상을 형성하기에 명령법은 중요성을 가지고 있는 것이다.

그리고 명령 내용이 어떤 의미를 갖는지를 파악하는데 시제가 중요한 역할을 한다. 그런데 이 명령법 시제와 관련하여 혼란이 있어 왔다. 따라서 명령법 시제를 다른 법들보다 먼저 다루어 보고자 한다. 이 때 현재 완료 명령법은 연구에서 제외된다. 왜냐하면 신약성경에서 단지 다섯 번만 사용되고 있고, 그나마도 그 중 3개는 현재 완료형만 있는 οἶδα 동사의 현재 완료형이다. 따라서 명령법 현재와 과거만 비교 연구하고자 한다.[68)]

1. 명령법 시제의 의미

가. 전통적 견해

명령법 시제와 관련해서 오랫동안 많은 학자들이 견지해온 견해가 있는데 최근까지도 여전히 그런 주장을 펼치는 학자들이 있다. 전통적 견해를 따르는 학자들은 시제를 전적으로 동작의 종류(Aktionsart)로 보는 견해에 의존하여 명령법 현재와 과거를 해석한다.[69)] 그래서 이 입장에 따르면, 현재 명령법은 진행 중인 동작을 나타냄으로 '계속… 하라' 혹은 '…하기를

68) 명령법 현재 완료는 막 4:39, 행 15:29, 엡 5:5, 히 12:17, 약 1:19절에 등장한다. 이 중 뒤이 세구절에서 οἶδα 동사의 현재 완료 명령법이 등장한다.

69) 한글이나 서구어를 쓰는 사람들의 입장에서 보자면 명령법의 과거시제를 쓰는 것은 이해하기 어렵다. 현재 명령법은 자연스럽게 이해가 되지만 과거 명령법은 시제를 시간 개념으로만 생각하게 되면 도저히 납득이 되지 않기 때문이다. 그래서 명령법 시제의 이해가 쉽지 않다. 그 반면에 명령법 과거의 불가해성 때문에 역설적이게도 헬라어를 배우는 학생들은 헬라어 시제가 시간관계를 나타내지 않음을 절감하게 된다.

계속하라' 는 의미를 전달하며, 과거 명령법은 완결된 동작을 나타냄으로 '…하기를 시작하라' 는 의미를 전달한다.[70] 또한 부정형으로 표현하자면, 현재는 '..계속해서 ..하지말라' 혹은 '…하기를 계속하지 말라' 는 의미를 전달하며 단순 과거는 '… 하기를 시작하지 말라' 는 의미를 전달한다.[71] 다시말해 현재 명령법으로 긍정의 명령을 전달하면 이미 하고 있는 행동을 계속하라는 뜻이고, 과거 명령법을 쓰면 아직 하지 않고 있는 행동을 하기를 시작하라는 뜻을 전달한다. 또한 현재 명령법을 가지고 금지를 나타내면 이미 하고 있는 행동을 계속하지 말라는 의미이고, 과거 시제로 금지를 나타내면 아직 하고 있지 않은 행동을 하기를 시작하지 말라는 의미를 전달한다. 사실 이런 견해의 시작을 되짚어 보면, 금지를 나타내는 명령에 이것이 먼저 적용되었고 거기에서 긍정 명령에까지 그 영향을 미치게 되었다.[72]

나. 동사 상 이론의 견해

---

70) 명령법 시제에 대한 이같은 이해는 바울 서신의 이해에 중대한 역할을 한다. 바울은 그의 서신에서 명령법을 자주 사용하는데, 만일 어떤 사안에 대해 현재 명령법을 사용한다면 그것은 이미 편지를 받는 대상 교회에 그 사안이 존재하고 있음을 보여주며 반대로 과거 명령법을 쓰면 그 사안이 아직 발생하지 않았으나, 그렇게 하기를 시작하지 말라는 언급으로 볼 수 있기 때문이다. 자세한 논의를 위해서는 아래를 보라.

71) 이 같은 입장은 대표적인 신약 헬라어 문법서인 몰튼(J.H. Moulton)의 저서에서 발견된다. 그의 책, *A Grammar of the New Testament Greek: Prolegomena*, vol. 1 (Edingburgh: T. & T. Clark, 1906), 122를 보라. 그의 이러한 입장은 수많은 신약 학자들에게 영향을 미쳤고 그 영향력은 지금도 나타나고 있다.

72) 다나와 맨티(H.E. Dana & J.R. Mantey)는 몰튼의 뒤를 이어서 금지의 명령법에 쓰인 시제의 의미를 설명해 내려고 시도한다. H.E. Dana & J.R. Mantey, *A Manual Grammar of the Greek New Testament* (New York: Macmillan, 1927; 14th ed. 1966), 302-303. 이들은 긍정의 명령에 대한 언급은 하고 있지 않지만, 이들의 확신에 찬 설명에서 긍정적 명령에 까지 이같은 이해가 파생될 가능성이 열린 것이다.

하지만, 동사 상 이론을 주장하는 학자들은 이같은 견해에 반대한다. 이들에 따르면 명령법의 과거시제가 '… 하기를 시작하라' 혹은 '… 하기를 시작하지 말라' 라는 의미를 전달하지 않는다.[73] 혹시 그런 의미를 전달하는 경우가 생긴다면 그것은 과거 시제가 어떤 동작을 전체적으로 보는 것을 표현해 주기 때문에 일어날 수 있는 일인 것이다. 다시말해 어떤 동작을 전체로 보기에 때로는 그 전체 동작을 하기를 시작하라 혹은 하지 마라는 의미를 전달해 줄 수도 있다는 것이다. 하지만 이것은 과거시제의 상과 문맥이 어우러져서 파생하여 나온 것이지 과거시제 상이 원래 가지고 있는 고유한 성질은 아니다. 게다가 실제적으로 살펴보면 과거 명령법이 그와 같은 의미를 전달하는 경우가 압도적 다수라고 볼 수도 없다.[74] 따라서 과거시제가 금지를 나타내기 위해 사용될 때 '시작하지 마라' 라는 뜻이 아니라 단순히 '…하지 마라' 라는 의미를 전달해 줄 가능성이 충분히 있는 것이다.

명령법 현재도 마찬가지다. 현재 시제가 내적 관점에서 보면서 진행 중인 동작을 나타내기에 긍정의 명령에서는 '계속해서 …하라' 는 의미를 나타내고 금지의 명령에서는 '…하기를 계속하지 마라' 라는 의미를 전달해 줄 가능성이 있기는 하지만, 현재 시제가 원래 그런 상을 가지고 있는 것

---

73) Porter, *Idioms*, 225. 그는 명령법에 대한 전통적인 견해를 통렬하게 비판한다. 그의 주장은 한마디로 말하면 "주어진 형태의 어의론과 다양한 문맥속에서의 그 형태의 사용들 사이의 차이를" 인정해야 한다는 것이다. 그의 이러한 견해는 상(aspect)와 동작의 종류(Aktionsart)를 구분해야한다는 견해와 의미는 동일하다. 다만 포터는 일반 언어학적인 용어와 개념을 보다 급진적으로 성경 헬라어에 적용하려고 시도한다.

74) 금지를 나타내는 명령법 과거를 연구한 보이어(Boyer)의 연구 결과에 따르면, 신약에 사용된 174개의 예들 중에서 74개의 경우에서만 이미 시작한 동작의 멈춤을 의미한다. 이것은 오히려 다수의 예들에서 전통적 주장과는 반대되는 현상이 일어남을 의미한다.

은 아닌 것이다. 그러한 의미는 보다 넓은 문맥이나 배경 등을 살펴서 결정할 일이지 동사의 시제를 보고 판단할 수 있는 일이 아니라는 것이다. 동사의 상 이론을 주장하는 학자들은 원래 시제 속에 그런 동작의 종류가 포함되어 있는 것이 아니기 때문에 그렇게만 볼 수 없다고 생각한다. 따라서 보다 유연한 자세로 명령법의 시제를 해석해낸다.

2. 명령법 현재와 과거시제 의미의 구분

그렇다면 명령법에 사용되는 현재시제와 과거시제의 상(aspect)에 대한 이해를 구체적으로 어떻게 묘사할 수 있을까? 명령법 과거는 직설법 단순과거와 마찬가지로 어떤 동작을 그 속에 담긴 내부적 사항을 언급함 없이 전체적인 동작으로 묘사해 주기 위해 사용된다. 명령법이기에 전체적인 행동으로서 명령을 지시해 준다. 이것이 바로 명령법 과거 시제의 상이다. 그리고 명령법 과거시제는 다양한 맥락 속에서 사용되며 그 때에 "특별히 사전적 혹은 문맥적 특징들(lexical or contextual features)에 의해 영향을 받는다".[75] 이러한 설명은 직설법 과거에 대한 설명과 일치한다. 다만, 직설법과 달리 명령법은 시간의 개념이 전혀 없다. 이와 똑같은 방식으로, 명령법 현재의 상은 직설법 현재의 상과 기본적으로 일치한다. 곧 명령법 현재는 어떤 동작을 내적 관점에서 바라보고 진행 중인 동작을 묘사해 준다.

그런데 과거 명령법은 주로 세부적인 명령을 할 때 사용되고 현재 명령법은 일반적인 명령을 할 때 사용된다는 주장이 제기되곤한다. 이것은 세부적인 명령이 많은 경우에 전체로서의 행동으로 표현되기 때문에 나타날 수 있는 현상이다. 예를 들어서, '너, 이제 수학 시험 공부해라' 라고 말 할

75) Wallace, *Greek Grammar Beyond the Basics*, 719.

때, 아무래도 대체적으로는 수학공부를 하는 과정에 대한 언급이 없이 수학 공부하는 것을 하나의 전체로 보고 명령하기 때문이다. 그 반대로 일반적인 명령을 내릴 때에는 현재 분사가 주로 사용된다고 볼 수도 있다. 그 이유를 미루어 헤아려보자면 일반 명령은 보편적으로 혹은 습관적으로 이루어져야하는 어떤 행동을 묘사해 주는 경향이 있기 때문일 것이다. 예를 들어서, '사랑하며 살거라' 라는 명령을 할 때 그것은 아무래도 지속적으로 이루어져야 할 삶의 자세와 태도를 나타내 준다고 볼 수 있다. 하지만, 이것은 어디까지나 그런 경향이 나타날 가능성이 높다는 것이지 반드시 그래야만 한다는 것은 아니다.

명령법이 이런 식으로 구분되어져서 사용되곤 한다는 증거는 같거나 혹은 유사한 사건을 기록하고 있는 복음서들에서 사용된 명령법 시제들을 살펴보면 발견할 수 있다. 예를 들면, 마태복음 5장 12절에서 마태는 두 개의 현재 명령법을 사용한다:[76)]

χαίρετε καὶ **ἀγαλλιᾶσθε**, ὅτι ὁ μισθὸς ὑμῶν πολὺς ἐν τοῖς οὐρανοῖς· οὕτως γὰρ ἐδίωξαν τοὺς προφήτας

---

76) 쉽게 찾을 수 있는 또다른 예는 아마도 마태복음과 누가복음에 기록되어 있는 주기도문일 것이다. 잘 알려진대로 헬라어에서는 기도나 간청을 위해서도 명령법이 사용된다. 그리고 대부분의 경우에 기도를 위해서는 과거 명령법이 사용된다. 그런데 주기도문의 경우에 마태는 모든 간구의 내용을 명령법 과거로 표현한 반면 누가는 한 개의 명령법을 현재로 쓰고 있다: "우리에게 일용할 양식을 주시옵고." 이것은 아마도 마태복음에는 '오늘날' 이라는 부사가 붙어서 구체적인 오늘의 양식에 대한 간청을 뜻하고, 누가복음에는 '날마다' 가 붙어서 일반적인 간청 내용을 전달하기 때문이라고 설명해 볼 수 있을 것이다. Nolland, *Luke 1:1-9:20*, 615. 그러나 포터는 이와는 약간 다른 설명을 하고 있다. 그의 책, *Idioms*, 229를 보라. 그의 이러한 견해는 그의 명령법의 상에 대한 그의 입장을 고려해 볼 때 당연한 것이다. 그는 과거 명령법이 구체적인 명령을 위해, 그리고 현재 명령법이 일반적 명령을 위해 쓰인다는 주장도 받아들이지 않는다.

τοὺς πρὸ ὑμῶν.

기뻐하고 즐거워하라 하늘에서 너희의 상이 큼이라 (너희 전에 있던 선지자들도 이같이 박해하였느니라.) (『개역개정』)

볼드체로 된 두 개의 명령법은 분명하게 현재시제로 되어 있다. 그런데 병행구절인 누가복음 6장 23절에서 누가는 두 개의 명령법 과거 동사를 사용한다:

χάρητε ἐν ἐκείνῃ τῇ ἡμέρᾳ καὶ **σκιρτήσατε**, ἰδοὺ γὰρ ὁ μισθὸς ὑμῶν πολὺς ἐν τῷ οὐρανῷ· κατὰ τὰ αὐτὰ γὰρ ἐποίουν τοῖς προφήταις οἱ πατέρες αὐτῶν.

그날에 기뻐하고 뛰놀라 하늘에서 너희 상이 큼이라 (그들의 조상들이 선지자들에게 이와 같이 하였느니라.)[77] (『개역개정』)

누가의 명령법 과거 시제 사용에 대한 학자들의 의견은 다양하다. 마샬은 절대적인 어떤 시점을 가리킨다고 생각하며, 박(Bock)은 명령의 급박성을 표현해 준다고 이해한다.[78] 아마도 누가는 '저 날에' 라는 표현을 앞 구절의 '지금' 과 함께 사용하면서 구체적인 시점을 나타내고 구체적 행동을 지칭하려고 과거를 사용했을 수도 있다. 반면에 마태복음에는 아무런

---

77) 괄호부분의 번역은 이 두 구절사이의 유사성을 보여주기 위하여 포함시켰다.

78) 사실 마샬의 언급은 애매하다. '저 날에' 에 해당하는 헬라어가 절대적 시점을 가리킨다는 것인지, 아니면 그 표현과 더불어 단순과거의 사용이 함께 그런 의미를 전달한다는 것인지 분명하지는 않다. 하지만 아마도 그는 명령법 과거가 쓰인 이유가 '저 날에' 라는 구체적인 시점이 표현되었기 때문이라고 보는 듯하다. 그의 책, *The Gospel of Luke*, 254를 보라. 그에 반해서 박(Bock)의 주장은 분명하다. 그는 누가의 과거 명령법은 "이것을 지금하라" (do this now)라는 의미를 전달해 주며 반면에 마태의 현재 명령법은 명령의 내용만을 단순하게 전달해 준다고 설명한다. Luke 1:1-9:50, 581.

수식어가 없이 명령법만 쓰여서 일반 명령을 현재 시제로 표현했다고 할 수 있다. 이와같이 현재 명령법은 일반적 명령을 위해 과거 명령법은 구체적 명령을 위해 사용된다고 생각해 볼 수 있을 것이다. 그런데 이러한 구분은 어떤 위험성을 내포하고 있다. 여전히 많은 경우에 일반 명령을 위해 과거 명령법이 사용되며, 반대로 구체적 명령을 위해 현재 명령법이 사용되기 때문이다.[79] 이러한 현상을 구체적으로 설명해 볼 필요가 있다.

3. 명령법의 용례연구

가. 일반 사항

우선 신약성경에서 명령법은 현재와 과거 시제의 빈도수로 따져 보자면, 가정법과는 달리 두 개의 시제가 비슷하게 사용된다는 점을 기억할 필요가 있다. 가정법의 경우 전체 1860번 중에서 현재는 463번이고 과거는 1397번이어서 과거 시제가 압도적으로 많이 등장한다.[80] 따라서 가정법 과거보다는 일반적으로 현재 가정법이 어떤 특별한 함의를 가지고 있다고 가정해 볼 수도 있을 것이다. 이것이 바로 가정법 과거형이 문법학자들에 의해서 상대적으로 주목받지 못한 이유라 볼 수 있다. 물론 이같은 태도는 옳지 않지만, 어떻든 이렇게 현재와 과거 시제의 발생 비율이 가정법에서 심각하게 과거 쪽으로 기우는 까닭에 가정법 현재와 가정법 과거 사이의 구별을 날카롭게 하는 것은 쉬운 일은 아니라 할 수 있다.

---

79) 패닝의 분석에 의하면, 이렇게 일반적 명제와 맞지않게 사용된 비율이 25%정도에 이른다. 자세한 논의를 보려면 그의 책, *Verbal Aspect*, 332를 보라.

80) 현재 완료 가정법이 신약 성경에 10번 등장하므로 세 시제의 가정법 수를 모두 합하면 전체 숫자가 된다. 바이블 웍스 통계는 가정법의 사용빈도에 있어 약간의 오류가 있다. 현재와 과거, 그리고 현재 완료를 합한 총계가 1860인데 무슨 이유에서인지 1863으로 되어 있다.

그 반면에 명령법은 가정법과는 아주 다르다. 신약성경에서 명령법은 모두 1648번 사용되었으며, 그 중 현재는 881번, 과거가 762번, 현재 완료가 5번 사용되었다. 통계에서 볼 수 있듯이 명령법에서는 현재와 과거의 발생 비율이 큰 차이가 나지 않는다. 흥미롭게도 과거시제가 거의 세배나 많이 사용되는 가정법과는 달리 명령법에서는 오히려 현재가 119번 더 많이 사용된다. 그러므로 명령법 현재의 상과 과거의 상을 비교하는 것은 의미있는 작업이라고 할 수 있다.

이상과 같은 기본적 통계를 염두에 두고 성경의 각권을 살펴보면 명령법 사용의 독특성을 파악하는데 도움이 된다. 왜냐하면, 책에 따라 명령법 현재와 과거의 빈도수가 현저하게 차이가 나기 때문이다. 마태복음, 누가복음, 요한복음의 경우에는 과거 명령법이 현재 명령법보다 더 많이 쓰이며, 사도행전의 경우에는 과거 명령법이 현재 명령법의 두 배나 등장하고 있다. 마가복음의 경우에는 이와는 달리 현재 명령법이 과거 명령법보다 약간 더 많이 쓰인다.[81] 그런데 특이하게도 바울 서신의 경우에는 거의 모든 경우에 현재 명령법이 과거 명령법보다 월등히 많이 나타난다. 그렇다면 왜 이런 현상이 일어난 것일까? 이 질문에 답하는 것은 명령법 시상의 의미를 파악하는데 도움을 주기에 자세히 다루어 보도록 한다. 특별히 현재 명령법이 유난히 많이 사용되는 디모데 전서와 에베소서, 그리고 데살로니가 전서를 대상으로 그 속에 사용된 명령법을 연구해 보고자 한다.

---

81) 마태복음, 누가복음, 요한복음에 사용되는 현재 명령법과 과거 명령법의 통계를 순서대로 제시해 보자면, 각각 123:165, 129:155, 61:74이다. 마가복음의 경우만 반대여서 82:66으로 나타난다. 또한 누가의 또 다른 저작인 사도행전에는 41:83의 비율로 나타나 과거 명령법이 두 배에 이른다.

나. 디모데 전서의 명령법 사용 연구

이 신약의 책이 명령법 사용과 관련하여 주목을 끄는 이유는 명령법 현재가 41번 사용되는 반면에, 명령법 과거는 단 두 번만 사용되기 때문이다. 또한 명령의 부정 곧 금지를 위해서 사용된 구문 곧 μή + 가정법 과거는 단 한번 등장할 뿐이다. 따라서 그렇게 나타나는 이유를 한번 살펴볼 필요가 있다.[82] 명령법의 과거형이 사용된 구절들을 살펴보도록 하는데 이것은 6장 12절 그리고 6장 20절에서 발견된다.[83]

---

82) 사실 신약성경 책 중에 이렇게 현재 명령법이 과거 명령법보다 압도적으로 많이 사용되고 있는 책이 바울 서신서에 여러 개 있다. 우선 데살로니가 전서의 경우 현재 명령법은 20번 쓰인 반면에 과거 명령법은 1번밖에 쓰이지 않았다. 빌립보서에서도 현재 명령법은 23번, 과거 명령법은 3번등장하며, 에베소서 역시 비슷한 현상을 나타내서 각각 34번과 6번이 등장한다. 이뿐 아니라, 데살로니가 후서에서는 현재 명령법이 7번인 반면 과거 명령법은 아예없다. 디도서의 경우에도 현재 명령법은 11번, 과거명령법은 3번 쓰이고, 골로새서에도 경향이 비슷하여 23번, 7번 각각 쓰인다. 이것들보다는 과거 명령법의 비율이 높기는 하지만 갈라디아서의 경우도 크게 벗어나지 않으며 (16:5) 고린도 전서(85:14)역시 마찬가지다. 고린도 후서는 과거 명령법의 비율이 높은 편이어서 15:9 이다. 바울서신이라고 확신할 수 없고 그 저자를 알 수 없는 히브리서의 경우도 이와 유사하여 현재 명령법과 과거 명령법의 비율이 24:6이다. 또한 디모데 후서에서 과거 명령법(17번)이 현재 명령법(16번)보다 한번 더 사용되고 있으며, 바울서신이 아닌 서신서 중에서 베드로전서에서 14:25의 비율로 과거 명령법이 훨씬 많이 쓰인다. 참고로 베드로 후서는 명령법이 단지 4개만 쓰이는데 모두 현재형이다). 과거 명령법이 현재 명령법보다 월등하게 높은 비율로 사용되는 서신서는 단연 요한 계시록이다. 현재형은 27번 쓰인 반면에, 과거형은 61번 등장한다. 그런대로 두 시제 빈도수에서 크게 차이가 나지 않는 서신서는 로마서로서 각각 34번과 28번 나타난다. 이것은 로마서의 성격을 어느 정도는 표현해 주는 것으로 해석해 볼 수도 있는데, 로마서가 일반적인 명령의 내용을 다루는 교리서로서의 측면을 가지고 있지만 서신서이기에 구체적인 명령도 비슷하게 포함하고 있다고 표현해 볼 수 있을 것이다. 하지만 이것은 로마서의 명령법 사용에 대한 구체적인 연구를 통해서만 확증될 수 있다.

83) 더 극단적인 현재 명령법의 사용의 쏠림 현상은 데살로니가 전서에 나타난다. 현재 명령법은 20번 사용된 반면에 과거 명령법은 단 한번만 사용된다. 자세한 사항을 위해서는 아래를 보라.

(1) 디모데 전서 6장 12절

첫 번째 예가 등장하는 6장 12절의 원문과 번역을 제시해 보면 다음과 같다:

ἀγωνίζου τὸν καλὸν ἀγῶνα τῆς πίστεως, **ἐπιλαβοῦ** τῆς αἰωνίου ζωῆς, εἰς ἣν ἐκλήθης καὶ ὡμολόγησας τὴν καλὴν ὁμολογίαν ἐνώπιον πολλῶν μαρτύρων.

믿음의 선한 싸움을 싸우라 영생을 **취하라** 이를 위하여 네가 부르심을 받았고 많은 증인 앞에서 선한 증언을 하였도다. (『개역개정』)

이 구절 바로 앞 절인 11절에도 현재 명령법이 두 개나 사용되고 있으며 그것에 이어서 12절에 보면, 위의 이탤릭체로 표시되어있는 첫 번째 명령법도 현재 시제로 쓰이고 있다. 그리고 밑줄 친 두 번째 명령법에서 과거 명령법이 등장한다. 두 가지 면에서 이 과거 명령법은 주목을 끈다. 첫째, 앞서 언급한대로 디모데 전서에서 과거 명령법이 거의 쓰이지 않는데 이곳에서 사용되었다는 것이며 둘째, 한 문맥 속에서 세 개의 현재 명령법과 더불어 한 개의 과거 명령법이 등장한다는 사실이다. 이 두 가지를 하나씩 놓고 보면 특별한 현상이 아닐 수도 있으나 두 개를 함께 고려해 볼 때 주의 깊은 관찰을 요청한다고 볼 수 있다.

우선 6장 11절에서 왜 바울은 현재 명령법을 썼는지 그 이유를 파악해 볼 필요가 있다. 그의 현재 명령법 사용을 잘 이해해야만 과거 명령법으로 변경한 이유를 밝혀낼 수 있기 때문이다. 11절에서 바울은 이렇게 명령한다:

Σὺ δέ, ὦ ἄνθρωπε θεοῦ, ταῦτα **φεῦγε· δίωκε** δὲ δικαιοσύνην εὐσέβειαν πίστιν, ἀγάπην ὑπομονὴν πραϋπαθίαν.

"오직 너 하나님의 사람아 이것들을 **피하고** 의와 경건과 믿음과 사랑과 인내와 온유를 **따르며.**" (『개역개정』)

언 듯 보기에 이 명령은 구체적인 한 사람 곧 '너 하나님의 사람' 이라고 불려진 디모데에게 주는 구체적 명령처럼 보인다. 하지만, 이 표현은 이 문맥에서 디모데 한 사람만을 지칭한다고 해석할 필요는 없다. 디모데를 향하여 바울이 얘기할 때 바울은 디모데만을 염두에 둔 것이 아니라 디모데처럼 역할을 하는 사람들 모두를 염두에 두었기 때문이다. 디모데는 교회의 지도자로서 모든 사람들이 본받을 모델이기에 이 명령은 디모데뿐만 아니라 모든 신자들에게 해당되는 것이라고 할 수 있다.[84] 게다가 '이것들' 이 다양하고 포괄적인 내용을 지칭하기에 일반적 명령이라 볼 수 있고 '따르라' 의 목적어들도 일반적 덕목들이다. 따라서 바울은 이 구절에서 일반적 교훈이기에 내적인 관점을 반영하여 진행되는 동작을 표현해서 '그렇게 하라' 는 의미 – 그 행동을 이미 하고 있을 수도 있고 아닐 수도 있다-를 전달하기 위해서 현재 명령법을 썼다고 해석해 볼 수 있다. 이같은 해석은 12절의 첫 번째 명령에도 그대로 적용된다. '믿음의 선한 싸움을 싸우라' 는 명령은 일반적 교훈의 내용이며 이것은 현재 명령법을 사용하여 그런 자세를 가지고 지속적으로 그렇게 행동하라는 명령을 표현한다.

그런데 여기서 혼동해서는 안될 것이 있다. 다치 일반적 교훈이기에 현재 명령법이 쓰일 수 밖에 없으며 필연적으로 현재 명령법이 되어야 한다고 생각하게 되면 헬라어의 시제의 의미를 제대로 이해하지 못하게 되고

84) 이 표현에 대한 견해에 대한 자세한 논의를 위해서는, I.H. Marshall, *The Pastoral Epistles* (London/New York: T&T Clark International, 2004), 656-57을 보라. 이와 관련하여 NJB의 번역은 흥미롭다: But, as someone dedicated to God, avoid all that. You must aim to be upright and religious, filled with faith and love, perseverance and gentleness. 이 영어 성경은 하나님의 사람을 보다 구체적으로 설명해 주면서 번역이 이루어졌다.

만다. 헬라어 시제의 의미를 설명하면서 상과 동작의 종류 를 구분해야 한다고 했는데, 그런 구분은 명령법의 시제에서도 이루어져야한다. 시제의 상(aspect)는 어디까지나 화자나 저자의 관점에서 보는 주관적 설명이다. 저자나 화자는 동일한 상황에서 어떤 한가지 명령을 전달할 때 현재 시제를 쓸 수도 있고 과거 시제를 쓸 수도 있다. 어떤 측면을 강조해 주고자 하느냐에 따라 시제 선택이 달라진다는 것이다. 곧 어떤 동작의 내적 진행에는 관심이 없이 전체를 하나의 행동으로 보고 어떤 명령을 전달하려면 과거 시제를 쓰고, 반면에 내적인 관점에서 내적인 과정의 진행을 나타내려면 현재 시제를 쓴다는 것이다.[85] 현재와 과거는 각각 이런 상을 가지고 있다고 볼 수 있다. 그런데 이 둘은 다양한 문맥 속에서 사용되며 그 때에 앞서 언급한대로 사전적이며 문맥적 요소들이 영향을 준다. 그래서 구체적 맥락 속에서 시제의 다양한 사용이 이루어지는 것이다.

여기에서 한 가지 더 주의할 사항은 저자의 주관적 시제 선택에 과도한 의미부여를 하여 과도한 해석을 하지 말아야 한다는 것이다. 어떤 저자에게는 어떤 동사의 시제 선택에서 자신만의 성향이 있을 수 있으며, 동사에 따라서 관용적 시제 사용이 있을 수도 있기 때문이다. 그럼에도 불구하고 시제 사용의 어떤 대체적 큰 흐름이 있을 수 있다는 것을 부인할 수는 없다. 명령법 시제의 용례들을 자세히 살펴보면 현재 명령법은 주로 일반적 교훈을 위해 사용되며 과거 명령법은 주로 구체적인 명령을 위해 쓰인다는 것을 알 수 있다. 이것을 동작의 종류(Aktionsart)라고 불러 볼 수 있을 것이다.[86]

---

85) Wallace, *Greek Grammar Beyond the Basics*, 719-25.

86) 일반 시제 문제를 다루면서 월리스는 헬라어 시제의 상(aspect)와 동작의 종류

그런데 이러한 설명은 절대적인 것은 아니다. 우리가 살펴보고 있는 디모데 전서 6장 11,12절의 경우에 앞서 설명한 대로 먼저 쓰인 세 가지 명령의 내용은 일반적이기에 현재 명령법을 썼다고 볼 수 있으나, 그렇다고 해서 과거 명령법이 쓰인 네 번째 명령의 내용이 앞의 세 가지 것들과는 달리 구체적인 교훈이라고 단정지을 수는 없다. 사실은 네 번째 교훈도 역시 구체적인 교훈이라기 보다는 일반적인 교훈이다: "영생을 취하라 이를 위하여 네가 부르심을 받았고 많은 증인 앞에서 선한 증언을 하였도다." 중요한 것은 시제의 상으로 단순 과거 시제는 동작을 하나의 전체로 볼 때 사용한다는 것이다. 여기서 전통적 견해를 따라서 '영생을 취하기를 시작하라' 는 의미를 전달하는 것으로 보아서는 안된다. 만일 여기서 말하는 영생이 미래에 주어질 것으로 본다면 이런 해석은 전혀 말이 되지 않는다. 또한 만일 영생이 지금 여기서 누리며 앞으로도 갖게 될 것이라고 해도 '취하기 시작하라' 는 해석은 어색하다. 만일 현재적 가치도 포함한다면 디모데는 이미 영생을 소유하고 누리고 있기 때문이다.[87] 그렇다면 왜 바울은 여기서 앞에서와는 달리 과거 시제를 사용한 것일까?

일반적인 교훈을 명령하면서 바울이 과거 명령법을 쓴 이유는 아마도 가장 중요한 것으로 우선 순위에 그것을 두라는 명령을 전달해 주고 싶었기 때문이라고 해석할 수 있다. 이것을 명령법 과거의 용법 중에서 사실 확인(constative) 용법이라고 부를 수 있을 것이다. 이것은 명령의 '엄중성'

(Aktionsart)가 분명하게 구별되어야 한다고 주장하는데 명령법에서 이것이 어떻게 구별되는지 상세히 기술하지 않고 있다. 하지만, 그의 직설법 시제에 대한 설명에 나타난 상과 동작의 종류의 구별에 근거하여 명령법 시제의 상과 동작의 종류를 구별해 보았다.

87) '영생을 취하라' 는 말의 의미와 관련해서는 Marshall, *The Pastoral Epistles,* 660을 보라.

(solemnity)이나 급박성(urgency)를 강조해 주며, 그 명령을 최우선 순위로 삼으라는 의미를 전달해 준다.[88] 앞에서 본대로 사실 디모데 전서 6장 11절과 12절의 첫 부분에서 명령법이 사용되는데 그 명령의 내용도 12절의 두 번째 명령의 내용과 마찬가지로 구체적 교훈이 아니라 일반적 교훈이다. 그런데 앞의 명령법들은 현재로 뒤의 명령법은 과거로 되어있다. 따라서 12절의 두 번째 명령을 위해 사용된 명령법 과거가 엄중성을 나타내 준다는 해석은 설득력이 있다. 이것은 영생을 취하는 것이 무엇보다도 중요함을 표현해 주며 그래서 이런 의미를 나타낸다: "내가 엄중하게 명령하는데 무엇보다도 영생을 취하라."

이러한 입장은 '영생' 에 대해 부가적으로 긴 설명이 두 가지 측면에서 덧붙여졌다는 사실과 그 설명의 내용이 심중하다는 사실에 비추어 볼 때 힘을 얻는다. 바울은 디모데가 부르심을 입은 목적이 영원한 생명이라고 묘사할 뿐만 아니라, 그 영생을 위해 많은 증인들 앞에서 선한 증언 곧 그리스도께서 주되심을 고백하는 증언을 했다고 적고 있다.[89] 따라서 바울

---

88) 월리스는 패닝을 따라서 이 용법을 명령법 과거 용법의 범주 중 하나로 보지만, 지금 다루고 있는 디모데 전서 6장12절을 예로 들지는 않는다. Wallace, *Greek Grammar: Beyond the Basics*, 720.

89) 이부분의 NIV 번역은 원문을 제대로 반영해 주지 못한다: the eternal lifec to which you were called when you made your good confessiond in the presence of many witnesses. NAB도 비슷한 이해를 반영해 준다: eternal life, to which you were called when you made the noble confession in the presence of many witnesses. 그러나 NASB는 원문을 이와는 다르게 파악하여 반영하고 있다: the eternal life to which you were called, and you made the good econfession in the presence of fmany witnesses. 아마도 가장 정확한 번역은 NRSV의 번역일 것이다: the eternal life, to which you were called and for which you made1 the good confession in the presence of many witnesses. 이 번역은 마지막 절을 분명하게 관계대명사절 속에 포함시킨다.

은 자신이 주는 명령의 엄중성을 나타내고 그것을 특별히 강조하기 위해서 명령법 과거형을 디모데 전서 6장 12절에서 썼다고 결론내릴 수 있을 것이다.

(2) 디모데 전서 6장 20절

그렇다면 6장 20절에서는 왜 명령법 과거형이 사용된 것일까? 먼저 헬라어 원문과 번역을 제시하면 다음과 같다:

> Ὦ Τιμόθεε, τὴν παραθήκην **φύλαξον** ἐκτρεπόμενος τὰς βεβήλους κενοφωνίας καὶ ἀντιθέσεις τῆς ψευδωνύμου γνώσεως.
>
> 디모데야 망령되고 헛된 말과 거짓된 지식의 반론을 피함으로[90] 네게 부탁한 것을 **지키라**. (『개역개정』)

볼드체로 된 명령법 과거는 '(부탁한 것을) 지키라' 는 내용을 전달해 준다. 그렇다면 '부탁한 것' (παραθήκην)은 무엇을 지칭하는가? 이것은 '(너에게) 맡겨진 것' 으로 볼 수 있는데 그 의미와 관련해서는 여러 가지 견해가 있으나 포괄적으로 보자면 복음 곧 그리스도의 복음을 뜻한다고 볼 수 있다. 디모데 전서의 중심은 바로 이 복음이기에 이 해석이 가장 옳다고

90) 한글 『개역개정성경』은 헬라어의 분사로 되어 있는 부분을 번역하면서 그 분사를 '수단과 방법' (manner and means)를 나타내는 것으로 번역한다. 한글 『개역성경』은 문장을 그대로 내려서 번역하면서 분사부분을 앞의 명령법의 영향을 받은 또다른 명령법의 기능을 하는 것으로 이해한다: 디모데야 네게 부탁한 것을 지키고 거짓되이 일컫는 지식의 망령되고 허한 말과 변론을 피하라. 분사에 대한 번역은 영어 성경에서도 확연히 둘로 갈라지는데, 한글 『개역성경』처럼 명령으로 이해하든지(NIV, NRSV, NJB, GNB, NET, ESV등), 아니면 명령법에 종속된 것으로 보되 『개역개정성경』처럼 '수단이나 방법' 으로 단정짓지 않고 단순 분사로 해석하는 것이다 (ASV, NAB, NASB, KJV, NKJV등). 둘 중에 어느 것이 더 바람직한지는 결정하기 어려운데 『개역개정성경』의 번역은 너무 대담하고 단정적으로 보인다.

할 수 있을 것이다.[91] 그렇다면 왜 바울은 디모데에게 복음을 파수하라, 지키라고 명령하면서 디모데 전서의 다른 곳에서와는 달리 명령법 과거를 사용한 것일까? 그 이유는 앞서 6장 12절에서와 마찬가지로 바울은 엄중하게 명령을 전달하기를 원했기에 그렇게 한 것으로 볼 수 있다. 이단들로부터 '복음을 지키는 것' 은 무엇보다도 중요한 우선순위를 차지하기에 그 교훈의 내용을 강조하기 위해서 일부러 과거 명령법을 썼던 것이다. 이것은 헬라어 분사로 표현되어 있는 부분(거짓된 지식의 논란을 피함으로)에서 이단에 대한 경각심을 다시한번 강조하는 데서도 잘 드러난다.

이상의 논의를 통해서 헬라어 명령법 시제의 의미를 엿볼 수 있다. 헬라어 명령법의 시제는 어떤 문맥에서 그렇게 쓰여야만 해서 채택되는 것이 아니라, 화자나 저자가 어떤 측면을 강조하기 위해 의도적으로 선택하는 것임을 알 수 있다. 곧 계속적으로 무난하게 진행되어야 하는 명령임을 강조할 때는 현재 명령법을, 어떤 급박성이나 엄중함을 표현하기 위해서는 과거 명령법을 쓴다고 정리해 볼 수 있다. 어떠한 경우든 주로 한 시제를 쓰던 저자가 갑자기 다른 시제를 사용하는 경우 주의가 요청된다. 특별히 한 문맥에서 동일한 시제를 쓰다가 갑자기 다른 시제를 쓴다면 그것은 특별한 의미를 포함하고 있다고 이해해야 할 것이다. 이러한 명령법 시제의 변화가 아예 일어나지 않는 경우도 있음은 말할 나위도 없다.[92]

---

91) Marshall, *The Pastoral Epistles*, 676. 이 단어는 디모데 후서 1장 12절과 14절에 다시 나타난다.

92) 대표적으로 데살로니가 전서를 들 수 있는데 그 서신서에서는 현재 명령법이 20번 사용되는 반면에 과거 명령법은 단 한번 사용된다. 데살로니가 전서의 명령법 사용에 대한 자세한 논의가 아래에서 이루어진다.

(3) 디모데 전서 5장 1절: 금지의 명령

디모데 전서와 관련하여 하나 더 살펴볼 것은 금지의 명령을 위해 사용되는 구문인 μή + 가정법 과거의 용법이다.[93] 왜냐하면 금지를 나타내기 위해 가정법의 과거 시제가 사용되었기 때문이다. 이것은 디모데전서에서 5장 1절에 한번만 등장한다:

> Πρεσβυτέρῳ μὴ **ἐπιπλήξῃς** ἀλλὰ **παρακάλει** ὡς πατέρα, νεωτέρους ὡς ἀδελφούς.
>
> 늙은이를 **꾸짖지 말고 권하되** 아버지에게 하듯 하며 젊은이에게는 형제에게 하듯 하고. (『개역개정』)

흥미롭게도 한 구절에서 같은 대상에 대해서 금지의 명령은 과거로 긍정의 명령은 현재로 표현되어 있다. 사도바울은 왜 디모데에게 나이 많은 사람들에 대해 권고하면서 두 가지 다른 시제를 사용한 것일까?[94] 우선 주목해 볼 것은 바로 앞 부분인 4장 11절부터 16절사이에서 현재 명령법이 한 구절에 하나나 둘씩 모두 10개가 사용되고 있다는 사실이다.[95] 또한 이

---

93) 헬라어에서 금지를 표현하는 방법은 세 가지가 있다 하나는 명령법에 부정어 mh,를 붙여서 만드는 것인데 이때에 명령법의 시제는 반드시 현재다. 또 하나는 본문에서 다루는 경우처럼 가정법에 부정어 mh,를 쓰는 방법이고 마지막으로는 직설법 미래에 부정어 ouv나 mh,를 붙여서 표현하는 방법이 있다. 마지막 방식은 흔히 사용되는 방식은 아니다. 이것과 관련하여 자세한 문법 사항을 보려면, Goodwin, *Syntax of the Moods and Tenses,* 19-20을 참조하라. 또한 첫 번째 두 번째 구문에 관해서는 같은 책 101-105을 보라.

94) 포터는 명령법과 관련하여 주석하기 난해한 몇 가지 예를 들면서, 한 문장에서 서로 다른 시제의 명령법이 사용되고 있는 신약의 두 구절을 들고 있다: 엡 6:10-17, 벧전 2:17. 이 두 구절에서 처음의 명령은 과거 명령법으로 두 번째나 그 이후는 현재 명령법으로 되어있다. 자세한 논의를 보려면 그의 책, *Idioms,* 227을 보라.

95) 아래 헬라어 원문에서 밑줄 그은 단어는 현재 명령법이다:

열개의 현재 명령법 중에서 4장 12절과 14절에 금지의 명령법이 사용되는데 모두 현재 명령법이 쓰이고 있다는 사실이 주의를 끈다.[96] 이것은 바울이 금지를 나타내는 명령을 위해 과거 가정법을 즐겨쓰는 것이 아님을 보여준다. 6장 2절에서도 역시 현재 명령법이 쓰여 금지를 나타내고 있음도 주지의 사실이다.[97] 그렇다면 왜 사도바울은 유독 5장 1절에서 과거 가정

---

11 **Παράγγελλε** ταῦτα καὶ **δίδασκε**.

12 Μηδείς σου τῆς νεότητος **καταφρονείτω**, ἀλλὰ τύπος **γίνου** τῶν πιστῶν ἐν λόγῳ, ἐν ἀναστροφῇ, ἐν ἀγάπῃ, ἐν πίστει, ἐν ἁγνείᾳ.

13 ἕως ἔρχομαι **πρόσεχε** τῇ ἀναγνώσει, τῇ παρακλήσει, τῇ διδασκαλίᾳ

14 μὴ **ἀμέλει** τοῦ ἐν σοὶ χαρίσματος, ὃ ἐδόθη σοι διὰ προφητείας μετὰ ἐπιθέσεως τῶν χειρῶν τοῦ πρεσβυτερίου.

15 ταῦτα **μελέτα**, ἐν τούτοις **ἴσθι**, ἵνα σου ἡ προκοπὴ φανερὰ ᾖ πᾶσιν.

16 **ἔπεχε** σεαυτῷ καὶ τῇ διδασκαλίᾳ, **ἐπίμενε** αὐτοῖς· τοῦτο γὰρ ποιῶν καὶ σεαυτὸν σώσεις καὶ τοὺς ἀκούοντάς σου.

96) 4:12 **Μηδείς** σου τῆς νεότητος **καταφρονείτω**, ἀλλὰ τύπος γίνου τῶν πιστῶν ἐν λόγῳ, ἐν ἀναστροφῇ, ἐν ἀγάπῃ, ἐν πίστει, ἐν ἁγνείᾳ.

14 **μὴ ἀμέλει** τοῦ ἐν σοὶ χαρίσματος, ὃ ἐδόθη σοι διὰ προφητείας μετὰ ἐπιθέσεως τῶν χειρῶν τοῦ πρεσβυτερίου.

97) οἱ δὲ πιστοὺς ἔχοντες δεσπότας μὴ **καταφρονείτωσαν**, ὅτι ἀδελφοί εἰσιν, ἀλλὰ μᾶλλον *δουλευέτωσαν,* ὅτι πιστοί εἰσιν καὶ ἀγαπητοὶ οἱ τῆς εὐεργεσίας ἀντιλαμβανόμενοὶ Ταῦτα *δίδασκε* καὶ *παρακάλει*. 이 구절에는 금지를 나타내기 위해 부정어 μή와 함께 사용된 밑줄 친 현재 명령법외에도 긍정의 명령을 나타내주는 (이탤릭체로 표시된) 현재 명령법이 세 개 더 사용되고 있다: δουλευέτωσαν, δίδασκε, παρακάλει. 섬기라, 가르치라, 권면하라. 이 현재 명령법을 '계속해서 섬기라, 계속해서 가르치라, 계속해서 권면하라' 등으로 표현해 보거나, '섬기기를 계속하라' 는 식으로 이해하려고 할 수도 있으나, 디모데 전서에 주로 현재 명령법이 사용되기에 저자인 바울의 단순한 표현 습관으로 보는 것이 더 타당해 보인다.

법으로 금지를 표현한 것일까?

논의를 더 진행하기 전에 우선 살펴볼 것은 '노인'을 지칭하는 헬라어 단어의 정확한 의미일 것이다. 헬라어 단어는 πρεσβυτέρος로서 이것은 형용사의 비교급인데 독립적으로 쓰여서 '더 나이 많은 사람'이라는 의미를 전달해 준다. 더 나이 많다는 것은 젊은 세대와 비교해서 그렇다는 것이며 따라서 이 구절에서는 '노인'으로 보는 것이 타당하다. 이것을 어떤 학자들은 교회의 직위와 관련된 것으로 보아서 장로를 의미한다고 주장하지만 설득력이 없다. 왜냐하면 바로 다음 구절에서 '나이 많은 여성들'과 관련된 교훈을 주고 있기 때문이다.[98]

그렇다면 가정법 과거로 된 명령은 무슨 의미인가? 한 가지 방법은 시작하지 말라는 의미로 해석하여, '노인들을 꾸짖기를 시작하지 말고'라는 의미로 보고 디모데가 노인들을 실제적으로 그 전에 꾸짖은 것은 아니라고 해석하는 것이다. 하지만 그 견해는 지금까지 설명해 온대로 받아들이기 어렵다. 그렇다면 왜 그랬던 것일까? 그것은 아마도 디모데에게 이 명령의 내용을 강조해 주고 싶었기 때문이라고 해석해 볼 수 있다. 아직 연소한 디모데에게 나이 어리다고 다른 사람들이 그를 업신여기지 못하도록 하라고 명령하면서도(4장 12절), 바울은 가르치는 자라고 해서 디모데가 자기 보다 나이가 많은 노인들에게 잘못을 지적하고 야단치는 것을 강력하게 금하고 싶었기에 일부러 가정법 과거 동사를 사용하여 금지를 표현했던 것이다. 다시말해, 이 부분의 과거 시제에 담긴 뉘앙스는 노인들이 잘못이 있다고 해서 절대 꾸짖어서는 안 된다는 것이다. 그 대신 잘못된 부

98) William D. Mounce, *Pastoral Epistles*. 『목회서신』. 채천석/이덕신 역 (서울: 솔로몬, 2009), 607-608.

분을 아버지에게 하듯이 깍듯한 예의를 지키며 잘 권면하라는 것이다. 따라서 강조점은 절대로 노인들을 야단쳐서는 안 된다는 것에 놓여진다. 절대로 꾸짖지 말고 권면하되 그것도 아버지에게 하듯이 할 것을 명령하고 있는 것으로 볼 수 있다.

문맥과 그 당시 역사적 배경과 풍습 등에 대한 연구는 이런 해석을 지지해 준다. 그 당시에는 나이 많은 사람들에 대해 존경심을 갖고 대했으며 그렇게 하는 것이 사회적인 분위기였다. 따라서 디모데가 노인들을 꾸짖었던 적이 있다고 보기는 어렵다. '꾸짖다' 에 해당하는 헬라어의 의미가 원래 '때리려 들다' (strike at)이었다는 사실에 비추어 볼 때 상당히 강력한 꾸짖음으로 볼 수 있는데 젊은 디모데가 노인세대에게 그렇게 했다고 보기는 어려워 보인다.

물론 딤전 4장 12절에서 사도바울은 디모데에게 '네 연소함을 업신여기지 못하게 하라' 고 명령하지만, 업신여기지 못하게 하는 것이 꾸짖는 것을 통해 생기는 것은 아니다. 이것은 4장 12절 하반절에서 사도바울이 디모데에게 주는 교훈, 곧 업신여김을 받지 않기 위해서 해야하는 일에 대한 교훈의 내용이 분명히 표현해 준다: "(누구든지 네 연소함을 업신여기지 못하게 하고) 오직 말과 행실과 사랑과 믿음과 정절에 있어서 믿는 자에게 본이 되어." 따라서 이러한 것들을 종합해서 판단해 보면, 사도 바울이 디모데에게 주는 권면은 나이가 어리다고 나이많은 세대 사람들이 무시하지 못하게 하되 그들을 절대로 꾸짖지 말고 대신 '엄하게 촉구하고' '호소하고' '권면하면서' 그렇게 하라는 것이다.[99] 사도 바울은 이런 내용을 전달하

99) BDAG에 따르면, παρακαλέω의 의미는 다양하다: '도움을 요청하다, 자기편이 되달라고 부르다' 혹은 '친근한 방식으로 말하다' 라는 부드러운 의미를 전달하기도 하

기 위해서 디모데전서 5장1절에서 그 서신서에서 자주 쓰지 않는 과거 명령법을 썼던 것이다.

다. 에베소서의 명령법 사용 연구

디모데 전서와 마찬가지로 현재 명령법이 과거 명령법보다 월등이 많이 등장하는 또다른 바울 서신인 에베소서에 대한 연구 역시 디모데 전서 연구에서 내린 결론을 지지해 준다. 에베소서에는 모두 40개의 명령법이 등장하는데, 그 중에 34개는 현재 명령법이며 6개는 과거 명령법이다. 현저하게 희소성이 있는 단순 과거 명령법은 다음 구절들에서 등장한다: 4:31; 5:14; 6:11,13,14,17. 이 여섯 개의 예들을 연구해 보도록 한다. 이 때, 이들 중에서 6장에 쓰인 네 개의 과거 명령법은 비교적 수월하게 설명이 가능하므로 먼저 다루어 보도록 한다.

(1) 6장의 네 개의 예들

6장의 예에서 4개의 명령법은 아래와 같이 사용되고 있다:

11 **ἐνδύσασθε** τὴν πανοπλίαν τοῦ θεοῦ πρὸς τὸ δύνασθαι
ὑμᾶς στῆναι πρὸς τὰς μεθοδείας τοῦ διαβόλου·
13 διὰ τοῦτο **ἀναλάβετε** τὴν πανοπλίαν τοῦ θεοῦ,

고, 좀 더 강력한 의미, 곧 '강력하게 촉구하다' 는 의미를 나타내기도 하며, '권면하다' 라는 의미를 전달하기도 한다. 그래서 영어 성경은 'exhort' 나 'appeal to' 혹은 'encourage' 로 번역한다. 어떤 의미를 전달하느냐를 결정하는 것은 쉬운 일이 아니다. BDAG도 이 동사가 디모데 전서 5장1절에서 두가지로 해석될 가능성, 곧 강력한 의미나 부드러운 의미로 해석될 가능성을 열어두고 있다. 하지만, 이 두가지 측면을 모두 가지고 있다고 볼 수 있으며, 따라서 사도 바울은 디모데에게 목회자로서 노인 세대에 대해서 단호한 어조로 촉구할 것은 촉구하라고 명령하고 있다고 해석해 볼 수 있다.

ἵνα δυνηθῆτε ἀντιστῆναι ἐν τῇ ἡμέρᾳ τῇ πονηρᾷ
καὶ ἅπαντα κατεργασάμενοι στῆναι.
14 **στῆτε** οὖν περιζωσάμενοι τὴν ὀσφὺν ὑμῶν ἐν ἀληθείᾳ
καὶ ἐνδυσάμενοι τὸν θώρακα τῆς δικαιοσύνης
17 καὶ τὴν περικεφαλαίαν τοῦ σωτηρίου **δέξασθε** καὶ
τὴν μάχαιραν τοῦ πνεύματος, ὅ ἐστιν ῥῆμα θεοῦ.

11 마귀의 간계를 능히 대적하기 위하여 하나님의 전신 갑주를 **입으라**
13 그러므로 하나님의 전신 갑주를 **취하라** 이는 악한 날에 너희가
능히 대적하고 모든 일을 행한 후에 서기 위함이라.
14 그런즉 **서서** 진리로 너희 허리 띠를 띠고 의의 호심경을 붙이고
17 구원의 투구와 성령의 검 곧 하나님의 말씀을 **가지라**. (『개역개
정』)

위에 볼드체로 표기된 4개의 과거 명령법은, 이 부분의 문맥의 전후를 자세히 살펴볼 때에 명령의 엄중함이나 비장함을 나타내 준다고 해석해 볼 수 있다.[100] 여기서 바울은 전쟁 용어를 사용하여 신자의 영적 전투를 그려주고 있는데, 전쟁에 나가는 병사들에게 준엄한 명령이 내려지듯이 신자들에게 주어지는 명령 내용으로 설명해 볼 수 있기 때문이다.[101] 6장 11

100) 이 부분에서 바울은 신자의 초자연적 싸움을 묘사하기 위해 군사적 이미지를 사용하고 있다. 바울은 경주장 그림으로 신자의 인생을 비유하기도 하는데, 에베소서 6장에서는 보다 강력하게 전쟁 이미지로 표현하고 있다. 이에 대한 자세한 논의를 위해서는, E. Best, *Ephesians* (London/New York: T & T Clark International, 1998), 586-87을 보라.

101) 9-10절의 원문과 번역은 아래와 같다:
9 Καὶ οἱ κύριοι, τὰ αὐτὰ **ποιεῖτε** πρὸς αὐτούς,.... 상전들아
너희도 그들에게 이것들을 **행하고**....
10 Τοῦ λοιποῦ, **ἐνδυναμοῦσθε** ἐν κυρίῳ καὶ ἐν τῷ κράτει

절 바로 앞 두 구절에서 명령법이 각 구절에 한번 씩 두 번 등장하는데 모두 현재 시제로 되어있다. 현재 시제는 그 명령의 행동이 전쟁 때와 같이 준엄한 것이 아니라 일반적 내용을 나타내기에 에베소서에서 흔히 사용하는 현재 명령법을 바울은 쓰고 있다고 할 수 있다. 6장의 과거 명령법의 사용은 이렇게 수월하게 설명이 가능하다. 그렇다면 나머지 두 개의 예에서 사도 바울은 왜 명령법 과거를 사용했을까?

(2) 에베소서 4장 31절

에베소서 4장 31절에는 아래와 같이 과거 명령법이 등장한다:

> Πᾶσα πικρία καὶ θυμὸς καὶ ὀργὴ καὶ κραυγὴ καὶ βλασφημία **ἀρθήτω** ἀφ’ ὑμῶν, σὺν πάσῃ κακίᾳ·
>
> 너희는 모든 악독과 노함과 분냄과 떠드는 것과 비방하는 것을 모든 악의와 함께 **버리고** (『개역개정』)

이 구절의 앞 부분인 25절부터 30절까지에서 현재 명령법이 9번 등장하고 바로 다음 구절인 32절에서도 현재 명령법이 한번 쓰이고 있다.[102)]

τῆς ἰσχύος αὐτοῦ. 마지막으로, 너희가 주 안에서와 그 힘의 능력으로 **강건하여지고.**

102) 다음의 볼드체로 표기된 동사가 현재 명령법이다:

25 Διὸ ἀποθέμενοι τὸ ψεῦδος **λαλεῖτε** ἀλήθειαν ἕκαστος μετὰ τοῦ πλησίον αὐτοῦ, ὅτι ἐσμὲν ἀλλήλων μέλη.

26 **ὀργίζεσθε** καὶ μὴ **ἁμαρτάνετε**· ὁ ἥλιος μὴ **ἐπιδυέτω** ἐπὶ [τῷ] παροργισμῷ ὑμῶν,

27 μηδὲ **δίδοτε** τόπον τῷ διαβόλῳ.

28 ὁ κλέπτων μηκέτι **κλεπτέτω**, μᾶλλον δὲ **κοπιάτω** ἐργαζόμενος ταῖς [ἰδίαις] χερσὶν τὸ ἀγαθόν, ἵνα ἔχῃ μεταδιδόναι τῷ χρείαν

그렇다면 사도 바울은 왜 유독 이 구절에서만 과거 명령법을 사용한 것일까? 질문의 요점은 이것이 여기서 사실확정(constative) 용법으로 사용되었는가 하는 것이다. 다시 말해 그 무엇보다도 우선 순위를 갖는 명령의 내용을 타나내 주고 있는가 하는 문제다.

이 구절의 내용은 화가 나서 말로 하는 범죄에 대한 명령이다. 이 다섯 개의 항목(악독, 노함, 분냄, 떠드는 것, 비방하는 것)은 분노의 다섯 가지 양상이라 할 수 있다.[103] 그런데 이것들은 '악의' 와 함께 앞 구절들의 주요 내용을 정리해 주고 확정해 준다. 거짓을 버리고 참된 것을 말하고(25절), 분을 내어도 죄를 짓거나 품지 말며 , 마귀에게 틈을 주지말고(27절), 더러운 말은 입 밖에도 내지 말라(29절)는 내용을 정리하면서 31절에서 가장 중요한 핵심을 짚어준다고 볼 수 있다. 특별히 25절과 26절, 29절의 내용은 분노하여 말로 하는 범죄와 직접적으로 연결되어 있고, 27절의 내용도 간접

ἔχοντι.

29 πᾶς λόγος σαπρὸς ἐκ τοῦ στόματος ὑμῶν μὴ **ἐκπορευέσθω**, ἀλλὰ εἴ τις ἀγαθὸς πρὸς οἰκοδομὴν τῆς χρείας, ἵνα δῷ χάριν τοῖς ἀκούουσιν.

30 καὶ μὴ **λυπεῖτε** τὸ πνεῦμα τὸ ἅγιον τοῦ θεοῦ, ἐν ᾧ ἐσφραγίσθητε εἰς ἡμέραν ἀπολυτρώσεως.

31 πᾶσα πικρία καὶ θυμὸς καὶ ὀργὴ καὶ κραυγὴ καὶ βλασφημία ἀρθήτω ἀφ' ὑμῶν σὺν πάσῃ κακίᾳ.

32 **γίνεσθε** [δὲ] εἰς ἀλλήλους χρηστοί, εὔσπλαγχνοι, χαριζόμενοι ἑαυτοῖς, καθὼς καὶ ὁ θεὸς ἐν Χριστῷ ἐχαρίσατο ὑμῖν.

103) 이 다섯 가지 항목은 때로는 분노하게 될 경우에 말로 하게 되는 순차적 행동을 보여준다고 해석 되기도 한다. 그래서 어떤 경우에는 이 항목들이 스토아 학파가 주로 사용하던 것이라고 보기도 한다. 이 다섯 가지에 대한 자세한 논의를 위해서는, Frank Thielman, *Ephesians* (Grand Rapids: Baker, 2010), 318-19을 보라.

적으로 연결되어있다고 볼 수 있다. 뿐만 아니라, 이것은 32절의 명령 내용의 근거가 되기도 한다. 따라서 이 구절에서 사용된 명령법 과거는 사실 확정의 용법으로 사용되었다고 판단해 볼 수 있다. 곧 이 명령은 이 문맥에서 다른 무엇보다도 중요한 의미를 가진 명령인 것이다.[103]

(3) 에베소서 5장 14절

διὸ λέγει· ἔγειρε, ὁ καθεύδων, καὶ **ἀνάστα** ἐκ τῶν νεκρῶν, καὶ ἐπιφαύσει σοι ὁ Χριστός.

그러므로 그가 말씀하신다. "잠자는 자여 깨어라. 죽은 자들 가운데서 일어나라. 그러면 그리스도께서 너에게 비추이시리라." [104]

이 구절에서 두 개의 명령법이 등장하는데, 첫 번째는 위의 이탤릭체로 된 것으로 현재 명령법이고 두 번째는 볼드체로 표기된 것으로 과거 명령법이다. 관심은 두 번째 명령법에서 과거 시제가 사용된 것에 맞추어진다.

---

104) 유사한 내용이 골로새서 3장 8절에 기록되어 있는데 흥미롭게도 그곳에는 다른 동사의 현재 명령법이 사용된다:
νυνὶ δὲ **ἀπόθεσθε** καὶ ὑμεῖς τὰ πάντα, ὀργήν, θυμέν, κακίαν, βλασφημίαν, αἰσχρολογίαν ἐκ τοῦ στόματος ὑμῶν·
이제는 너희가 이 모든 것을 **벗어 버리라** 곧 분함과 노여움과 악의와 비방과 너희 입의 부끄러운 말이라.

105) 이 인용의 내용이 어디서 온 것인가에 대해서 수많은 논란이 있어 왔다. 많은 학자들은 이 구절의 인용이 구약에서 온 것이 아니라 신약의 찬송시(hymn)에서 왔으며 특별히 세례식과 관련이 있다고 주장한다. 하지만, 이것은 이사야서에 근거한 것으로 볼 수 있다. 에베소서에서 자주 이사야서와 연결되는 내용이 등장하기 때문이다. 그래서 이사야 26장 19절과 60장 1-2절에 근거한 것으로 판단해 볼 수 있다. 이 주제에 대한 자세한 논의를 위해서는, Peter T. O'Brien, *The Letter to the Ephesians* (Grand Rapids/Cambridge, U.K: William B. Eerdmans: 1999), 374-77을 참조하라.

사도 바울은 왜 여기서 에베소서에서는 잘 쓰지 않는 명령법 과거를 사용한 것일까? 그것은 아마도 바울이 이 부분을 11-14절의 절정으로 보았기 때문으로 보인다. 11-13절에서 사도 바울은 불신자들의 행위를 드러내며 그 후에 그들과 관련하여 가장 중요한 회심을 표현하면서 명령법 과거를 사용했다고 볼 수 있다.106) 첫 번째 명령 곧 '깨어라' 를 위해 현재를 쓴 것은 보다 강력하고 직접적인 명령인 '죽은 자들 가운데서 일어나라'는 내용을 명령법 과거로 하여 보다 더 확실하게 강조하기 위해서 라고 여겨진다.

(4) 에베소서 6장 4절: 금지의 명령

디모데 전서 연구에서 했던 것처럼 에베소서 연구에서도 금지 명령에 대해 살펴보고자 한다. 이 때에 금지 명령을 위해 현재 명령법만 두 개 사용하고 있는 에베소서 6장 4절과 앞서 다룬 현재 명령법과 과거 가정법이 함께 사용된 디모데 전서 5장 1절을 비교하면서 둘 사이의 차이를 드러내 보고자 한다.

우선 에베소서에서 사도 바울은 긍정 명령을 위해 현재 명령법을 압도적으로 많이 사용할 뿐만 아니라(34번: 6번) 금지의 명령을 나타내기 위해서도 가정법 과거는 한번도 쓰지 않고 현재 명령법만 사용한다: 4:26, 27, 28, 29, 30; 5:3, 6, 7, 17, 18; 6:2, 4.

앞서 살펴 본대로, 디모데전서 5장 1절에서 바울은 가정법 과거를 부정어와 함께 써서 노인들을 꾸짖지 말라고 엄정하게 말하여 주의를 환기시

106) 어떤 학자는 이곳의 인용 내용이 신자들을 위한 교훈이라고 보기도 한다. Best, *Ephesians*, 498. 하지만 대다수의 학자들은 비-신자들을 위한 교훈이라고 생각한다. O'Brien, *Ephesians*, 376; Thielman, *Ephesians,* 350-51.

킨 후에 구체적으로 아버지에게 하듯이 권면할 것을 현재 명령법을 써서 명령한다. 그 반면에 에베소서 6장 4절에는 μή … ἀλλά 구문과 더불어 두 개의 현재 명령법이 쓰인다.[107)]

Καὶ οἱ πατέρες, μὴ **παροργίζετε** τὰ τέκνα ὑμῶν ἀλλὰ **ἐκτρέφετε** αὐτὰ ἐν παιδείᾳ καὶ νουθεσίᾳ κυρίου.

또 아비들아 너희 자녀를 **노엽게 하지 말고** 오직 주의 교훈과 훈계로 **양육하라**. (『개역개정』)

이 구절의 내용의 구성은 앞서 살펴본 디모데 전서 5장 1절과 유사하다:

너희 자녀를 노엽게 하지 말고(엡 6:4a)= 노인들을 꾸짖지 말고(딤전 5장 1a) 오직(헬라어의 ἀλλά) 주의 교훈과 훈계로 양육하라(엡 6:4b) = 아버지에게 하듯 권하라(딤전 5장1b).[108)]

그런데 첫 번째 명령을 가정법 과거로 표현한 디모데전서 5장 1절과는

---

107) 고린도 전서에서도 μή...ἀλλά와 명령법이 사용되는 예가 발견된다: Ἀδελφοί, μὴ παιδία **γίνεσθε** ταῖς φρεσὶν ἀλλὰ τῇ κακίᾳ **νηπιάζετε**, ταῖς δὲ φρεσὶν τέλειοι **γίνεσθε**.
형제들아 지혜에는 아이가 되지 말고 악에는 어린 아이가 되라 지혜에는 장성한 사람이 되라. (고전 14:20)
이 구절에는 볼드체로 표기된 대로 명령법이 세 개가 등장한다. 이 부분에서 지혜에 있어서 아이가 되지말고 장성한 사람이 되라는 명령이 주를 이룬다. 바울은 여기서 '악에는 어린아이가 되라' 는 내용을 강조하려고 하는 것이 아니라, 지혜에 있어 장성한 사람이 되라는 내용을 강조하기 위해서 이 표현을 사용하는 것이다. 따라서 명령을 나타내는 과거 시제는 이 문장의 중심 주장을 잘 강조해 주는 역할을 하고 있음을 알 수 있다. 참고로 사도 바울은 고린드 전서에서 현재 명령법을 압도적으로 더 많이 사용하고 있어서 각각 85번과 14번 쓰이고 있다.

108) 한글 성경은 디모데전서 5장 1절의 경우에는 ἀλλά를 특별하게 번역하지 않고 흐름에 맞추어 '...말고' 라는 표현 속에 넣어 번역한 반면에 에베소서 6장 4절에서는 이 접속사를 '오직' 이라고 번역한다. 에베소서 6장 4절의 한글 번역은 흥미롭게도, 자

달리 처음 명령법의 시제가 이 구절에서는 현재형이다. 이곳에서 사도 바울은 명령을 하기 전에 호격을 써서 주의를 환기시킨다: "아비들아!" 이렇게 호격을 써서 주목하도록 했기에 바로 뒤이어 주의를 끌기 위해 구태여 과거 명령형을 사용할 필요를 느끼지 못한 것으로 볼 수도 있다. 하지만 그보다는 오히려 사도 바울은 에베소서 6장 4절에서 어느 한쪽의 명령에 과도한 강조점을 두거나 무게를 두는 일 없이 두 명령을 진술하고 있다고 볼 수 있다.[109] 이 경우에 명령법의 시제가 아니라, μή … ἀλλά의 구문 때문에 후반부의 내용에 약간의 강조점이 주어진다.[110]

녀들을 지칭하는 인칭대명사 αὐτά를 생략해 버리고 꼭 그렇게 할 필요가 없는 접속사를 '오직' 으로 번역한다. 이 구절은 오히려 인칭대명사를 넣어 다음과 같이 번역하는 것이 더 바람직해 보인다: 또 아비들아 너희 자녀를 노엽게 하지 말고 그들을 주의 교훈과 훈계로 양육하라.

109) 전통적 견해에 따르면, 이것은 이미 하고 있는 행동을 그만하라는 내용을 전달할 수도 있다. 곧 이미 아버지들이 자녀들을 노엽게 하고 있는데 그렇게 하기를 멈추라는 의미로 해석해 볼 수 있을 것이다. 사실 아버지들은 자녀들을 자신도 모르는 사이에 화나게 할 수 있으며, 그것은 옛날도 마찬가지였을 것이다. 그래서 사도바울은 그것을 그치라고 명령하고 있는 것으로 볼 수 있다. 하지만 이 견해는 앞서 설명한 대로 설득력이 떨어진다.

110) 에베소서의 구절들에서는 현재 명령법이 쓰인 앞 부분의 명령 내용에서 엄정성이나 급박성(urgency)를 찾아볼 수 없다. 오히려 이 경우에는 ἀλλά로 시작하는 뒷부분에 더 강조점이 놓인다고 판단해 볼 수 있다. 앞부분과 뒷부분에서 똑같이 현재 명령법을 사용하고 있어서 명령법 자체는 어느 쪽 명령 내용이 더 중요한지를 표현해 주지 않지만, μή ... ἀλλά구문의 특성상 뒤의 내용에 무게가 실리게 된다. 이것은 동일한 구문이 사용되는 바로 뒷 구절인 5장 18절에서 극명하게 나타난다:

καὶ μὴ μεθύσκεσθε οἴνῳ, ἐν ᾧ ἐστιν ἀσωτία, ἀλλὰ πληροῦσθε ἐν πνεύματι.
술취하지 말라 이는 방탕한 것이니 오직 성령의 충만을 받으라.

이 구절의 첫 부분에서 '술취하지 말라' 는 내용이 명령되고 있으며, 그것을 설명해 주는 내용(이는 방탕한 것이니)이 이 내용을 어느 정도 강조해서 명령하고 있음을 나타내 주지만, 더 큰 강조점은 뒤에 놓이게 되어서 성령의 충만을 받아야 함에 더 무게가 실리게 된다.

이런 해석은 그 당시 시대 상황을 고려해 볼 때 설득력이 있다. 그 당시에는 자녀들을 노엽게 하지 않는 것이 노인들을 꾸짖는 것보다 심각한 문제가 아니었을 수 있다. 이 말은 자녀들을 화나게 하는 것이 중요하지 않다는 것이 아니라, 심중하게 강조하여 얘기할 정도로 중차대한 문제는 그 당시에 아니었다는 것이다. 앞서 설명한 대로 디모데 전서 5장 1절의 가정법 과거시제는 엄중한 금지를 나타내어 디모데에게 어떠한 경우든지 노인들을 꾸짖어서는 안된다는 강조를 하고 있다고 블 수 있다.

그렇다면, 만일 사도 바울이 디모데 전서 5장 1절에서 과거 가정법 대신 현재 명령법을 썼다면 어떻게 의미가 달라지는 것일까? 현재를 썼다고 해도 그 명령법 시제가 디모데가 이미 하고 있는 행동을 계속하지 말라는 의미를 전달한다고 볼 수는 없다. 다시 말해서 노인들을 이미 꾸짖고 있는데 그렇게 하지 말라고 명령하는 것은 아니라고 보아야 한다. 물론 그런 의미를 전달할 가능성도 현재 명령법 시제를 염두에 두면 있을 수 있다. 하지만 그 당시 역사적 배경과 사회 풍습, 그리고 디모데 전서의 문맥, 특별히 4장 12절 하반절을 고려해 볼 때 그런 의미를 전달할 가능성은 거의 없다고 볼 수 있다. 따라서 만일 디모데 전서 5장 1절에서 현재 명령법을 썼다면 μή … ἀλλά 구문의 특성 때문에, 뒷부분의 내용에 강조점이 주어졌을 것이다. 다시 말해 노인을 꾸짖지 말라는 명령은 엄중성을 갖지 못하고 내용의 중심이 후반부로 옮기게 된다는 것이다. 그러므로 명령법 과거 속에 들어있던 엄정성은 명령법 현재의 경우에는 찾아보기 힘들다고 볼 수 있다. 반대로 에베소서 6장 4절에서 사도 바울이 첫 번째 명령을 위해 가정법 과거를 써서 금지를 나타냈다면, 자녀를 노엽게 하지 말라는 내용을 강조하기 위한 의도라고 할 수 있다.

이상의 설명에서 알 수 있듯이 어떤 문맥에서 어떤 저자나 화자가 어떤 특정한 시제를 반드시 써야 한다는 법은 없다. 저자나 화자가 자기의 의도에 따라 시제를 선택하여 표현하고자 하는 측면을 드러내 주는 것이다.

라. 데살로니가 전서의 명령법 사용 연구

데살로니가 전서에는 현재 명령법이 20번 등장하는 반면에, 과거 명령법이 5장 26절에 단 한번만 등장한다:

'Ασπάσασθε τοὺς ἀδελφοὺς πάντας ἐν φιλήματι ἁγίῳ.
거룩한 입맞춤으로 모든 형제들에게 **문안하라**. (「개역개정」)

데살로니가 전서에서 현재 명령법만 20번 사용한 바울은 왜 여기서 유독 과거 명령법을 사용했던 것일까? 이것은 다음과 같이 설명이 가능하다. 신약 성경에서 '문안하다' 라는 의미를 가진 헬라어 단어 'ἀσπάζομαι'가 명령법으로 사용되면 거의 예외없이 과거 시제로 쓰인다. 이 동사의 명령법은 신약 전체에서 모두 27번 사용되며, 그 가운데서 서신서가 아닌 마태복음에 사용된 예를 하나 빼고 나면(10장 12절) 서신서에서 모두 26번 사용되었다.[111] 이 중에서 오직 한 곳 요한 3서 15절에서만 현재 명령법이 등장한다:

Εἰρήνη σοι. Ασπάζονταί σε οἱ φίλοι **ἀσπάζου** τοὺς φίλους κατ' ὄνομα.
평강이 너에게 있을지어다. 형제들이 너에게 문안하느니라, 너는 그 형제들에게 각 이름을 따라 **문안하라**. (『개역개정』)

요한 3서의 현재 명령법의 사용은 독특한 현상으로 다음의 두 가지 중

111) 마태복음 12장에서도 명령법 과거가 쓰였다.

하나로 설명해 볼 수 있을 것이다. 첫째로 이 구절의 마지막에 있는 표현 '이름을 따라' 때문에 현재 명령법을 썼다고 설명해 볼 수 있다. 형제들에게 문안을 하되 전체를 하나로 묶어서가 아니라 '이름을 따라' 하라는 내용 때문에 발생한 현상으로 볼 수 있을 것이다. 다시말해, 아무런 수식어 없이 쓰이면 단순히 '인사를 전하거라' 라는 동작을 하나의 전체 동작으로 보아서 일반적인 의미를 전달하지만, 형제들 한 사람 한 사람에게 인사를 전하라는 것을 강조할 때에는 진행 중인 지속적인 문안의 동작을 표현해 준다는 것이다.

또 다른 설명은 요한 3서에 사용된 명령법 시제의 사용에 근거하여 추론해 낼 수 있다. 흥미로운 점은 요한서신 전체(요한일서, 이서, 삼서)에서 명령법이 모두 17번 나오는데 그 중에 오직 두 번 만이-모두 요한일서- 과거 시제로 되어 있다는 사실이다. 이것이 어떤 의미가 있는가는 더 자세히 연구해 볼 필요가 있겠지만, 한 가지 분명한 것은 요한 서신의 저자 요한은 현재 명령법을 절대적으로 선호해서 사용한다는 사실이다. 다른 말로 설명하자면 요한은 아주 특별한 이유가 없는 한 명령법을 쓸 때 언제나 현재형을 쓴다. 이것이 바로 요한 3서 15절에서 현재 명령법을 쓴 이유라고 판단해 볼 수 있다.

이 두 가지 이유 중 하나 때문에 요한이 ἀσπάζομαι 동사의 현재 명령법을 특별하게 쓴 것이라 결론지을 수 있는데, 두 번째는 논리적으로 설득력이 적어 보이기는 한다. 왜냐하면 그런 논리대로라면 현재 명령법을 절대적으로 많이 사용하는 데살로니가 전서에서는 현재 명령법이 사용되어야 하는 것이 맞기 때문이다. 그러므로 첫 번째 이유 때문에 현재 명령법 대신에 과거 명령법이 사용되었다고 볼 수 있다. 그런데 사실 이 두 가지를 함께 고려하게 되면 설득력있는 주장이 된다. 요한은 현재 명령법을 주로 쓰는데 이 구절에서 첫 번째 이유 때문에 과거로 바꿀 이유를 발견하지 못했던 것이다.

이상의 논의에 근거해서 생각해 볼 때, 데살로니가 전서 5장 26절에서 이 동사의 명령법 과거형을 사용한 것은 아주 자연스럽고 특별한 의미를 전달해 주는 것이 아니라고 판단해 볼 수 있다.

(정리)

헬라어 명령법의 시제를 올바르게 이해하려면 전통적 견해와 동사의 상을 가지고 시제를 이해하는 견해를 구별할 필요가 있다. 전통적인 해석인 전자의 이해에 따르면 현재 명령법은 긍정의 경우에는 '…하기를 계속하라'는 의미를 전달하며, 부정의 경우는 '…하기를 계속하지 마라'는 의미를 전달해 준다. 반면에 과거 명령법은 '…하기를 시작하라'와 '…하기를 시작하지 마라'는 의미를 각각 전달해 준다. 하지만 이러한 동작의 구분은 객관적으로 정형화되어질 수 없다. 동사의 상이라는 측면에서 보면 현재 명령법은 내적 관점에서 동작을 관찰하여 표현하는 것이고 과거 명령법은 동작을 전체 하나로 볼 때 사용한다.

전통적 견해에 따른 구분에 맞게 현재 시제나 과거 시제가 그 의미를 나타낼 수도 있으나, 그것에 대한 결정은 시제 자체가 하는 것이 아니라, 다른 문법적 사항들이나 문맥, 그리고 본문에 대한 역사적 배경이나 사회적 풍습 등에 대한 전반적인 고려를 통해서만 이루어질 수 있다. 다만, 어떤 문맥에서 주로 한 가지 시제가 지속적으로 사용되다가 갑자기 다른 시제로 바뀌면 주의 깊게 살펴볼 필요가 있다. 시제의 변경은 특별한 의미를 가지고 있다고 볼 수 있으며, 그 시제의 선택은 저자의 의도에 따른 것으로 보아야 한다.

그와 더불어 과거 명령법은 구체적인 내용의 명령을 위해, 현재 명령법은 일반적인 내용의 명령을 위해 사용된다는 주장은 신중하게 받아들여져야 한다. 그런 경향이 있을 수 있지만 그것은 어디까지나 경향일 뿐이지 절대적인 명제는 될 수 없는 것이다. 그 보다 더 흥미로운 것은, 위에서 살펴본 디모데 전서와 에베소서, 그리고 데살로니가 전서의 경우에 명령법 과거 동사가 희귀하게 사용되어 특별한 강조를 위해 사용되었다는 것이다. 이것은 바울이 이 세 개의 책들에서 특별한 이유가 없는 한 과거 명령법을 사용하지 않음을 나타내 주기 때문이다. 이것은 어떤 문맥이나 책에서 나타나는 현상을 주의깊게 살펴서 명령법 시제의 의미를 파악해야 함을 보여준다.

Ⅳ. 분사 시제

헬라어 분사는 가장 어려운 문법 사항 중 하나여서 그것을 이해하는 것이 헬라어 학습에 있어 가장 어려운 장애물임은 주지의 사실이다.[112] 헬라어 분사가 영어를 사용하는 서양 사람들보다 한국인에게 더욱 어려운 이유는 한글에는 분사가 없기 때문이다. 게다가 분사의 시제 문제도 분사를

112) 그 이유를 월리스는 그의 책에서 다음의 세 가지로 요약한다:

1) 용법상의 어려움: 명사, 형용사, 부사, 동사 등으로 사용되며 그것도 모든 법들과 함께 사용된다(직설법, 명령법, 가정법, 부정사, 희구법 등);
2) 어순: 헬라어의 분사는 아무데나 위치해서 어떻게 연결해야할지 알기 어렵다;
3) 주동사와의 거리: 헬라어는 주동사와의 관계 파악이 중요한데, 때때로 분사는 주동사와 몇 절 떨어져 있기도 하다. *Greek Grammar: Beyond the Basics*, 613. 게다가 비교적 수월하게 분사의 역할을 파악해 낼 수 있는 영어와는 달리, 헬라어의 경우에 분사의 역할 파악이 어려운 경우가 종종 발견된다. 특별히 이것은 분사와 분사의 의미상의 주어가 주격이 아닌 다른 격으로 되어 있을 때 두드러지게 나타난다.

이해함에 있어 어려움을 가중시킨다.[113] 헬라어 분사 시제의 의미를 결정하는 일이 수월치 않기 때문이다. 게다가 문제를 더욱 복잡하게 만드는 요소로 무엇보다도 분사의 성격을 들 수 있다. 분사는 동사의 성격과 형용사의 성격을 모두 가지고 있다. 특별히 관용적(형용적) 용법에서 독립적으로 쓰여 명사처럼 사용될 때 분사의 시제가 무슨 의미인지 판단하기 어렵다. 이런 면과 더불어 분사는 다양한 용법으로 사용되기에 그 용법들 속에서도 시제의 쓰임과 기능이 서로 달라서 시제가 나타내는 상의 파악이 어려워지는 것이다.[114] 그렇다면 헬라어 분사의 시제는 어떻게 이해해야 하는가?

---

113) 그럼에도 불구하고 분사에 대해서 분명하게 이해하는 것은 필수적이다. 분사를 이해하지 못하면 헬라어 성경을 제대로 이해할 수 없기 때문이다. 우선 사용 빈도수가 동사중에서 직설법 다음으로 높다. 거의 두 절에 한번씩 사용되는데 이것은 대부분의 문장 속에 헬라어가 포함되어 있다는 것이며 분사를 몰라서는 문장을 제대로 파악할 수 없음을 의미한다.

114) 우선 현재 분사형이 명사처럼 사용되어 명사화되면 그 속에서 상을 찾기란 쉽지않다. 예를 들면, ὑπάρχων은 원래 εἰμί동사 대용으로 사용되던 동사여서 그 의미가 '존재하다' '있다'였는데 그 동사의 현재 분사형 중성의 경우에 명사화되어 '재산' '소유물'등의 의미를 갖게 되었다. 이 동사의 의미와 명사화된 분사의 용례 등을 보려면 BDAG 1029을 참조하라. 명사화된 분사형의 대표적인 또 다른 예로 ἄρχω (지배하다, 통치하다)의 현재분사형인 ἄρχων (통치자)를 들 수 있을 것이다. 이 명사가 너무나 자주 예로 제시되어서 잘 소개되지 않는 다른 예들을 들어보았다.

이것이 현재 시제로 되어 있다고 '...존재하고 있는 것들'이라는 의미로 해석할 필요는 없는 것이다. 또 다른 예로 ἀσθενέω의 남성 분사형인 ἀσθενῶν를 들 수 있는데 원래 동사의 뜻은 '아프다'인데 현재분사가 되어 '아픈 사람' 곧 '병자'라는 일반명사로 변해버린 것이다. 이렇게 될 경우에 분사의 상은 의미를 잃게된다.

이렇게 형용적 용법으로 사용된 분사, 그 중에서도 특별히 독립적으로 사용된 분사를 어떻게 이해할 것인가는 간단한 문제가 아니다. 현재 분사가 쓰였다고 해서 '~계속 하는 사람(존재)' 으로, 과거 분사가 쓰였다고 '~한 사람(존재)' 로 기계적으로 이해하면 안된다는 것이다. 부사적 용법일 때에도 시제의 의미를 결정하는 것이 쉽지 않은 경우가 많다. 거기에 더하여, 부사적 용법의 경우에 구체적인 하부용법들은 8개에 달하는데 그것들에 대한 개별적 이해도 수월치 않다: 시간, 이유, 조건, 양보, 수단, 방법, 목적, 결과. 이러한 복합적인 이유 때문에 헬라어 분사는 헬라어 학습에

1. 분사 시제 이해의 두 입장

가. 전통적 입장

많은 문법서들은 전통적인 입장을 따라서 분사의 시제는 상대적 시간을 나타내 준다고 설명한다. 그래서 직설법처럼 절대적인 혹은 독립적인 시간을 나타내지 않고 주동사와의 관계 속에서 시간을 표현해 준다고 설명한다.[115] 현재분사는 주동사와 동시적 동작 혹은 그 보다 늦은 동작을 과거분사는 본동사보다 앞선 동작을 주로 나타내 준다는 것이다.[116] 하지만 부사적 용법의 경우에 과거 분사나 현재 분사가 언제나 그런 식으로 사용되는 것은 결단코 아니라는 설명을 하기도 한다.[117] 그러면서 과거분사의 경우 주동사가 과거면 동시적 동작을, 현재면 앞선 동작을 나타내고, 현재분사의 경우 주동사가 현재면 동시적 동작을 나타낸다고 부연설명을 하기도 한다. 이렇게 무언가 부연설명을 하는 이유는 분사의 시제에 대한 전통적인 견해의 설명이 충분하지 않기 때문이라고 볼 수 있다. 곧 시제가 직설법에서처럼 분사에서도 시간을 나타낸다는 사실 – 비록 상대적 시간이긴 하지만 – 에 너무 집중하다보니 더 중요한 분사 시제가 보여주는 상에 대한 이

있어서 일종의 분수령을 이룬다. 곧 헬라어 분사를 잘 이해하게 되면 이후의 다른 헬라어 문법들에 대한 이해는 비교적 수월하게 진행해 갈 수 있다. 그 반면에 만일 분사를 잘 이해하지 못하게 되면 헬라어를 그 이상 배워나갈 수 없다.

115) 과거에 쓰여진 문법서들은 예외없이 이같은 이해를 반영해 주었다. 대표적인 성경 헬라어 문법서인 메이첸의 책은 물론이거니와 다른 문법서들도 동일한 입장을 취한다. 최근에 출간된 문법서에서도 동일한 설명이 등장하기도 한다. 한글로 저술된 대부분의 헬라어 문법서들은 이런 입장을 표명한다.

116) 현재 완료 분사가 신약에 673번 등장하는데, 이것은 직설법 현재 완료와 동일한 방식으로 이해되어야 한다. 곧 과거 동작의 현재 영향을 담고 있다고 보아야 하는 것이다. 따라서 현재 완료분사는 거의 언제나 주동사 보다 앞선 동작을 나타내게 된다. 현재 완료 분사에 대한 자세한 논의는 다음 기회에 이루어질 것이다.

117) Wallace, *Greek Grammar: Beyond the Basics*, 624-26.

해의 중요성이 약해져 버린 것이다.

나. 동사 상 이론의 견해

동사 상 이론에 따르면, 분사 시제의 상은 주동사와의 관계에서 상대적 시간을 나타내 주지 않는다. 사실 신약성경에는 전통적 입장이 제시한 헬라어 분사 시제에 대한 이해와 상충되는 예가 등장한다. 현재 분사인데 주동사 보다 앞선 동작을 나타내는 예도 있고 반대로 과거 분사인데 주동사와 동시간적이거나 심지어 더 늦은 동작을 나타내 주는 것처럼 보이는 예 역시 소수이긴 하지만 존재한다. 사실 '현재 분사가 주동사와 동시적 동작을 나타내는 경우가 대다수인 이유는 헬라어 현재의 상이 진행을 나타내 주기 때문에 나타난 결과이지(action in progress), 현재 시제 자체가 그런 측면을 제공해 주는 것은 아니다.'[118] 이와 마찬가지로 과거 분사의 경우에도 주동사보다 앞선 동작을 나타내는 경우가 대다수인 이유는 과거 시제의 상이 어떤 동작을 전체로 보아서 하나의 완료된 동작(completed action)으로 보기 때문에 생겨나는 결과지 과거 시제 자체가 그렇게 되도록 만드는 것은 아니다. 결과로 나타나는 대체적인 현상만 보고 원인을 제대로 파

---

118) 정창욱, "누가복음에 사용된 헬라어 현재분사의 이해와 번역", 『신약연구』 8/4(2009), 614.

119) 현재분사의 의미에 대해서는 위의 논문, "누가복음에 사용된 헬라어 현재분사의 이해와 번역"을 참조하라. 현재 분사로서 주동사 보다 앞선 동작을 나타낸다고 제시되어지는 예들은 시제의 기능이 애매한 관형적 용법이거나 독립적 용법이다. 아니면, 특이하게 사용되어 부가적 용법으로 볼 수 있는 경우라 할 수 있다. 전자에 관련해서는 J.A. Hewett, *New Testament Greek: A Beginning and Intermediate Grammar* (Peabody: Hendrickson, 2009), 185를 후자와 관련해서는 Campbell, *Verbal Aspect and Non-Indicative Verbs: Further Soundings in the Greek of the New Testament* (New York: PeterLang, 2008), 22-24를 보라.

악해 내지 못하여 생긴 오해라 볼 수 있다. 따라서 분사의 시제가 나타내는 상에 대한 이해를 올바로 가지고 분사를 이해하려고 시도할 필요가 있음은 인정이 된다.

그런데 사실, 전통적 견해에 어긋나는 분사의 비율은 그리 높지 않다. 과거 분사인데 주동사와 동시적이거나 늦은 동작을 표현해 준다고 제시되는 예들은 때로는 설득력이 없으며, 현재 분사인데 주동사보다 앞선 동작을 나타내 준다고 제시되는 예들 또한 다른 방식으로 설명될 수 있다. 사실 현재 분사 중 예외에 속하는 경우는 극히 드물기에 다룰 필요가 없다.[119] 다만, 과거 분사의 예외는 설득력이 있어 보이므로 다루어 볼 필요성이 있다. 그 중에서 특별히 과거 분사가 주동사 뒤에 놓일 때 주동사와 동시간적 행동을 표현해 준다는 주장에 대해서 살펴보고자 한다.

2. 분사의 위치와 시간 관계: 과거분사의 예외 연구

시제에 대한 이해와 관련하여 제기된 설명 중에 하나는 분사의 시제가 현재인가 과거인가 하는 것보다 더 중요한 것은 분사의 위치라는 것이다. 이러한 견해에 따르면, 주동사 보다 앞선 위치에 분사가 사용되면 분사의 시제와 상관없이 주동사 보다 앞선 동작을 나타내 주고, 반대로 주동사 뒤에 분사가 놓이면 분사의 시제와 상관없이 주동사와 동시간 동작이나 늦은 동작을 나타내 준다고 보는 것이다.[120] 이 설명은 과거 분사가 보통 주동사 앞에, 현재 분사는 주동사 뒤에 사용된다는 사실과 함께 제시되어 분사의 시제에 대한 일반적 견해를 지지하면서 보충해 주는 역할을 한다. 흥미롭게도 전통적 견해에서 말하는 과거 분사 시제의 의미 설명에서 벗어

---

120) 포터의 주장을 위해서는 그의 책들, *Idioms*, 188과 *Verbal Aspect*, 380-85를 보라.

나는 예외로 제시되는 것들은 주로 주동사 뒤에 과거 분사들이 사용되는 경우들이다. 이러한 견해를 평가해 보기 위해 신약에 사용된 과거 분사 중에서 주동사 보다 늦은 동작을 나타내 준다고 볼 수 있는 대표적인 예들을 살펴보도록 한다. 이 과정을 통하여 헬라어 분사의 시제의 의미를 파악해 볼 수 있을 것이다.

가. 사도행전 23장 27절

첫번째 예를 사도행전 23장 27절에서 찾아볼 수 있는데, 최근에 캠벨은 그의 책에서 헬라어 분사의 시제를 다루면서 이 구절에 사용된 과거 분사가 시제에 대한 전통적 견해를 어렵게 만든다고 주장한다:[121)]

> Τὸν ἄνδρα τοῦτον συλλημφθέντα ὑπὸ τῶν Ἰουδαίων καὶ μέλλοντα ἀναιρεῖσθαι ὑπ' αὐτῶν ἐπιστὰς σὺν τῷ στρατεύματι ἐξειλάμην **μαθὼν** ὅτι Ῥωμαῖός ἐστιν.
>
> This man was seized by the Jews and was about to be killed by them, but **when I had learned** that he was a Roman citizen, I came with the guard and rescued him. (NRSV)
>
> 이 사람이 유대인들에게 잡혀 죽게 된 것을 **내가 로마 사람인 줄 들어 알고** 군대를 거느리고 가서 구원하여다가 (『개역개정』)

볼드체로 표기된 헬라어 과거 분사를 모든 영어 성경과 모든 한글 성경은 헬라어 시제에 대한 전통적인 견해를 반영하여 주동사(ἐξειλάμην)보다 앞선 동작을 나타낸다고 해석한다. 『개역개정성경』이 번역한대로 천부장 리시아스가 자신의 공로를 은근히 드러내기 위해 사용한 외교적인 수사법

---

121) *Verbal Aspect and Non-Indicative Verbs*, 16.

으로 보아야 문맥에 오히려 더 잘 맞는다고 본 것이다. 사실 이 구절은 모울(Moule)에 의해서 1953년에 이미 헬라어 과거 분사의 시제에 대한 전통적인 견해의 설명을 어렵게 만들 수도 있는 예외르 제시되었다.[122] 그러면서도 그는 이 과거 분사가 주동사 보다 늦은 동작을 표현한다는 주장은 너무 나간 것이라고 명시한다. 곧 이 구절의 뒷 부분을 다음과 같이 해석해서는 안된다는 것이다: "이 사람이 유대인들에게 잡혀 죽게 된 것을 군대를 거느리고 가서 구원하였는데 그가 로마 사람인 줄 내가 알게 되었다." 주지하는 대로 이 과거 분사는 주동사보다 뒤에 위치해 있다.[123]

그런데, 포터나 캠벨같은 학자들은 다른 입장을 개진한다. 그들의 주장에 따르면, 이 구절에 기록된 바울을 구해준 천부장의 설명은 21장의 내용에 비추어 볼 때 바울이 누구인지 모르고 구해 주었는데 나중에 듣고 보니 그가 로마시민임을 알게 된 것으로 이해해야 한다.[124] 과거 분사의 위치를 근거로 제시하면서 과거 분사의 동작은 여기서 오히려 주동사의 동작보다 더 늦은 시간에 일어난 행동이라고 설명한다. 그렇다면 어느 해석이 더 타당성을 갖고 있는 것일까? 위의 질문에 답하기 위해서 사도행전에 등장하는 이 구문- 곧 주동사 뒤에 과거 분사가 사용되는 구문-의 용법을 하나 더 살펴볼 필요가 있다.

---

122) *An Idiom Book of New Testament Greek* (Cambridge: Cambridge University Press, 1953), 100.

123) 바렛(C.K. Barrett)은 이 과거 분사는 분명하게 주동사보다 먼저 발성한 동작을 지칭한다고 설명한다. *Acts 15-28* (London/New York: T & T Clark International, 1998), 1083. 브루스(F.F. Bruce)역시 천부장이 칭찬을 받으려고 이야기를 각색했다고 생각한다. *The Acts of the Apostles: Greek Text with Introduction and Commentary* (Grand Rapids: Eerdmans, 1990), 472.

124) 그의 책, *An Idiom Book*, 189를 보라.

나. 사도행전 25장 13절

사도행전 25장 13절에도 이 구문이 등장한다:

Ἡμερῶν δὲ διαγενομένων τινῶν Ἀγρίππας ὁ βασιλεὺς καὶ Βερνίκη κατήντησαν εἰς Καισάρειαν **ἀσπασάμενοι** τὸν Φῆστον.

수일 후에 아그립바왕과 버니게가 베스도에게 **문안하러** 가이사랴에 와서 (『개역개정』)

이 구절 역시 모울이 제시한 과거 분사 용법의 예외인데, 그는 23장 27절의 경우와는 달리 이 구절에서는 이 분사가 주동사 보다 늦은 동작을 나타내 줄 수밖에 없다고 생각한다.[125)]

"수일 후에 아그립바왕과 버니게가 가이사랴에 와서 베스도에게 **문안했다.**"

영어 성경 중에서 NASB와 NJB가 이와같은 방식으로 이 구절을 이해한다:

Now when several days had elapsed, King Agrippa and Bernice arrived at Caesarea, **and paid their respects** to Festus. (NASB)

이런 방식으로 설명하면서 모울은 어떤 사본에는 과거 분사대신 미래 분사가 사용되어 '목적'을 나타내 주는 것으로 해석할 수도 있지만, 사본 비평학상으로 볼 때 절대 미래일 수 없으므로 목적으로 해석할 수 없다고 결론짓는다. 그는 과거 분사뿐 아니라 심지어 현재 분사도 목적을 나타내

125) *An Idiom Book*, 190. 이 구절 역시 캠벨에 의해 전통적 입장을 논박하기 위한 예로 채택되었는데, 그는 모울의 책에 의존하는 것처럼 보인다.

기 어렵다고 본 듯한데, 이것은 고전 헬라어 문법에 근거한 판단일 것이다. 고전 헬라어 문법서에 따르면, 분사가 목적을 나타내는 경우는 주로 미래이며 현재 분사는 아주 드물게 사용된다.[126]

이 설명에 따르면 모울과 캠벨의 견해는 설득력이 있어 보인다. 전통적 견해에 따르면 과거 분사는 주동사 보다 앞선 동작을 나타내야 하는데 이 구절에서 과거 분사는 주동사보다 앞선 동작이 아니라 오히려 주동사보다 늦은 동작을 표현해 준다고 보기 때문이다.[127]

하지만, 이 설명은 한 가지 사실을 간과하고 있다. 헬라시대 헬라어 곧 코이네 헬라어에서는 고전 헬라어에서 처럼 완료분사는 절대로 목적을 나타낼 수 없는 반면, 고전 헬라어에서와는 달리 드물기는 하지만 과거 분사가 목적을 나타내기 위해 사용되곤 한다.[128] 따라서 이 과거 분사는 모든

---

126) Smyth, *Greek Grammar*, 458-59. 특별히 '오다, 가다, 보내다, 소집하다'는 의미를 나타내는 동사와 함께 사용되어 목적을 나타낸다고 그는 설명한다. 또한 현재 분사가 목적을 나타내기 위해 사용되기도 함을 지적한다. 굿윈 또한 미래분사와 더불어 비록 드물긴 하지만 현재 분사도 목적을 나타낸다고 설명한다. Goodwin, *Syntax of the Moods and Tenses*, 840. 모울 역시 이와 비슷하게 현재 분사가 목적을 표현하기 위해 사용되었을 가능성이 있는 구절로 눅 10:25절을 제시하기는 하지만, 목적을 위해 현재분사를 사용할 가능성이 낮다고 본다. *An Indiom Book*, 103.

127) 브르스 역시 이 구절의 과거분사의 사용에 대해서 자세하게 다루며 문제를 풀어보려 시도한다. 이것은 이 구절에서 과거분사의 이해가 수월치 않음을 보여준다. *The Acts of the Apostles*, 491.

128) 다나와 맨티에 따르면, 신약 성경 헬라어에서 목적을 나타내기 위해 사용되는 분사는 보통 미래시제로 되어 있고 현재시제로 나타나는 경우는 드물다. 따라서 과거분사가 목적을 위해 사용되는 경우는 아예 언급하지 않는다. 더 나아가 어떤 시제로건 목적을 나타내는 분사 용법은 신약에 자주 등장하지 않는다고 설명한다. Dana & Mantey, *A Manual Grammar of the Greek New Testament*, 226. 이러한 그들의 설명은 부정확하다. 신약에서 현재분사가 미래분사보다 더 자주 목적을 표현하기 위해 사용되기 때문이다. 이를 위해서는 BDR. 418을 보라. (BDR은 F. Blass, A. Debrunner and R. Rehkopf의 독일어 책, *Grammatik des Neutestamentlichen Griechisch* (Goettingen: Vandenhoeck & Ruprecht, 1896, 17th ed., 1990)을 지칭

한글 성경과 모든 영어 성경이 표현한 대로 충분히 목적을 나타낼 수 있다.

요약하자면, 주동사 뒤에 과거 분사가 쓰인다고 해서 그 분사를 반드시 주동사보다 늦은 동작을 나타낸다고 볼 근거는 없다. 그런 경향이 있는 것은 사실이나 어디까지나 경향일 뿐이지 분사의 위치 자체가 분사와 주동사의 시간관계를 결정해 주지는 않는 것이다. 따라서 앞에서 포터와 캠벨이 설명한 대로 사도행전 23장 27절을 해석할 필요가 없으며, 그렇게 판단할 근거도 강하다고 할 수 없다. 오히려 천부장의 외교적인 수사학적 표현으로 보는 것이 더 타당하다. 다만 과거 분사의 상과 문맥을 고려할 때 그렇게 해석할 수 있는 가능성은 열려있다고 볼 수 있다. 위의 두 개의 예에서 과거 분사는 전통적 견해를 따라 해석해도 각 문맥에서 그 의미가 잘 통한다고 할 수 있다.

3. 부가적 분사 용법

분사의 시제 이해와 관련하여 의미있는 범주는 부가적 분사(attendant participle)의 용법이다.[129] 어떤 분사를 부가적 용법으로 볼 것이냐 혹은 부

하며, BDF는 독일어 원판의 영어 번역본을 가리킨다.) 한걸음 더 나아가 월리스는 코이네 헬라어에서는 과거 분사가 목적을 나타낼 수 있음을 지적한다. Wallace, *Greek Grammar: Beyond the Basics*, 636. 각주 58.

129) 이 용법에 대한 설명은 고전 헬라어 문법서들에서는 다소 모호하다. 예를 들면, 굿윈은 자신의 책에서 이 용법에 대해서 간략하게 이 분사가 단순히 기술적(descriptive)일 뿐이라고 설명한다. Goodwin, *Syntax of the Moods and Tenses*, 843. BDF는 용어부터 달라서 숙어적(idiomatic) 혹은 용어법적(pleonastic) 사용으로 이해한다. 그래서 예를 들면, 마 14:19절의 '떡을 취하사 축사하셨다' 의 경우처럼 떡을 취하는 것은 축사하시는 것을 표현하기 위한 단순 사실 기술로 본다. *Greek Grammar*, 419. 이상의 짧은 개요는 이 용법에 대한 규정이 정확하게 정돈되어있지 않음을 나타내 준다. 월리스는 엄격한 기준들을 제시하면서 그 기준들에 맞고 문맥에서 의미가 잘 통해야 이 용법으로 볼 수 있다고 제안한다. 이 용법을 어

사적 용법으로 볼 것이냐에 따라 시제에 대한 이해가 달라지며 본문의 의미와 강조점이 너무나 많이 달라지기 때문이다. 부사적 용법으로 보면 동사의 상에 대한 이해가 어려운 경우도 부가적 용법으로 보게 되면 쉽사리 해결될 수 있다. 특별히 이것은 과거 분사가 주동사와 동시간적 동작을 나타내는 구절에 대한 설명을 위해 중요하다. 왜냐하면, 동사의 상 이론에 따르면 과거는 완료 상을 나타내 주는데, 과거 분사가 완료 상을 나타낸다면 그 분사의 동작이 주동사와 동시간적 동작을 나타낸다는 것이 잘 설명이 되지 않기 때문이다.[130] 동시간적 동작을 나타내려면 현재분사가 쓰여져야 일반적인데 그렇지 않기에 적절한 설명이 요청된다. 게다가 부가적 용법에 대한 올바른 이해는 성경 원문의 해석과 번역에 큰 도움 준다. 그런데 부가적 분사 용법에 대한 연구는 미흡한 형편이다. 따라서 분사의 부가적 용법에 대해 연구해 보고자 한다.

떤 학자들은 너무 많이 인정하고 어떤 학자들은 너무 적게 인정하는 것에 대한 해결책을 제시했다고 볼 수 있다. 하지만, 고전 문법학자들과는 다른 견해를 표출함으로 평가해 볼 필요가 있다. 단적으로 표현하자면 그의 주장은 너무 제한적으로만 이 용법을 인정한다는 약점을 지니고 있다. 그래서 영 (R.A. Young)같은 학자는 보다 포괄적으로 이 용법을 보고자 한다. 예를 들면, 막 1:18절의 경우에 월리스는 부가적 분사 용법으로 인정하지 않는 반면에 영은 부가적 용법으로 이해한다: καὶ εὐθὺς ἀφέντες τὰ δίκτυα ἠκολούθησαν αὐτῷ. "and they immediately left the nets and followed him". R.A. Young, *Intermediate New Testament Greek* (Nashville: Broadman & Holman, 2009), 158. 하지만 이 분사는 시간을 나타내는 것으로 볼 수도 있다: "and having immediately left the nets, they followed him". 결국 분사로 표현된 내용을 어떻게 볼 것이냐에 따라 용법이 결정되기도 하고 반대로 용법에 따라 본문의 강조점이 달라지기도 한다. 이것은 부가적 분사 용법에 대한 논의가 중요성을 가짐을 나타내 준다.

130) 캠벨은 과거 분사가 주동사와 동시적인 동작을 나타내는 거의 모든 예들이 사실은 부가적 분사 용법이라고 설명한다. *Verbal Aspect and Non-Indicative Verbs*, 22.

가. 부가적 분사에 대한 혼란[131)]

부가적 용법으로 사용되는 분사는 학자들에 의해서 여러 가지 방식으로 이름이 붙여지고 다양한 방법으로 분류되곤한다. 어떤 학자는 이것을 '부가적 상황 분사' (attendant circumstance participle)이라고 부르고[132)] 다른 학자는 '상황의 분사' (circumstantial participle)이라 명명한다.[133)] 또 다른 학자는 '잉여적 분사' 혹은 '여분의 분사' (redundant participle)라고 이름 붙인다.[134)] 게다가, 한 학자가 이 분사의 용법에 대하여 경우에 따라서 다른 방

---

131) 이 부분 본 저자의 논문, "복음서와 사도행전에 사용된 헬라어의 부가적 용법의 분사에 대한 연구", 『신약연구』 10/4(2011), 765-88을 책의 흐름과 맞도록 약간의 수정을 거쳐 재수록한 것이다.

132) 굿윈은 이 분사를 상황의 분사(circumstantial participle-혹은 adverbial participle)의 하위 개념 중 하나로 이해하는데 이것을 풍크(R. Funk)는 그대로 따르고 있다. Goodwin, *Syntax of the Moods and Tenses*, 336. R. Funk, *A Beginning-Intermediate Grammar of Hellenistic Greek* (Scholars, 1977; 2nd ed.). 넌(H.P.V. Nunn)역시 이 입장을 견지한다. 그의 책, *A Short Syntax of New Testament Greek* (Cambridge: Cambridge University Press, 1912; repr. of 5th ed., 1977), 122을 보라.

133) Dana & Mantey, *A Manual Grammar of the Greek New Testament,* 228-29. 그들은 이 분사의 용법을 상황의 분사라고 명명하면서 이 분사 용법이야말로 영어의 분사가 헬라어 분사를 도저히 충분하게 표현해 낼 수 없는 범주라고 설명한다. 이 분사는 영어로 정확하게 표현해 낼 수 없기 때문이다. 또한 브룩스와 와이너리(J.A. Brooks와 C.L. Winery)도 이 분사 용법을 상황의 분사로 부른다. 그들의 책, *Syntax of New Testament Greek* (Boston: University Press of America, 1979), 151을 보라.

134) 마지막 범주인 '여분의 분사' 를 '중복의 분사' [pleonastic participle]로 부를 수도 있을 것이다. J.H. Moulton & N. Turner, *A Grammar of New Testament Greek*, vol. III (Edinburgh: T&T Clark, 1928), 153-55를 보라. 몰튼과 하워드(J.H. Moulton & W.F. Howard)는 이 중복의 분사의 범위를 굉장히 넓게 보아서 말하는 동사뿐만 아니라 일반 동사도 중복의 의미를 전달한다고 본다. *A Grammar of New Testament Greek*, vol. II (Edinburgh: T&T Clark, 1936), 452-54. 반면에, 최근의 문법서들은 이 용법을 아주 제한적으로 보는 경향이 있다. 예를 들면, 월리스는 분사가 주동사와 기본적으로 동일한 의미를 전달해 줄 경우에만 이 용법이 성립된다고 보고 그래서 '대답하여 말하였다' '...라고 말하며 생각했다' 등의 경우에만 이

식으로 분류하고 다른 명칭을 부여하기도 한다.[135] 이같은 현상은 이 용법을 둘러싼 혼란이 얼마나 큰가를 잘 보여준다.

사실 용어의 혼동은 정의의 난해함과 연관되어있다. 부가적 분사는 구체적으로 과연 어떤 역할을 하기 위해 사용된 분사를 지칭하기 위해 사용되는 것일까? 우선 기억할 것은 부가적 분사는 주동사와 관련하여 어느정도 독립성을 갖는다는 것이다.[136] 그 반면에 온전히 독립적이지는 않아서 주동사와의 관계 속에서만 의미를 갖는다. 이것이 아마도 많은 학자들이 부가적 분사를 부사적 용법으로 사용된 분사(adverbial participle)의 한 범주로 본 이유일 것이다. 하지만 부사적 용법의 분사와 비교해 볼 때 더 많은 독립성을 갖는다고 판단해 볼 수 있다.

따라서 이와 같은 기본적 이해를 바탕으로 해서 명칭을 임시로 정해 볼 수 있을 것이다. 우선 부가적 용법의 분사는 언급할 필요가 없는 것임에도

용법이 적용된다고 주장한다. 그의 책, *Greek Grammar: Beyond the Basics*, 649-50을 보라.

135) 예를 들면, 그린리(J.H. Greenlee)는 이것을 2005년에 출간한 논문에서 부가적 상황 분사(attendant circumstance participle)로 부른다. 그런데 1986년에 출간한 그의 문법서에서는 이 분사의 용법을 두 개로 구분하여 설명했다. 하나는 부가적 상황(attendant circumstance)로 다른 하나는 동등의 상황(coordinate circumstance)로 구분하는데, 전자는 현재 분사가 주동사 뒤에 위치하여 부가적 정보를 제시하는 것을 나타내며, 후자는 과거분사가 주동사 앞에 위치하여 주동사와 동등한 의미를 전달하는 것으로 구분한다. 하지만, 2005년에 출판한 소논문에서는 이 구분을 없애버리고 후자를 단순히 과거 상황의 분사(aorist circumstantial participle)로 부르고 전자를 그대로 부가적 상황의 분사(attendant circumstance participle)로 혹은 현재 상황의 분사(present circumstantial participle)로 부른다. 동일한 학자에 의해서도 서로 다르게 명명된다는 사실은 이 용법을 정의하는 일이 매우 까다롭고 노력을 요하는 작업임을 보여준다. 그의 논문, "New Testament Circumstantial Participles", *Journal of Translation*, vol.1/1 (2005), 57-59를 보라. 또한 그의 책, *A Concise Exegetical Grammar of New Testament Greek* (Grand Rapids: Eerdmans, 1986)을 참조하라.

136) 앞의 각주에서 언급한 대부분의 학자들은 이와같은 입장을 드러내 준다.

덧붙여진 여분의 혹은 남아도는 잉여 부분이 아니므로 '잉여적' 혹은 '여분의' 분사 용법으로 부를 수는 없다. 상황의 분사(circumstantial participle)은 부사적 용법의 분사(adverbial participle)을 부르는 또 다른 이름으로 사용되기도 하기 때문에 혼동을 줄 수 있어서 사용하기가 조심스럽다. 결국 부가적으로 상황을 설명해 주는 용법을 뜻하는 '부가적 상황의 분사'(attendant circumstance participle) 혹은 줄여서 '부가적 분사'(attendant participle)로 표현하는 것이 가장 타당해 보인다.

부가적 분사의 올바른 이해가 어떻게 성경본문의 이해에 영향을 미치는지를 살펴보기 위해서 부가적 분사가 주동사와 관련하여 독립성을 얼마나 또 어떤 방식으로 갖느냐 하는 것을 결정하는 것은 반드시 필요한 작업이다. 이 문제를 해결하기 위하여 온전히 독립성을 갖고 사용되는 독립적 용법의 분사와 부가적 용법의 분사를 우선 비교해 볼 것이다. 그 후에 부가적 용법으로 사용되었다고 여겨지는 신약성경의 예들을 살펴보면서 부가적 분사에 대한 올바른 이해와 정의를 시도하고 그것이 분사의 시제이해와 성경 본문 이해에 어떤 영향을 미치는지 살펴보고자 한다. 그렇게 함에 있어 범위를 좁혀 복음서와 사도행전에 사용된 예들을 살펴보고자 한다. 바울서신까지 포함할 경우 너무 범위가 넓어 효과적인 논의를 하기 어렵기 때문이다.[137)]

나. 부가적 분사 용법과 독립적 분사 용법

(1) 부가적 분사 용법의 독립성

---

137) 주로 사건을 기록한 복음서와 사도행전과 달리 바울 서신은 편지 형식으로 되어 있으면서 대화체로 되어 있어 따로 연구하는 것이 더 효율적이라고 볼 수 있다.

부가적 용법으로 사용되는 분사는 원칙적으로 주동사와 연관이 되어 있어서, 온전히 독립적으로 쓰였다고 보기는 어렵다. 그렇기 때문에 이 분사를 번역할 때 주동사의 법을 따라서 번역하며 그래야만 원 의미에 가장 가깝게 표현할 수 있다.[138] 곧 주동사가 명령법이면 부가적 분사도 명령법으로 번역하고 직설법이면 직설법으로, 또한 가정법이면 가정법으로 번역해야한다. 심지어 부정사가 주동사의 역할을 할 수도 있는데 이때에도 부가적 분사는 부정사로 해석되어야만 한다.[139]

그런데 부가적 분사가 이렇게 주동사와 연관되어 있기는 하지만 단순히 주동사의 동작을 구체화 시켜주기 위한 역할을 하는 것은 아니다. 다시 말해서 부사적 용법의 분사와는 달리 부가적 용법의 분사는 주동사의 동작이 발생하도록 해주는 맥락을 만들어주는 역할만을 하는 것은 아니라는 말이다.[140] 그 대신 분사가 주동사와의 관계에서 일정 정도의 독립적 가치를 가진다. 그런데 문제는 온전한 독립은 아니라는데 있다. 이 점이 이해하기 어렵고 설명하기 힘든 점이며, 그래서 부가적 분사 용법에 대한 학자들의 설명이 분명하지 못하고 애매하게 들리게 된다.

(2) 부가적 분사 용법과 독립적 분사 용법의 비교

부가적 용법의 분사가 갖는 독립성이 제한적이라는 사실은 독립적 분사 용법과 비교해 보면 금방 드러난다. 우선 독립적 분사 용법을 분사의 독립

---

138) Nunn, *A Short Syntax of New Testament Greek*, 122.

139) Greenlee, "Circumstantial Participles", 58. 어떤 학자들은 직설법이거나 명령법일 때에만 부가적 분사의 용법으로 볼 수 있다고 주장하지만, 사실은 그 보다 더 범위가 넓을 수도 있는 것이다.

140) 부사적 용법의 분사의 역할은 '부사적' 이라는 용어가 보여 주듯이 주동사와 연관되어 있고 보다 구체적으로는 주동사의 동작이 발생하는 환경을 묘사해 준다. Brooks & Winery의 책, *Syntax of New Testament Greek*, 145를 보라.

소유격 구문과 혼동해서는 안된다. 분사의 독립 소유격 구문은 주문장이 없이 사용되지 않으며, 주문장과 함께 어우러져서 하나의 완전한 문장이 되고 완전한 의미를 전달한다.[141] 이것은 부사적 용법으로 사용되는 분사와는 아주 달라서, 부사적 용법으로 사용되는 분사는 반드시 주동사의 주어와 분사의 주어가 얽혀있어야만 한다.[142]

이와 같이 사용되는 분사의 독립 소유격 구문과는 다르게, 독립적 분사는 주문장 없이 분사만 사용되어 하나의 완전한 문장 구실을 한다. 이것은 주로 명령법을 대신하여 사용되지만 직설법으로 사용될 때도 있다.[143] 이 분사는 그 자체로 주문장없이도 완벽한 의미를 전달한다. 그 반면에, 부가적 용법의 분사는 비록 어느 정도 독립성을 갖고는 있지만, 주문장과의 관계 속에서 갖는 독립성이라는 점이 다르며, 독립 소유격 구문과는 구별되

---

141) 물론 '독립 소유격' 이라는 표현이 아주 엄밀한 것은 아니다. 성경에서 독립 소유격 분사구문의 주어가 주문장의 주어와 같은 경우가 있기 때문이다(예. 마 1:18). 그렇다면 어떤 점에서 이 소유격 분사 구문을 독립적이라고 하는 것일까? 독립이라는 용어는 주문장의 주어와 독립 소유격 구문의 주어가 대부분의 경우에 서로 달라서 문법적으로 서로 얽히지 않기에 붙여주는 것이다. 또한 독립 소유격 분사구문의 주어와 주동사의 주어가 어떤 식으로든 다른 방식으로 바뀌는 것을 나타내 주기 위해 사용되었다고 정리해 볼 수 있다. 이에 대한 자세한 논의는 R.A. Young, *Intermediate New Testament Greek*, 159를 참조하라.

142) 이것을 다른 말로 표현하자면 부사적 용법의 분사가 동사를 수식하지만, 동시에 주어와도 깊이 관계가 되어 있어서 주어와 성,수,격이 같아야만 한다. 이 용법에 대한 상세한 설명을 보려면, S.E. Porter, J.T. Reed & M.B. O'Donnell, *Fundamentals of New Testament Greek* (Grand Rapids: Eerdmans, 2010), 109를 참조하라.

143) 다나와 맨티는 명령법만 있다고 생각하면서 롬 12:9를 대표적인 예로 제시한다. *A Manual Grammar of the Greek New Testament*, 229. 그들에 앞서 벌튼(E. De Witt Burton) 역시 그렇게 주장하여 명령법들이 사용되는 중에 분사만 나와서 명령법처럼 사용된다고 설명한다. *Syntax of the Moods and Tenses in New Testament Greek* (Edinburgh: T.&T. Clark, 1898; 3rd ed.), 384. 하지만, 모울은 명령법은 물론 직설법을 대신하여 독립적 분사가 사용된다고 지적한다. *An Idiom Book*, 179.

게 주문장의 주어와 주어도 언제나 동일하다. 굳이 척도를 적용하여 독립성이라는 측면을 표현해 보자면, 부가적 용법의 분사는 독립 소유격 분사구문과 독립적 분사구문의 중간 즈음에 있다고 설명해 볼 수 있다.

다. 부가적 분사 용법의 정의

그렇다면, 분사의 부가적 용법을 어떻게 정의해 볼 수 있을까? 이와 관련하여 월리스는 최근에 다섯 가지 기준을 제시한다: 1) 분사는 과거형이어야 한다; 2) 주동사는 과거형이어야한다; 3) 주동사는 반드시 명령법이거나 직설법이어야 한다; 4) 분사는 주동사 앞에 놓여있어야 한다; 5) 이야기(narrative)에서 사용되어야 한다.[144] 하지만 이 기준은 설득력이 적다. 단적으로 예를 들면, 그가 제시한 기준들 다섯 개 중에 서로 상충되는 것처럼 보이는 기준들이 있다. 그의 주장에 따르면, 부가적 용법의 분사는 주로 이야기(narrative)에서 사용된다. 그리고 그는 주동사는 주로 명령법이거나 직설법이라고 주장한다. 그런데 이야기형식에서 명령법이 사용된다는 것은 모순처럼 들린다. 또한 주동사의 시제가 과거형이어야 한다고 주장하는데 직설법은 그렇더라도 시간의 의미가 전혀없는 명령법의 경우에 왜 시제가 과거여야 하는지 석연치가 않다. 그의 주장이 언듯 보기에 설득력이 있어 보임에도 그대로 받아들이기 어려운 이유가 여기에 있다.

그렇다면 부가적 용법의 올바른 정의는 무엇인가? 부가적 용법의 분사 혹은 부가적 상황의 용법으로 사용되는 분사는 부사적 용법과 비슷해 보이나, 시간이나 이유, 조건, 방법, 수단, 결과, 양보, 목적 등을 나타내 주기 위해서 사용되는 부사적 용법의 분사와는 달리 부가적으로 새로운 정보를

---

144) Wallace, *Greek Grammar Beyond the Basics*, 642.

제공해 주기 위해 사용된다고 정리해 볼 수 있다.[145] 그런데 사실 부사적 용법인 것처럼 사용된 어떤 분사가 새로운 정보를 제공해 주기 위해 쓰였는지 아니면 여덟 개의 부사적 용법 중 하나를 위해 사용되었는지를 구분하는 것은 때때로 대단히 복잡하고 주관적이며 그 기준도 모호하다.[146] 아마도 이것이 여러 문법서들이 부가적 분사용법을 부사적 용법 중 하나를 나타내는 분사에 속한 것으로 분류한 또 다른 이유일 것이다.[147]

그런데, 이러한 분류의 문제점은 부사적 용법의 기능을 나타내는 분사의 고유한 기능과는 다른 역할을 하는 부가적 분사까지도 억지로 꿰어 집어넣는 바람에, 그것의 고유한 기능과 역할을 제대로 파악해 내지 못한다는데 있다. 그 결과, 그 분사가 표현하고자 하는 내용을 제대로 담아내지 못하게 되고 만다. 원문의 의미를 너무 자의적으로 해석하고 마는 것이다. 또한 부가적 용법으로 이해하게 되면 쉽게 시제의 의미를 설명할 수 있기도 하다. 따라서 부가적 용법으로 사용되는 분사는 부사적 용법의 분사와는 별개로 구별하여 형태는 부사적 용법처럼 보이지만 여덟 개의 부사적 용법의 범주에 들지 않으면서 부가적으로 어느정도 독립적인 새로운 정보를 제공해 주는 분사라고 정의해 볼 수 있을 것이다.

라. 부가적 용법으로 사용된 분사의 예

부가적 용법의 분사를 제대로 정의하면 그에 따라서 분사의 시제의 의

---

145) 부사적 용법에 대한 자세한 설명을 위해서는 Dana & Mantey, *A Manual Grammar of the Greek New Testament*, 226-28을 보라.

146) Goodwin, *Syntax of the Moods and Tenses*, 336. 그렇게 분류하는 또다른 이유는 앞에서 언급하였다.

147) 이러한 입장을 지지하는 학자들을 보려면, 앞의 각주 132번을 보라.

미와 본문의 의미가 어떻게 달라지는가 하는 것은 성경의 구체적인 예를 찾아서 검토해 보면 잘 드러난다. 대표적인 예들을 살펴보도록 한다.

(1) 막 16장 15절과 마 28장 19절의 비교

한글 성경의 마가복음 16장 15절과 마태복음 28장 19절의 번역을 비교해 보면 부가적 분사의 용법을 올바로 이해하는 것이 어떤 의미를 갖는지 잘 알 수 있다. 이 두 구절을 비교 연구해 보도록 한다.

ㄱ. 마가복음 16장 15절[148)]

마가복음 16장 15절의 과거 분사를 한글 『개역개정 성경』은 주동사에 종속된 시간을 나타내는 용법으로 사용된 것으로 이해한다.[149)] 그리고 이 과거 분사를 주동사와 동시간적 행동을 표현하는 것처럼 해석한다.

πορευθέντες εἰς τὸν κόσμον ἅπαντα κηρύξατε τὸ εὐαγγέλιον πάσῃ τῇ κτίσει.

또 이르시되 너희는 온 천하에 **다니며** 만민에게 복음을 전파하라.

---

148) 마가복음을 먼저 다루는 것은 헬라어 표현과 특별히 그것의 한글 성경의 번역이 독특성을 나타내 주기 때문이지, 마가 우선설을 지지해서가 아니다.

149) 막 16:9-20절은 사본학상으로 많은 논란이 있는 부분이다. 이 부분이 원래 마가복음에 포함되어있었는지 아니면 후대에 첨가된 것인지를 결정하는 일은 쉽지 않은 일이다. 흥미롭게도 대다수의 마가복음 주석서들은 16장8절까지만 본문을 다룬다. 하지만, 세계성서공회의 헬라어 신약성경 편집위원회는 긴 본문이 명백히 오래된 사본에 나타난다는 사실과 마가복음서의 사본 전통에 있어서 그것이 갖는 중요성 때문에 괄호표시를 하여 이 부분을 본문에 포함시켰다. B.M. Metzger, *A Textual Commentary on the Greek New Testament* (Stuttgart/New York: Deutsche Bibelgesellschaft/United Bible Societies, 1971/2nd ed. 2001), 102-106. 이 문제에 대한 또다른 논의를 보려면, J. Marcus, *Mark 8-16: A New Translation with Introduction and Commentary* (New Haven/London: Yale University Press, 2009; repr. 1999), 1088-1096을 보라.

'다니며' 라는 한글 표현은 헬라어 원문의 밑줄친 과거 분사(πορευθέντες)를 번역한 것이다.[150] 원래 이 분사형의 원형인 동사의 의미는 '가다' 인데 『개역개정성경』은 그것을 '가서' 나 '나가서' 로 번역하는 대신 '다니며' 로 번역하여 분명하게 주동사와 동시간적 행동을 가리키는 종속된 개념으로 표현한다. 그러면서 과거 분사를 주동사와 동시간의 동작을 나타내는 것으로 이해한다. 사실 이렇게 이해하면 명령의 의미는 잘 살아난다: "온 세상에 다니며 복음을 전하라". 그런데 이 경우에 과거 분사보다는 현재분사가 더 적합해 보인다. 여기서 떠오르는 문제가 바로 이 분사를 부가적 용법으로 볼 수 있는가 하는 문제다. 모든 영어 성경은 예외없이 이 분사를 부가적 용법으로 간주하여 주동사인 명령법을 따라 명령법으로 이해한다. 원문을 비교적 충실하게 번역하는 역본 세 개를 제시해 보면 다음과 같다:

> And He said to them, "Go into all the world and preach the gospel to all creation.(NASB)
>
> And He said to them, "Go into all the world and preach the gospel to every creature.(NKJV)
>
> And he said to them, "Go into all the world and proclaim the good news to the whole creation.(NRSV).

그런데 한글 성경 중에서 『표준 새번역』과 『표준 새번역개정』은 이 분사를 부가적 분사 용법으로 이해하여 다음과 같이 번역한다:

---

150) 과거 분사의 경우에 주로 주동사보다 앞선 동작을 나타내는 경향이 있는 것은 주지의 사실이다. 이것은 특별히 과거 분사가 주동사 앞에 놓여 있을 때 더욱 그렇다. 자세한 논의를 보려면, Porter의 책, *Verbal Aspect*, 380-81을 보라.

> 또 예수께서 그들에게 말씀하셨다. "너희는 온 세상에 나가서, 만민에게 복음을 전파하여라.

이렇게 번역하게 되면 '나가다' 라는 동작은 주동사와 관련이 되어 있기는 하지만 종속적이라기 보다는 오히려 어느 정도 대등한 의미를 전달하기 위해 사용된 것으로 드러난다. 시간을 나타내는 분사로 볼 때와는 사뭇 다른 의미를 전달하는 것이다. 시간을 나타내는 분사라고 이해하면 분사는 주동사와 동시간적인 동작을 표현해 주며 또한 주동사에 종속적인 것이 되어 버린다: "세상에 나가며." 아니면 과거 분사를 "나간 후"라고 이해할 수도 있을 것이다. 이렇게 분사시제에 대한 일반적 견해를 가지고 이 시제를 해석하게 되면 분사의 의미가 잘 통하지 않는다. 여기서 생각할 것은 과연 '온 천하에 나가는' 행동이 '만민에게 복음을 전파하는' 행동과는 별도의 새로운 정보를 제공해 주는가, 아니면 후자에 포함된 행동을 전자가 부수적으로 표현해 줄 뿐인가 하는 문제다. '모든 사람에게[151] 복음을 전하는 것' 은 반드시 온 세상으로 나가는 것을 전제로 하는 것일까?

우선, 이 문장의 의미를 이해할 때 지금 우리의 시각으로 바라보아서는 안된다는 사실을 인식할 필요가 있다. 지금 우리의 시각으로 보면 모든 사람에게 복음을 전하려면 당연히 온 세상에 나가야 한다고 생각할 수 있기 때문이다. 하지만, 구약시대 때부터 유대인들은 모든 사람들이 예루살렘으로 와서 하나님을 섬기며 하나님을 아는 것으로 이해하지 유대인들이 나가서 그들에게 전파하는 것으로 생각하지 않는다.[152] 사실 이 명령의 전반

---

151) '만민' 에 해당하는 헬라어의 원문은 πάσῃ τῇ κτίσει로서 모든 피조물에게라는 의미이나, 문맥상 '만민에게' 를 의미한다고 해석하여 그렇게 번역한 것으로 보인다. 영어 성경 중에서 NRSV은 the whole creation 으로 NKJV은 every creature로 번역한다.

부가 빠진다고 명령의 대체적인 의미가 전달되지 않는 것은 아니다. "만민에게 복음을 전파하라"는 명령이 핵심사항이므로 이것만 있어도 중심은 전달된다. 그런데 마가에 따르면 예수님은 이 핵심 명령 앞에 분사를 사용하여 부가적 의미를 전달한다: "온 세상에 나가서." 구태여 온 세상에 나가라는 의미를 전달할 필요가 없는데도 군더더기로 덧붙여 말씀한 것이 아니라, 온 세상에 나가라는 점을 강조하면서도 나가서 해야 할 일이 복음 전파임을 표현해 주고 있는 것이다. 따라서 이 과거 분사는 시간관계를 나타내는데서 자유롭고, 부가적 용법이어서 주동사의 시제와 법을 따라서 이해해야 한다.

이런 해석에 따르면 교회는 온 세상을 향하여 나가는데 적극적이어야만 한다. 교회에서만 안주하지 말고, 현재 있는 장소에서 만족하지 말고 그곳에서 일어나 온 세상 곧 세상의 곳곳으로 나가서 믿지 않는 사람들에게 다가가야 한다. 그렇게 교회는 먼저 손을 내밀고 먼저 다가가고 먼저 적극적으로 접근해야 한다.

그런데 그렇게 나아가고 다가서는 중심 목적은 다른 것이 아니라 모든 사람들에게 복음을 전하는 것이어야 한다. 다가서고 이웃이 되는 것이 반드시 있어야 하지만 그것이 최종 목적은 결코 아니다. 반대로 최종 목적은 모든 사람들에게 생명의 복음을 전파하는 것이지만 그것에 앞서 반드시 선행되어야 할 것이 있으니 그것은 바로 세상의 구석 구석에 까지 가야하고 그곳에 있는 사람들에게 다가서야 하며 마음을 열고 접근해야한다. 앞

---

152) 놀란드(J. Nolland)에 따르면, 유대교에서는 심지어 같은 유대인들에게 조차도 전도 여행하며 선교하지 않았다. The Gospel of Matthew (Grand Rapids: Eerdmans, 2005), 1266. 대부분의 마가복음 주석서가 마지막 부분인 16장9-19절을 다루지 않음으로 마태복음 주석에서 이 내용을 인용하였다.

의 분사 구문을 부사적 용법 중 시간을 나타내는 분사로 해석해서는 이 의미가 분명하게 드러나지 못한다: "온 세상으로 나가며(나간 후), 모든 사람들에게 복음을 전하라." 이 경우에 분사구문의 역할은 주문장의 명령을 말하기 위한 맥락을 만드는 것에 지나지 않아서 세상의 각 지역으로 나가는 것이 충분히 강조되지 못하게 된다.

또한 그런 의미를 전달할 것이면, 현재 분사를 쓰는 것이 더 타당해 보인다. 따라서 이 분사구문을 시간을 나타내는 부사적 용법이 아니라 부가적 용법으로 해석해야만 본문에서 예수님께서 하신 말씀의 의미가 명쾌하게 밝혀지는 것이다. 그렇게 보게 되면 과거 분사는 주동사와 동시간적 동작을 나타내 주는 것이 아니며, 과거로서 그 동작 전체를 하나의 동작으로 보는 것이 된다. 그리고 무엇보다도 주동사와 동일한 의미를 함축한 분사가 되어 시제의 의미도 주동사와 동일한 것으로 보게된다. 이상과 같은 이해는 마태복음 28장에 기록된 예수님의 대 위임령(Great Commission)을 살펴볼 때 더욱 분명해 진다.

ㄴ. 마태복음 28장 19-20절

예수님께서 복음을 전파하라고 제자들에게 주신 명령이 마태복음에도 기록되어 있는데 그 곳에서는 『개역개정 성경』이 명령법과 함께 쓰인 과거 분사를 제대로 번역한다:

> **πορευθέντες** οὖν μαθητεύσατε πάντα τὰ ἔθνη, βαπτίζοντες αὐτοὺς εἰς τὸ ὄνομα τοῦ πατρὸς καὶ τοῦ υἱοῦ καὶ τοῦ ἁγίου πνεύματος.
>
> 그러므로 너희는 **가서** 모든 민족을 제자로 삼아[153] 아버지와 아들과 성령의 이름으로 세례를 베풀고.

마가복음 16장 15절에서와 마찬가지로 '가다'에 해당하는 동사의 분사인 πορευθέντες가 주동사 앞에 그것도 문장의 맨 처음에 사용되었다. 『개역개정성경』이 마가복음 16장 15절을 번역한 방식으로 밑줄 친 분사를 번역해 보자면 이것은 마땅히 '너희는 **가면서** 모든 민족을 제자로 삼아'라고 번역해야 한다.[154] 하지만, 어떤 이유에서인지 『개역개정성경』은 이것을 다소 독립된 의미를 전달하는 방식으로 번역하였다: '가서'.[155] 물론, 마가복음에는 분사에 딸린 부사구가 함께 사용되어 분사만 사용된 마태복음과는 구별된다고 주장할 수도 있으나, 분사의 위치나 용법 등에 집중해 볼 때에 마태복음 28장과 마가복음 16장에 쓰인 분사는 동일한 용법으로

---

153) 이 동사의 용법은 신약에서 독특하다. R.H. Gundry가 설명한대로, "the transitive use of μαθητεύω in the NT means 'make disciples'. This usage is peculiar to the NT and behind it may stand 'the insight that one can become a disciple of Jesus." *Matthew: A Commentary on His Handbook for a Mixed Church Under Persecution* (Grand Rapids: Eerdmans, 1982; 2nd ed. 1994), 684.

154) '모든 민족'이 유대인을 포함하느냐 아니냐하는 것은 논란의 여지가 있다. 헬라어 단어 ἔθνος의 복수는 일반적으로 이방인을 가리키기 때문이다. 하지만, πᾶς의 사용과 이 구절이 암시한다고 여겨지는 단 7:14절에서 이스라엘이 포함된다는 사실에 비추어 볼 때 이스라엘을 포함하는 것으로 해석하는 것이 올바르다고 볼 수 있다. 자세한 논의를 위해서는, W.D. Davies & D.C. Allision, *The Gospel According to Saint Matthew* vol.3 (Edinburgh: T & T Clark, 1997; 2nd ed. 2000), 684. 또한 France, *The Gospel of Matthew* (Grand Rapids: Eerdmans, 2007), 1114를 보라.

155) 어떤 학자들은 분사의 사용을 두고 예수님은 '가라'고 명령하지는 않았다고 주장한다. 예를 들면, R.T. France는 동사가 너무 일반적이어서 특별한 의미를 전달한다고 보기 어렵다고 주장한다. *The Gospel of Matthew*, 1114, 각주 27번. 이 동사가 마태복음에서 별의미없이 형식적으로 사용되기도 하는 것은 사실이다. 하지만 대부분의 경우에 의미없이 쓰이기 보다는 실제적으로 다른 장소로 이동한 것을 나타내 준다 (명령법과 함께: 2:8, 11:4, 17:27, 28:7; 다른 형태와 함께: 18:13, 21:6, 22:15, 26:14, 27:66. 실제로 가는 것이 없는 경우는 오직 9:13뿐이다). L. Morris, *The Gospel According to Matthew* (Grand Rapids: Eerdmans, 1992), 746, 각주 30번. 이제 열한 제자는 갈릴리를 떠나야만 한다. Luz, *Matthew 21-28* (Minneapolis: Fortress, 2005), 625. 역설적이게도 이러한 주장들 때문에 부가적 용법의 분사에 대한 이해가 중요하게 부각된다.

사용되었다고 보는 것이 더 타당하다.

그런데 마가복음 16장 15절에서와 마찬가지로 마태복음 28장 19절에서도 첫 번째 분사를 부가적 용법으로 볼 것이냐 아니면 단순히 시간을 나타내는 부사적 분사나 잉여의 분사로 볼 것이냐를 결정해야한다. 부사적 용법 중 시간을 나타내는 것으로 보면 "너희는 간 후에(가면서) 제자를 삼으라"는 의미로 볼 수 있다. 그런데 이 중 '간 후에'라는 이해는 상당히 어색하다. 그리고 '가면서'라고 이해하면 과거 분사가 주동사와 동시간적 동작을 나타내 주는 것이 된다. 이것을 다른 방식으로 해석하는 것은 과연 불가능한 것일까? 이 때에 다음과 같은 질문에 대한 답이 결정적인 역할을 한다: "예수님께서는 제자들이 이미 이방인들에게로 갈 마음의 준비가 되어 있다고 보았는가 아니면 갈 준비가 필요하다고 보았는가?" 마음의 준비가 되어 있다고 생각했다면 '가서' 에 해당하는 헬라어 분사는 특별한 의미를 갖지 않는다. 반면에 갈 준비가 되어 있지 않다고 생각했다면 '간다' 는 의미는 '제자를 삼는 것' 과 비슷한 – 비록 강조점은 덜하지만 – 심중한 의미를 갖는다. 그렇다면 제자들은 이방으로 나아갈 준비가 되어 있었던 것일까?

사도행전에 기록된 초대 교회의 모습을 볼 때, 특별히 3-5장에 기록된 내용에 따르면 그들이 예루살렘을 떠나고 싶어 하지 않았음을 알 수 있다.[156] 이것은 오래전부터 내려온 이스라엘의 전통적 사고였다. 예루살렘에서 메시야가 통치하고 모든 이방인들이 예루살렘으로 오는 꿈을 꾸었지 그 반대로 이스라엘 백성이 이방인에게로 가는 모습을 꿈꾸지 않았던 것

156) 유대인들은 이방인들의 개종을 반대하지는 않았지만 적극적으로 다가가서 전도하지는 않았다. Gundry, *Matthew*, 596.

이다.[157] 이런 점을 고려해 볼 때, 19절에서 이스라엘에 내려진 명령 곧 '가라' 는 명령은 주동사에 따라붙은 잉여적 표현이라기 보다는 주동사와 거의 대등한 가치를 가진 명령이라고 보아야 한다. 그렇다면 문법적으로는 이러한 해석이 어떻게 입증이 되는가?

이곳에 사용된 분사의 부가적 용법에 대한 논의와 관련하여 생각해 볼 것 중에 하나는 '가다'에 해당하는 'πορεύομαι' 동사의 분사형에 대한 올바른 이해다. 월리스는 이 동사의 과거 분사형이 명령법과 함께 사용되면 거의 예외없이 부가적 용법의 분사라고 설명한다.[158] 뿐만 아니라, 직설법과 함께 쓰일 때도 대체로 그렇게 간주한다. 하지만, 그가 제시하는 예들을 가만히 살펴보면 부가적 용법이라기 보다는 부사적 용법의 시간으로 보거나 아니면 그 보다 더 정확하게는 잉여적 의미로 보이기도 한다: 마 9:13, 11:4등.[159] 그렇지만 '가서 말해라' '가서 배우라' '가서 보여라'등의 표현에서 '가서'를 빼면 밋밋한 것도 사실이다. '그만 가서 자거라'는 말은 '그만 자거라'는 말과 거의 같아 보이나 전자는 이동을 반드시 해서 자야 하는 경우를 나타내는 반면에 후자는 반드시 그렇지 않음을 알 수 있다. 물론 맥락이 가장 중요한데, 상황에 따라서는 '가서'를 넣지 않으면 의미가 죽어버린다.[160]

---

157) 앞의 각주 152번을 보라.

158) Wallace, *Greek Grammar: Beyond the Basics*, 643-44.

159) 참조. Moulton, *A Grammar of New Testament Greek,* 452-53. Moulton은 '가다'에 해당하는 헬라어 동사의 분사형은 '잉여의 분사 (중복 분사=redundant participle)이라고 설명한다.

160) 어떤 상황에서는 -예를 들면 손님이 다른 집에 방문했을 때, 여름철에 얘기하다가 '그만 자라'라고 하게 되면 어디서 자야하는지가 애매하다. 티브이를 보고 있는 아이에게 '이제 공부하거라'고 말해도 되지만, '이제 가서 공부하거라'하면 상황에 따라 의미가 훨씬 분명하다. 헬라어의 '가서'에 해당하는 분사는 명령법과 함께 쓰이

그런데 한글 『개역개정성경』은 이 구절에서 앞의 분사는 부가적 용법으로 잘 해석한 반면에 주동사 뒤에 따라 나오는 분사들 – 19절에 하나 20절에 하나 – 까지도 마치 부가적 용법으로 사용된 것처럼 번역한다.[161] 이해를 돕기 위해 한 문장으로 되어 있는 두 구절 곧 19-20절의 한글 『개역개정성경』의 번역을 제시해 보면 다음과 같다:

> 19 그러므로 너희는 **가서** 모든 민족을 ***제자로 삼아*** 아버지와 아들과 성령의 이름으로 **세례를 베풀고**
> 20 내가 너희에게 분부한 모든 것을 **가르쳐** 지키게 하라.[162]

단순히 볼드체로 된 분사와는 달리 주동사는 이탤릭체와 볼드체로 함께 표기되어 있는데, 헬라어 원문에서 이 주동사가 핵심 내용을 형성한다: "제자를 삼으라."[163] 그런데 『개역개정성경』의 번역은 분사의 용법을 올바르게 읽어 내지 못하고 있다. 그 근거로 두 가지를 지적해 볼 수 있다. 첫째, 예수님의 지상 명령의 핵심은 '(가서) 제자를 삼으라' 는 것인데 주

면 이와 같은 역할을 했을 가능성이 높아 보인다. 따라서 대다수의 영어 성경처럼 주동사를 따라 명령법으로 해야 올바르다. 그런데 영어와는 다른 한글의 특성상 '가서'라고 할 수밖에 없어 보인다. 하지만, 분명한 사실은 이것을 '가면서' 라고 번역할 수는 없다는 것이다.

161) D. Hagner는 분명하게 세 개의 분사-주동사 앞의 하나와 뒤의 두 개-가 주동사와 마찬가지로 명령법으로 이해되는 것이 정확한 설명이라고 주장한다. *Matthew 14-28* (Dallas: Word Books, 1995), 886-87.

162) D.L. Turner는 '제자 삼으라' 는 것만 명령으로서 중요하다는 주장에 대해 이의를 제기한다. 세 개의 분사로 표현된 활동역시 중요성을 가져서 선택사항으로 볼 수 없다는 것이다. *Matthew* (Grand Rapids: Baker, 2008), 689, 각주 3번. 하지만 여전히 제자를 삼는 것이 명령의 중심인 것은 분명하다. 아래 각주를 보라.

163) '제자삼으라' 는 명령은 연속적 명령의 첫 번째가 아니라 중심명령으로 뒤의 두 개의 분사의 내용 (세례를 주고 가르치는 것)에 의해 채워져야 하는 명령이다. Davies & Allison, *Matthew 16-28*, 686. 또한 Hagner, *Matthew 14-28*, 887을 보라.

동사 뒤에 등장하는 두 개의 분사들을 주동사처럼 해석하는 까닭에 이 중심 사상을 이 한글 번역은 제대로 표현해 주지 못한다. 두 번째, 이 번역은 마치 "제자를 삼은 후에 세례를 베풀고 지키도록 가르치라"는 소리로 들린다. 이것은 분명한 오역으로 수정할 필요가 있다. 주동사 뒤에 쓰인 두 개의 분사는 부가적 용법이나 부사적 용법으로 '시간'(주동사보다 늦은 시간)을 나타낸다기 보다는 '수단'을 나타낸다고 보아야 한다.[164)]

이상에서 논의한 사항들을 고려하여 마태복음의 예수님의 대 명령을 다음과 같이 번역해 볼 수 있다:

> "그러므로 너희는 가서 아버지와 아들과 성령의 이름으로 세례를 베풀어 모든 민족을 제자로 삼으라. [20]또한 내가 너희에게 분부한 모든 것을 지키도록 가르쳐[165)] 모든 민족을 제자로 삼으라."

'제자를 삼으라'는 내용이 중요하여 두 번을 번역하여 중심 내용을 강조해 보았다. 만일 한글과 헬라어의 차이 때문에 각 구절을 나누어 번역하기 어려우면 두 구절을 하나로 묶어서 다음과 같이 번역해 보는 것도 가능하다.[166)]

---

164) 모든 한글 성경은 이 분사들을 독립된 동사로 이해하는 반면에, 영어 성경은 이 헬라어 분사들을 영어의 현재분사로 번역하여 주동사 '제자삼다'에 종속된 개념으로 이해한다.

165) 이 번역에서 한 가지 더 관찰할 수 있는 것은 20절 마지막 부분의 문장 구조다. 관사없는 부정사가 사용되고 있는데 이것을 『개역개정성경』의 번역은 결과로 해석하는 것으로 드러난다. 관사없이 사용되는 부정사가 이런 용법으로 사용될 수 있기는 하지만 그런 예가 흔하지 않고 보통은 관사의 소유격과 함께 사용되거나 보통은 ὥστε와 함께 사용된다. 게다가 이 부정사는 문맥속에서 목적으로 해석하는 것이 더 자연스러워 보인다. 따라서 『개역개정성경』의 '가르쳐 지키게하라' 대신에 '지키도록 가르치라'로 번역하였다. 마태복음에서 '가르침'이 '제자삼으라'는 명령과 어떠한 연관이 있는지에 대한 논의도 이루어져 왔는데, 이와 관련해서는 Nolland, *The Gospel of Matthew*, 1270을 참조하라.

"19-20 그러므로 너희는 가서 아버지와 아들과 성령의 이름으로 세례를 베풀고, 내가 너희에게 분부한 모든 것을 지키도록 가르쳐 모든 민족을 제자로 삼으라."

마가복음 16장 15절에 기록된 예수님의 명령과 마태복음 28장 19-20절의 비교를 통하여 부가적 용법의 분사에 대한 이해가 시제의 이해와 본문 이해에 어떤 영향을 미치는지 알아 보았다. 이 예들에서 볼 수 있듯이 부가적 분사에 대한 엄밀한 이해를 가지고 있지 못하면 분사 시제의 이해에 혼동을 겪을 수 있다. 또한 번역할 때 올바른 뜻을 담아낼 수 없고 이것은 결국은 해석하는 데도 영향을 미칠 수 밖에 없다. 분사 구문의 용법에 대한 엄밀한 분석과 판단이 중요함을 이 두 문장의 비교는 나타내 주는 것이다.

이상의 논의에 근거하여 다음과 같이 중간정리를 해 볼 수 있다. 어떤 분사가 부사적 용법의 어떤 범주에도 속하지 못하고 다소 독립적 가치를 가진 것으로 해석할 수 있을 때 그것을 '부가적 용법' 으로 쓰인 분사로 볼 수 있다. 어느 정도 독립적 가치를 갖는 까닭에 분사가 어떤 수식어나 수식구를 가지고 있다면 보다 확실하게 '부가적 용법' 으로 볼 수 있을 것이다. 왜냐하면 어떤 수식어/구가 분사에 붙었다는 것은 그만큼 더 큰 가치를 가지고 있음을 나타내 준다고 생각해 볼 수 있기 때문이다. 하지만 이것은 절대적 기준이 될 수는 없다. 앞서 다룬 마가복음 16장의 예에서는 부사구가 함께 사용되었으나 마태복음 28장의 경우는 아무런 수식어가 없음에도 부가적 부사로 사용되었기 때문이다. 따라서 문맥이 무엇보다도 중요한 역할을 한다고 정리해 볼 수 있다.

166) 누가복음 1장 1절에서 『개역개정성경』은 한글과 헬라어 사이의 차이를 고려하여 헬라어의 구조를 반영하면서 원문과는 다른 구조로 번역해 낸다.

(2) 누가복음 15장 15절과 누가복음 17장 14절

분사만 사용되는 경우와 수식어/구가 함께 사용되는 경우에 해당하는 예를 더 살펴보면 위에 제시한 설명의 의미를 좀 더 분명하게 이해할 수 있을 것이다. 우선 분사만 사용된 부가적 용법의 경우를 탕자의 비유 중 한 부분인 누가복음 15장 15절에서 발견할 수 있다:

> καὶ **πορευθεὶς** ἐκολλήθη ἑνὶ τῶν πολιτῶν τῆς χώρας ἐκείνης, καὶ ἔπεμψεν αὐτὸν εἰς τοὺς ἀγροὺς αὐτοῦ βόσκειν χοίρους.
>
> **가서** 그 나라 백성 중 한 사람에게 붙여 사니 그가 그를 들로 보내어 돼지를 치게 하였는데. (『개역개정』)

이 구절의 앞 구절들에 따르면, 탕자인 작은 아들은 먼 나라에 가서 가산을 다 탕진하였고 그 나라에 기근이 들게 되었는데 그래서 그는 그 백성 중 한 사람에게 고용당하여 빌붙어 살게된다. 그런데 이 문장에서 분사는 어떤 의미를 전달하는지 불분명하다. 이미 탕자는 먼 나라에 있었는데 어디로 갔다는 것인지 분명하지가 못하다. 그가 자신을 고용한 어떤 사람에게 갔다는 것인지, 아니면 단순히 그제야 현실을 직시하고 흥청망청 탕진하는 곳에서 배를 채울 수 있는 곳으로 움직였다는 것인지 분명하지가 않다. 이것이 아마도 NJB가 이 분사의 번역을 생략한 이유일 것이다.[167] 한글 성경의 번역 중 『표준 새번역』과 『표준 새번역개정』은 분명하게 이 분사를 뒤의 내용과 연결시킨다:

> "그래서 그는 그 지방에 사는 어떤 사람을 찾아가서, 몸을 의탁하

---

167) NJB의 이구절의 번역은 아래와 같다: so he hired himself out to one of the local inhabitants who put him on his farm to feed the pigs.

였다."

이같은 번역이 더 바람직해 보인다. 사실 πορεύομαι의 주격 분사형은 누가복음에서 문장 맨 앞에 자주 사용되며 보통은 특별한 의미를 전달해 주지 않는다: 7:22, 9:12,13, 9:52, 13:32, 14:10, 17:14, 22:8.[168)]

하지만 경우에 따라서 특별한 의미를 전달하기도 하는데 17장 14절에서 그 예를 발견할 수 있다:

> καὶ ἰδὼν εἶπεν αὐτοῖς· **πορευθέντες** ἐπιδείξατε ἑαυτοὺς τοῖς ἱερεῦσιν. καὶ ἐγένετο ἐν τῷ ὑπάγειν αὐτοὺς ἐκαθαρίσθησαν.
>
> 그리고 보시고는 그들에게[169)] 말씀하셨다. "너희는 **가서** 제사장들에게 너희 몸을 보이라." 그리고 그들이 가다가 깨끗함을 받았다.

이 구절에서 과거 분사가 사용되는데, 이 경우에 그들이 '가는' 동작은 그들의 몸을 '보여주는' 동작에 종속된 부차적 의미만을 전달해 주는가, 아니면 어느 정도 독립적인 의미를 전달해 주는가? 부사적 용법 중 시간을 나타내는 것으로 보면, "간 후에 제사장들에게 너희 몸을 보이라"는 의미로 해석할 수 있다.[170)] 그런데 사실 그 당시 문둥병자들에게 제사장에게 가라는 것은 심중한 의미가 있다. 문둥병에서 깨끗함을 받은 후에 그것을 제사장에게 보여주게 되어 있었는데, 예수님은 아직 낫지도 않은 상태의

168) 이 동사의 분사형에 대한 앞의 설명을 참조하라.

169) 『개역개정성경』은 이 부분에서 원문에 있는 헬라어 인칭대명사 αὐτοῖς ("그들에게")를 생략해 버린다.

170) 아니면, 영어로 다음과 같이 표현해 볼 수 있다: "As you go, show yourselves to the priests."

나병 환자들에게 제사장에게 '가라' 고 명령하신다.[171] 다 나은 상태에서 '가라' 고 명했다면 그리 심중한 의미가 없겠으나, 아직 아무런 나음의 조짐도 없는 상태에서 '가라' 고 하는 것이다. 그리고 이 나병환자들은 믿고 가다가 나음을 받는다. 곧 그들이 나을 줄 믿고 가는 것에 대한 강조가 이루어지고 있는 것이다. 여기서 쓰인 분사는 단순히 없어도 되는 것을 주동사의 동작을 분명하게 하려고 쓴 것이 아니며, 나병 환우들에게 담대히 제사장에게 가서 그 한센병이 있는 몸을 보여 주라고 명령하기 위해 쓰인 것이다. 따라서 이 맥락에서 이 분사는 부가적 용법으로 쓰였다고 볼 수 있다. 이렇게 어떤 구문의 형태, 곧 수식어/구의 유무 여부가 부가적 분사냐 아니냐를 결정하는 것이 아니라 문맥의 의미가 그것을 결정해 준다.

(3) 사도행전 16장 9절

그렇다면 어떤 분사를 부가적 용법의 분사로 보게 하는 다른 장치는 전혀 없는 것일까? 앞서 언급한대로 때때로 이 용법으로 쓰인 분사는 수식어/구와 함께 사용되기도 해서 독립적 위상을 좀 더 분명히 해 주기도 한다. 물론 가장 중요한 것은 문맥이지만, 그 문맥을 좀 더 명쾌하게 해 주는 역할을 수식어/구가 할 수도 있다는 것이다. 그 대표적인 예를 사도행전 16장 9절에서 찾을 수 있다.

> Καὶ ὅραμα διὰ [τῆς] νυκτὸς τῷ Παύλῳ ὤφθη, ἀνὴρ Μακεδών τις ἦν ἑστὼς καὶ παρακαλῶν αὐτὸν καὶ λέγων· **διαβὰς εἰς Μακεδονίαν** βοήθησον ἡμῖν.
>
> 밤에 환상이 바울에게 보이니 마게도냐 사람 하나가 서서 그에게

171) 레위기 13:19와 14:1-11에 그와 같은 명령이 기록되어 있다. Bock, *Luke 9:51-24:53* (Grand Rapids: Baker, 1996), 1402.

청하여 이르되 **마게도냐로 건너와서** 우리를 도우라 하거늘. (『개역개정』)

마지막 부분에서 환상 중에 마게도냐 사람이 말한 내용은 마게도냐에 와서 자신들을 도와달라는 것이었다. 막연하게 '우리를 도와 달라' 고 하는 것이 아니라, 분명하게 '마게도냐로 와서, 우리를 도와달라' 고 말한다.[172] 이것을 시간을 나타내는 부사적 용법으로 보아서 과거 분사이기에 '마게도냐로 온 후에 우리를 도와달라'고 이해하게 되면 의미가 죽어 버린다. 부사적 용법 중 시간을 나타내는 것으로 보면 시제를 설명하기 어렵다. 또한 '우리를 도와달라' 고만 표현해서는 어떻게 도와달라는 것인지 분명하지 않지만, '마게도니야로 와서' 라는 표현을 사용함으로써 어떻게 도와달라는 의미인지를 잘 드러내 준다.

게다가 이 부분에서 바울은 아시아로 가고자 하나 성령께서 아시아로 가는 것을 막고 있었기에 고민 중에 있었다. 그리고 드로아에 이르러 이제 거기서 전도를 하고자 한다.[173] 그 때에 마게도냐 사람이 환상 중에 나타나, '(다른 곳이 아니라) 우리에게 와 주세요' 하는 내용이 사실 중심 내용 중 하나이다. 다른 곳으로 가지 말고 자신들에게로 와 달라는 요청이 중요한 내용을 이루는 것이다. 자신들에게로 와 달라는 것이 도와달라는 요청에 못지않게 주요 내용을 형성하고 있다. 하지만 여전히 마게도니아인들을 도와달라는 것 역시 중요한 내용이었다.

172) 이 구절 이전에는 어느 지역에서 선교를 하면 안된다는 부정적인 명령이 주어졌는데 이 구절에서 비로소 긍정적으로 어디로 가서 선교하라고 명령한다. G.D. Fee, *The Book of Acts* (Grand Rapids: Eerdmans, 1988), 307.

173) 드로아는 거주 인구가 상당하여 주요 선교후보지였기에 바울은 거기에서 복음을 전하고자 하는 열망이 강했다. 그래서 꿈을 통해 하나님께서 갈 곳을 분명하게 보여주셨다고 볼 수 있다. J.B. Polhill, *Acts* (Nashville: Broadman, 1992), 346.

위에서 설명한대로 부가적 용법으로 사용되는 분사는 독립적 가치를 충분히 가지게 되는데 이 구절의 경우에는 다른 예들에서 보다도 더 분명하게 독립적 가치를 가진다고 볼 수 있다. 여기에서 주목할 것은 단순히 '와서 우리를 도우라' 고 하지 않고 '마게도니아에 와서 우리를 도우라' 고 말한 사실이다. 물론 얼마만큼의 독립된 중요성을 갖느냐 하는 것은 문맥과 배경이 결정해 주지만, 아무런 수식어구를 넣지 않고 동사만 사용하여 단순히 '와서 도와 달라' 고 하지 않고 부사구를 넣어서 '마게도니아로 와서 도와 달라' 고 표현함으로써 보다 분명하게 독립적 가치를 드러내 주고 있는 것이다.

마. 결 론

이상에서의 논의에 근거하여 부가적 용법의 분사에 대한 이해를 정리해 보자면, 우선 분사의 부사적 용법과 유사하다는 사실을 기억해야 한다. 부사적 용법은 1) 두 문장을 하나로 만들고, 2) 그 두 문장의 동사 중에서 중심을 이루는 동사를 본동사로 삼고 그것보다는 상황을 설명해 주는 역할을 하도록 하기 위해 쓰이는 동사를 분사로 만든다. 따라서 두 동작(혹은 그 이상)이 제대로 표현되지 않으면 문장의 의미가 잘 전달되지 않지만, 분사가 없어도 중심내용 전달은 가능하다. 다시말해 분사로 표현된 동작은 어디까지나 부차적인 의미를 전달하며 중심적이거나 독립적인 가치를 갖지는 못한다.

부가적 용법의 분사는 이와같은 일반 부사적 용법의 분사와 유사하다고 보면 된다. 다만, 1) 일반적으로 분류하는 여덟개의 부사적 용법에 속한다고 보기 어렵고, 2) 문맥상 상당한 독립적 가치, 곧 본동사와 동일하지는 않으나 거의 대등한 가치를 가진 경우에 부가적 분사로 이해하면 큰 무리가 없을 것이다. 물론 약간 주관적인 요소가 있는 것은 사실이나 문맥을 살펴보면 여덟가지 용법으로 해석하기 어려운 예들을 잘 분별해 낼 수 있다.[174] 보다 적극적으로 문맥에 대한 설득력있는 설명이 주어질 때는 '부가적 분사' 로 보는 시도가 필요하다. 이렇게 보다 적극적으로 부가적 용법의 분사의 범위를 확장하게 되면 많은 경우에 분사시제의 의미를 잘 이해할 수 있도록 해 준다. 특별히 부사적 용법 중 시간을 나타내는 것으로 해석할 경우 분사의 시제 이해가 어색한 경우에 분사시제에 대한 적절한 설명을 제공해 준다. 그래서 저자가 의도했으나 숨겨져 있던 본문의 의미를 더 많이 밝혀낼 수 있도록 해준다.[175]

(정 리)

헬라어 분사 시제의 상은 직설법 시제의 상과 유사하다고 볼 수 있다. 곧 현재는 내적 관점에서 본 것을 나타내주어서 진행 중인 동작을, 과거는 외적 관점에서 동작을 보아 완료된 동작을 나타내 준다. 여기서 파생하여 주동사와의 관계 속에서 상대적 시간개념이 등장한다고 볼 수 있다. 현재

---

174) 예를 들면, 삭개오를 예수님이 만나는 사건에서 '서둘러 내려오너라' 하실 때, '서둘러' 는 헬라어에서 분사로 되어 있는데 이것은 부사적 용법 중 하나인 '방법' (manner)로 볼 수도 있다. 하지만, 약간은 애매한 점이 있는데, 서두르는 모습을 '방법' 으로만 보기는 애매하기 때문이다. 이것은 마태복음 28:19절의 경우도 마찬가지로, '가서 제자 삼으라' 는 것에서 분사로 되어 있는 '가서' 를 '시간' 으로 혹은 '방법' 으로 볼 수도 있기 때문이다.

175) 이상의 논의에서 발견할 수 있는 것은 분사의 부가적 용법이 상당히 주관적이고 자의적으로 해석될 가능성이 있다는 사실이다. 이것이 바로 여러 학자들이 이 용법을 인정하기를 주저했던 이유라고 짐작해 볼 수 있다. 잘못하면 본문에 없는 의미를 집어넣은 수가 있기 때문이다. 하지만 반대로 생각해 보자면, 만일 신약 성경의 저자들이 부가적 용법의 분사를 의도적으로 사용하였다면 의도된 의미를 정확하게 파악하기 위해서 이 용법을 구체화시킬 필요가 있다고 볼 수도 있다. 그렇지 않으면 저자가 표현하고자 했던 의미를 간과해 버리는 결과를 낳을 수도 있기 때문이다.

분사는 미완료 상을 가지고 있기에 주동사와 겹치는 동시간적 동작을 나타내는 경향이 있고 과거 분사는 완료 상을 가지고 있기에 주동사보다 앞선 동작을 나타내 주는 경향이 있다.

이와 더불어 직설법과는 달리 분사는 기능이 다양하여 정확하게 상을 표현해 주지 못할 때도 있음을 기억할 필요가 있다. 분사가 동사의 성격은 물론이거니와 형용사의 성격도 가지고 있기에 상의 선명한 모습이 직설법에서 만큼 나타날 수 없다. 또한 분사가 명사화될 경우에 상을 찾기는 어려우며 단순히 일반 명사로 보아야 한다. 이러한 특성을 고려해 볼 때, 헬라어가 부사적 용법으로 사용될 경우에서 조차도 시제의 상이 분명하게 구별되어 표현되지 못할 수도 있다고 판단해 볼 수 있다. 그래서 분사의 시제에 대한 전통적 견해, 곧 분사의 시제는 주동사와의 관계속에서 대부분의 경우에 시제에 따라 상대적 시간관계를 나타낸다고 보는 것은 타당성이 있다고 볼 수 있다.[176]

위의 예외적인 예들에 대한 연구 역시 이 같은 입장을 지지해 준다. 그러한 경우들은 자세히 들여다 보면 설명이 가능하며, 때에 따라서는 부가적 용법으로 사용된 분사여서 시제의미 파악의 어려움이 제거되게 된다. 이 부가적 분사의 용법을 정확하게 정의하여 그 의미를 파악하고 해석하면 바람직한 분사 시제이해와 본문 이해에 도달할 수 있는 것이다.

176) 부사적 용법으로 사용된 분사에 대해서는 더 이상 다루지 않는다. 부가적 용법을 다루면서 부사적 용법에 대해 파악해 보는 것으로 충분하기 때문이다.

V. 가정법 시제

가정법은 모든 언어에서 외국인이 배우기 가장 까다로운 법이다. 예를 들어, 영어에서 조건절에 사용되는 가정법을 정확하게 이해하기는 수월치가 않다.[177] 헬라어의 가정법도 예외가 아니어서 제대로 이해하기가 쉽지 않다. 특별히 가정법의 시제가 어떤 의미를 갖는지 파악하는 것은 어려운 작업니다. 따라서 가정법 시제를 연구해 볼 필요가 있다. 그렇다면 우선 가정법이란 무엇인가?

1. 가정법의 정의

가정법은 무엇인가를 가정하여 생각할 때 쓰이므로 '가능성' 이나 '개연성' 을 나타내기 위해 사용되는 법이라고 정리해 볼 수 있다. 이렇게 어떤 가능성을 나타내기에 조건절에 자주쓰이며, 또한 주로 미래에 일어날 사건을 지칭하기 위해 사용된다.[178] 조건이면서 미래를 나타내 주는 대표적인 예는 미래 조건절에서 찾아볼 수 있는데, 이것은 ἐάν 절 속에 가정법이 사용된 경우를 가리킨다. 예를 들면, 누가복음 4장 7절에서 사단이 예

177) 이것을 단순하고 이해하기 쉬운 것으로 생각할 수 있지만, 결코 쉽지 않은 개념임에 틀림없다. 예를 들면, 현실과 반대되는 가정법에 쓰이는 would의 용법은 그 자체로는 쉬워 보일 수 있으나, 가정법이 여러개 사용되는 가운데 이 would가 will의 과거를 나타내기 위해 사용되면 혼란을 겪을 수 있다 이것은 외국인 뿐에게만 아니라 영어를 사용하는 원주민에게도 마찬가지다. 그런 광경을 실제로 미국 유학중에 고전 그리스어 수업시간에 본 적이 있다. 미국학생이 가정법이 반복해서 등장하는 헬라어 문장을 번역하면서 중간에 쓰인 will의 과거형인 would에 대해 혼동하여 질문한 일이 발생한 것이다. 이와같이 가정법은 이해하기가 아주 난해한 법이다.

178) Goodwin, *Syntax of the Moods and Tenses*, 2. 모울은 그의 책에서 가정법이 미래와 긴밀하게 연결되어 있기 때문에 가정법 미래가 존재하지 않는다는 사실을 지적한다. *An Idiom Book*, 21-22.

수님을 시험하여 한 말은 미래 조건을 나타낸다:

σὺ οὖν ἐὰν **προσκυνήσῃς** ἐνώπιον ἐμοῦ, ἔσται σοῦ πᾶσα.

그러므로 만일 네가 내 앞에 **절한다면**, 모든 것이 너의 것이 될 것이다.

동일한 사건을 기록하고 있는 마태복음 4장 9절에도 미래 조건절이 등장한다:

ταῦτά σοι πάντα δώσω, ἐὰν πεσὼν **προσκυνήσῃς** μοι.

만일 네가 엎드려 나에게 **절하면** 이 모든 것들이 너의 것이 될 것이다.

두 구절에서 볼드체로 된 동사는 가정법으로서 미래 조건을 나타내 주며, 본절에 등장하는 주동사의 시제도 미래다.

그런데 가정법은 조건절에만 사용되는 것이 아니라, ἵνα 절에도 사용되고 또 독립적으로 사용되어 권고나 토의적 질문을 나타내기 위해 쓰이기도 한다. 그 때에도 가정법은 미래를 나타내 주는 것일까? 우선 권고나 토의적 질문의 경우에 '무엇을 하라' 혹은 '무엇을 하자'고 권고하는 내용이기에 넓은 의미에서 미래라고 볼 수 있으며, ἵνα 절 중에서 가장 흔하게 사용되는 용법인 '목적'의 경우에도 미래를 나타내 주는 것이라 볼 수 있다.

물론, 가정법이 일반적 금언을 나타내 주기 위해 사용되기도 하는데 이것은 예외로 보는 것이 적절하다. 예를 들면, 마 11장 6절에서 예수님께서 다음과 같이 하신 말씀은 일반적 교훈으로 보는 것이 더 타당하다:

καὶ μακάριός ἐστιν ὃς ἐὰν μὴ **σκανδαλισθῇ** ἐν ἐμοί.

"그리고 나로 말미암아 **넘어지지 않는 자**는 누구든지 복이 있다."

미래조건으로 볼 수 있다고 주장할 수도 있으나, 주절의 동사가 두 예에서와는 달리 현재 시제로 되어 있기에 미래 조건보다는 일반적 조건으로 보는 것이 가능하다. 또한 관계 대명사가 첨가되어서 '누구든지'라는 의미가 붙어 더욱 일반조건으로 보인다. 하지만 이 경우에도 미래의 뉘앙스가 담겨있기는 하다.[179] 어떻든, 이런 조건절은 그 수가 많지 않고 그 속에 미래적 요소도 담고 있기에 가정법이 일반적으로 미래를 지칭한다는 주장을 완전히 부정하는 요소로 보기는 힘들다. 따라서 가정법은 가능성과 개연성을 표현해 주는 법으로 주로 미래와 관련되어 있다고 정리해 볼 수 있다.[180]

2. 가정법 시제의 의미

가정법은 세 가지 시제로 사용된다: 현재, 단순과거, 현재 완료. 그런데 이 중에서 현재 완료 가정법은 별다른 의미를 갖지 못한다. 신약성경에 현재 완료 가정법은 9번만 등장하며, 그나마도 아홉 개 구절 모두에 οἶδα 동

179) 조건절과 함께 쓰이는 주절에 현재가 사용된 경우에도 어떤 때에는 그 의미는 현재를 지칭하지 않으며 미래 조건을 나타내 준다. 사실 일반 조건인지 미래 조건인지 결정하기가 어려울 때도 있어서, ἐάν 절인데도 일반 조건을 나타낼 수 있으며, 반대로 일반 조건을 나타내기 위해 사용되는 εἰ + 직설법이 미래를 나타내는 것처럼 보일 때도 있다. 한글로 표현해 보자면, '만일 저녁에 밥을 굶으면, 잠이 잘 오지 않는다' 는 일반 조건은 '만일 저녁에 밥을 굶으면, 잠이 잘 오지 않을 것이다' 는 미래 조건과 엄밀하게 구별하기가 쉽지 않다. 일반 조건이면서 동시에 미래 조건일 수도 있기 때문이다. 이러한 현상이 헬라어에 등장하는 것은 놀라운 사실이 아니다. 전통적 입장에서 조건절에 대해 논의한 것을 보려면, A.T. Robertson & W. Hersye Davis, *A New Short Grammar of the Greek New Testament* (Grand Rapids: Eerdmans, 1931), 349-57을 참조하라. 최근의 정리된 견해들은 최근에 출간된 영어로 된 헬라어 문법서들에 잘 정리되어 있다.

180) 미래 가능성은 때로는 불확실성을 나타내 준다. 그러나 주안점은 개연성이나 가능성에 놓여있다.

사의 완료형만 사용된다: 막 2:10, 눅 5:24, 고전 2:12, 13:2, 14:11, 엡 6:21, 딤전 3:15, 요일 2:29, 5:13. 주지하는 대로, 이 동사는 현재형이 없고 현재 완료형만 가지고 있다. 또한 단순과거 가정법 형태가 현재 가정법 형태보다 세배나 많이 사용되는 까닭에 시제가 특별한 의미를 전달해 주지 않는다고 볼 수도 있다.[181] 그래서 가정법의 동사의 상은 현재나 과거 둘 사이에 구분이 없다고 보기도 한다. 하지만 이런 입장은 잘못된 것이다. 분명 이 두 시제 사이에는 구별이 있고 저자가 사용한 이유가 다르며 따라서 의미도 분명히 차이가 있다.[182] 그렇다면 현재 가정법과 과거 가정법은 어떤 차이가 있는 것일까?

가정법 현재는 다른 법의 현재 시제와 동일한 상을 전달해 준다. 다시 말해 현재는 어떤 동작을 내적 관점에서 본 것을 묘사해 주며, 따라서 진

---

181) 어떤 이유에서인지는 알 수 없으나, 월리스는 가정법의 시상에 대해 다루지 않고 그 용법만 집중적으로 다룬다. 이것은 그가 분사와 명령법의 시제의 의미를 자세히 다루고 있는 것과 대조를 이룬다. 분사를 다루면서 그는 시간(time)과 상(aspect)에 대해 설명하며, 명령법을 다루면서는 시제에 따른 의미 파악을 위해 몇 페이지를 할애한다. 그의 책, *Greek Grammar,* 614-16과 714-17을 보라. 물론, 금지의 명령을 다루면서 부정명령을 위해 사용되는 가정법 과거의 의미를 다루기는 하지만, 가정법 시제 전반에 대해 다루지는 않는다. 이같은 그의 태도는 가정법 시제의 의미를 둘러싼 논의가 미진함을 드러내 준다. 굿윈 역시 가정법의 시제에 대해서는 아무런 언급이 없고, 오히려 단순과거 가정법이 반복적 동작을 나타낸다고 설명한다. 그의 책, *Syntax of the Moods*, 3-4를 보라.

182) 포터는 가정법 현재와 과거가 별 차이를 드러내지 않는다는 입장이 올바르지 못함을 지적하면서 현재와 과거 가정법 사이에는 분명한 의미의 차이가 있다고 주장한다. 그의 책, *Verbal Aspect*, 323-24를 보라.

183) 이 둘을 구분하여 어떤 학자들은 가정법 현재는 미완료의 상(perfective aspect)를 나타내주고 가정법 과거는 완료의 상(perfective aspect)를 표현한다고 주장한다. 과거는 완전한 전체 동작을 현재는 진행 중인 동작을 나타내 준다고 보는 것이다. S.E. Porter, J.T. Reed, and M.B. O'Donnell, *Fundamentals of New Testament Greek,* 155, 271. 이러한 견해는 이 책의 의견과 거의 같으며 다만 표현상의 차이만 존재한다고 볼 수 있다.

행 중이거나 지속적인 동작, 아니면 때로는 반복적인 동작을 나타내 준다. 또한 문맥에 따라서 이미 하고 있는 동작을 계속하는 것을 표현해 준다고 해석할 수 있게도 한다. 반면에, 과거 시제는 어떤 동작을 내적 관점에서 보고 그 동작 전체를 하나로 보고 설명해 준다.[183] 그래서 결과적으로 어떤 문맥 속에서 과거 시제는 이전에 하지 않던 어떤 동작의 시작을 나타내거나 완료된 동작을 나타내 주는 것으로 볼 수도 있게 해 준다.[184] 하지만, 가정법 시제 자체만 가지고 아직 하지 않은 동작의 시작을 나타내는지, 혹은 이미 하고 있는 동작의 계속을 나타내는지를 결정할 수는 없다. 동작의 종류는 상에서 파생한 것으로 시제 자체가 결정해 주지 않기 때문이다. 결국 문맥과 사전적 요소들에 근거하여 가정법 시제가 표현하고자 하는 동작의 종류를 파악해 내야 한다. 이제 가정법 시제에 대한 이해가 어떻게 본문이해에 영향을 미치는지 성경에 사용된 예를 들어 설명해 보도록 하겠다.

이렇게 함에 있어서 범위를 좁혀서 ἵνα 절에 사용된 가정법을 살펴보도록 한다. 그 이유는 우선 이 용법이 가정법 중 가장 많이 사용되는 대표적인 용법이며, 지면상의 제한 역시 있기 때문이다. 뿐만 아니라, ἵνα 절에 쓰인 가정법 시제를 이해하게 되면 조건절을 비롯한 다른 구문에 사용된 가정법 시제의 의미도 동일한 방식으로 파악할 수 있기 때문이다.[185]

---

184) W.D. Mounce, *Basics of Biblical Greek* (Grand Rapids: Zondervan, 1993), 297. 또한 Hewett, *New Testament Greek,* 205. 포터는 이러한 구분을 거부하면서, 과거는 특별한 의미없이 일반적으로 사용되고 현재는 무언가를 강조해 주기 위해 사용된다고 주장한다. 그의 책, *Verbal Aspect*, 334-35를 보라.

185) ἵνα 절은 여러 가지 용법으로 다양하게 사용되는데 그 중에 가장 대표적인 것은 '목적'의 용법이다. 그 외에도 '결과' '동격절' '주석적' 용법등이 있다. 이 절의 자세한 용법을 보려면, BDAG, 475-77을 참조하라.

3. 가정법 시제의 의미 연구

가. 요한복음 20장 31절

가정법 시제와 관련하여 가장 대표적으로 논란을 불러 일으킨 예가 요한복음 20장 31절에 등장한다. 이 구절에서 요한은 자신이 요한복음을 기록한 목적을 기술한다. 이 구절에 대한 이해에 따라서 요한복음을 쓰면서 요한이 염두에 둔 독자가 누구인지가 달라지며 따라서 그 구체적인 목적도 달라질 수가 있어서 많은 논란이 있어왔다. 요한복음 20장 31절은 이렇게 기록하고 있다:

> ταῦτα δὲ γέγραπται ἵνα **πιστεύ[σ]ητε** ὅτι Ἰησοῦς ἐστιν ὁ χριστὸς ὁ υἱὸς τοῦ θεοῦ, καὶ ἵνα πιστεύοντες ζωὴν ἔχητε ἐν τῷ ὀνόματι αὐτοῦ.
>
> 그리나 이것들이 기록되었는데, 그것은 너희로 예수님이 하나님의 아들 그리스도임을 **믿게하고** 또 믿음으로써 그의 이름으로 말미암아 너희가 생명을 얻도록 하기 위함이다.

이 구절에서 주목해서 볼 것은 바로 첫 번째 ἵνα절에 있는 πιστεύω동사의 가정법이다. 위에 인용한 네슬 알란트 27판에 따르면, 이 가정법 동사는 현재로 볼 수도 있고 과거로 볼 수도 있다. 사본학상으로 따져볼 때, 우열을 가리기 어려워 둘 중에 하나를 선택할 수 없어서 괄호를 쳐서 현재 가정법과 단순과거 가정법 두가지 형태를 모두 본문에 표시해 놓고 있다.[186] 어떤 학자들의 의견을 따라, 엄밀한 의미에서 가정법의 이 두 가지

186) 신약 성경의 사본 주석을 쓴 메쯔거(Metzger)를 위시한 세계 성경 공회(United Bibel Society)의 편집 위원회 구성원들은 이 동사의 형태를 결정하는 것이 어렵다고 판단하여 'C'등급을 매기고 있다. *A Textual Commentary on the Greek New*

시제를 구별하여 해석하자면 다음과 같이 설명해 볼 수 있다. 현재 가정법일 경우에 요한복음의 독자들은 이미 믿고 있는 사람들을 뜻하게 된다. 왜냐하면, 현재 가정법은 '계속해서 믿도록' (may continue to believe)를 의미한다고 보기 때문이다. 반면에 과거 가정법일 경우에는 '믿도록' (may believe)라는 의미를 전달하여 아직 믿지 않은 사람들에게 신앙의 세계로 들어오도록 하기 위해 요한복음을 기록한 것으로 해석하는 것이다.[187] 이와같은 해석은 과연 타당한 것일까?

우선 가정법의 현재 시제와 과거 시제가 반드시 위에서 제시한 방식으로 의미를 전달하지는 않는다는 사실을 기억할 필요가 있다. 이와 관련하여 칼슨(Carson)은 요한복음에서 πιστεύω동사의 현재나 과거는 서로 교차적으로 사용되어 둘 모두 '믿기 시작하다' 혹은 '믿고있다' 를 의미하기 위해 사용됨을 지적한다.[188] 하지만 그는 어느 구절에서 그렇게 교차적로 사용되어 두 가지 의미를 위해 두 시제가 서로 통용되는지는 제시하지 않는다. 그가 생각하기에 그런 예가 너무나 많아서 제시할 필요도 없다고 본 듯하다.

하지만, 요한복음 20장 31절에 사용된 이 동사의 가정법 시제를 이해하기 위해서는 이 동사의 가정법 시제가 ἵνα 절에서 구체적으로 어떤 의미를 전달하기 위해 사용되었는지를 살펴볼 필요가 있을 것이다. 왜냐하면 이 동사의 직설법은 가정법의 시제와는 쓰임새가 달라 엄밀하게 서로 비교해

Testament, 219-20.

187) 앞의 각주에서 언급한 모리스의 주석에서 분명하게 이 두 가지를 이와같은 방식으로 평가하고 있다: "엄격하게 해석되어진다면, 과거 동사는 네 번째 복음서가 비-기독교인들이 예수님이 메시야임을 믿는 믿음을 갖도록 그들을 대상으로 했음을 제시해준다. 반면에 현재 시제는 저자의 목적이 이미 믿고 있는 사람들의 신앙을 강화하는 것이었음을 제시해 준다." Morris, *The Gospel according to John*, 726.

188) Carson, *The Gospel of John*, 662.

볼 수 없고 다른 법에서 쓰인 경우도 직접적인 비교에 한계가 있기 때문이다.[189] 단순히 두 가지가 서로 혼용되기에 시제가 현재든 과거든 특별한 차이가 없다고 보는 것은 올바르지 않다. 특별히 이 동사의 가정법이 ἵνα 절에서 사용될 때 시제에 따라 과연 차이가 나는지, 그리고 의미상의 어떤 차이를 나타내 주는지를 살펴볼 필요가 있다. 그러므로 이 동사의 가정법의 사용을 중심으로 시제의 의미를 살펴보면서 가정법 시제의 의미를 밝혀보고자 한다. 이때 요한복음에 πιστεύω동사의 가정법이 135회나 등장하는 까닭에 모두를 다 살펴볼 필요는 없고 그 중에서 대표적인 예들을 선택하여 살펴보도록 한다. 아울러 요한일서의 대표적인 예도 연구해 볼 것이다.

나. 요한복음 19장 35절

과거 가정법이 ἵνα절에 사용되면서도 이미 믿고 있는 사람들을 위해 사용되는 대표적인 예를 19장 35절에서 찾을 수 있다:

> καὶ ὁ ἑωρακὼς μεμαρτύρηκεν, καὶ ἀληθινὴ αὐτοῦ ἐστιν ἡ μαρτυρία, καὶ ἐκεῖνος οἶδεν ὅτι ἀληθῆ λέγει, ἵνα καὶ ὑμεῖς **πιστεύ[σ]ητε**.
>
> 이를 본 자가 증언하였으니 그 증언이 참이라 그가 자기의 말하는 것이 참인 줄 알고 너희로 **믿게 하려 함이니라**. (『개역개정』)

비록 네슬-알란트 판에서는 이 부분에서도 20장 31절에서와 같이 현재

189) 물론, 칼슨은 이 동사의 과거 가정법이 요한복음에서 약 88번, 현재 가정법이 약 47번 사용됨을 지적한다. 하지만 그는 이 두 시제의 가정법이 이 구문에서 어떤 차이를 나타내 주는지는 설명하지 않고 단순히 둘 사이에 특별한 차이가 없다고 설명한다. Carson, *The Gospel of John*, 662.

와 과거 가정법이 우열을 가리기 힘들다고 판단하고 있지만, 어떻든 외적 증거는 미세하게나마 가정법 과거를 지지해 준다. 그럼에도 불구하고 네슬-알란트 헬라어 성경 편집 위원회에서 그렇게 괄호를 묶은 이유는 가정법 현재와 과거에 따라서 현저하게 요한복음의 목적이 달라지기 때문에 섣불리 한쪽 손을 들어주지 않으려 했기 때문으로 보인다. 게다가 외적 증거도 어느 한쪽을 현저하게 편들어 주지 않고 있기에 더욱 그렇다. 그렇지만 내적 증거의 균형에도 불구하고 외적 증거의 무게를 따라 엄밀하게 판단해 보자면 이 구절에서 가정법 동사의 시제는 과거로 보는 것이 더 타당하다고 볼 수 있다. 이 가정법 과거형을 전통적 견해를 따라 설명해 보자면 다음과 같은 의미를 전달한다: 너희 역시 신앙을 갖도록(믿기 시작하도록) 하기 위함이니라(you may decisively believe or you may begin believing). 그리고 만일 이 가정법을 현재로 보게 되면 과거로 볼 때와는 다른 의미를 전달해 준다: 너희 역시 계속해서 믿도록 하기 위함이다(you may continue to believe).[190] 이 입장에 따르면 가정법의 시제에 따라 그 의미가 명쾌하게 달라진다. 그런데 19장에서 이 말씀의 대상자들은 신자들일 수도 있고 비-신자일 수도 있어서 위의 견해가 맞는지 틀리는지 결정하기 어렵다.

다. 요한복음 6장 29-30절

가정법 시제에 대한 전통적 이해가 부정확함을 보다 분명하게 보여주는 단적인 예를 요한복음 6장 29절과 30절에서 발견할 수 있다:

29 ἀπεκρίθη [ὁ] Ἰησοῦς καὶ εἶπεν αὐτοῖς· τοῦτό ἐστιν
τὸ ἔργον τοῦ θεοῦ, ἵνα πιστεύητε εἰς ὃν

190) Morris, *The Gospel according to John*, 726, 각주 104.

ἀπέστειλεν ἐκεῖνος.

30 Εἶπον οὖν αὐτῷ· τί οὖν ποιεῖς σὺ σημεῖον, ἵνα
ἴδωμεν καὶ **πιστεύσωμέν** σοί; τί ἐργάζῃ;

29 예수께서 대답하여 이르시되 하나님께서 보내신 이를 믿는 것이
하나님의 일이니라 하시니

30 그들이 묻되 그러면 우리가 보고 당신을 믿도록 행하시는 표적이
무엇이니이까, 하시는 일이 무엇이니이까 (『개역개정』)

이 부분의 문맥을 살펴 볼 때에, 여기에서 예수님과 대화하는 대상들은 예수님을 믿는 자로 보기는 힘들다. 비록 이들이 예수님을 찾아 배를 타고 바다 건너편까지 온 사람들이지만 26-27절에 기록된 예수님의 그들에 대한 평가를 볼 때 그들은 이미 믿은 사람들은 아니었다. 그런데 29절에있는 예수님의 말씀에서 ἵνα절 안에 '믿는다' 동사의 가정법 현재형이 쓰인다. 전통적 시제 이해에 따르면, 현재 시제는 이미 믿고 있는데 계속해서 그렇게 하라는 뜻을 전달한다. 하지만 이것은 앞서 설명한 이 부분의 문맥과 맞지 않는다. 예수님은 이들이 아직 믿고 있다고 생각하지 않고 계신다.

게다가 다음 구절인 30절에서 그 사람들은 '믿도록' 행하시는 표적을 물으면서 가정법 과거를 사용한다. 전통적 견해에 따르면 이 사람들은 아직 믿지 않고 있으며 믿으려면 표적이 필요하니 보여달라고 하고 있는 모습이다. 이런 해석은 타당한 것 처럼 보인다. 그러나 앞의 가정법 현재의 사용이 설명이 안되기에 다른 방식의 이해가 필요하다. 이 예는 분명하게 가정법 시제에 대한 전통적 견해가 옳지 못한 것임을 나타내 준다. 그렇다면 가정법의 시제는 어떻게 이해해야 하는가?

앞서 정의한대로 가정법의 현재 시제는 어떤 동작을 내부에서 관찰한 것으로, 진행 중인 혹은 지속적 동작을 나타내 주고 가정법 과거는 동작을

전체로 보아서 그 동작을 하나의 행동으로 표현한다. 이러한 이해에 따르면 위의 요한복음 6장의 예는 자연스럽게 설명이 된다. 29절에서 예수님께서 현재 가정법을 사용하신 이유는 이미 믿고 있는 유대인들에게 믿기를 계속하라고 하시기 위해서가 아니라 믿음을 갖게 되면 지속적으로 믿는 자세를 가지도록, 그러한 측면을 강조하기 위해서라고 볼 수 있다. 곧 하나님께서 보내신 이에 대해 단발적인, 표피적인 믿음이 아니라, 지속적인 믿음을 갖는 것이 중요함을 강조하시는 것이다. 여기에 등장하는 유대인들은 예수님의 오병이어의 기적을 본 사람들인데, 그들에게 예수님은 단순히 순간적으로 기적을 보고 그 기적에 압도되어 믿는 것 같다가 끝나는 믿음의 자세가 아닌, 지속적인 믿음의 자세로 나아가야 함을 표현해 준다.

그 반면에 이 부분의 유대인들은 여전히 '보고 믿도록' 표적을 보여 달라고 요청한다. 이 때 가정법 과거가 사용되는데 이것은 믿는 동작을 하나의 전체로 보았음을 말해 준다. 다시 말해서 이들은 자신들이 결정적으로 믿음을 가질 수 있도록 어떤 표적을 행해 달라고 요청한다. 요한복음에서 저자 요한은 믿음을 한판 승부가 아니라 과정으로 표현하는데, 이들 유대인들은 진행중인 동작으로 지속적으로 믿는 자세를 갖는 것에 관심이 없고 단순히 순간적으로 표피적으로 믿는 것 자체에만 관심을 가지며 그렇게 하기 위해서 표적을 보여 달라고 간청한다.[191] 이 사람들은 믿음이 무엇인지를 제대로 이해하지 못한다. 28절에서 이들은 여전히 유대교의 전통을 따라 '하나님의 일' 을 하는데 관심을 드러낸다. 하지만 예수님은 '일' 을 통해서가 아니라 '믿는 것' 을 통하여 구원에 이를 수 있음을 선포하신

191) 흥미롭게도, 요한복음에는 '믿는다' 는 동사가 수도 없이 등장하는 반면에, 명사형인 '믿음' 은 한번도 등장하지 않는다. 이것은 요한복음에서 믿음은 정적이라기 보다는 동적이며 과정에 중점을 두고 있음을 보여준다.

다.[192] 믿음은 요한에 따르면 과정을 통하여 자라나고 성장하고 확고해져 가는 것인데, 이것은 지속적인 믿음의 자세를 통해서만 가능하다. 아리마대 요셉의 경우를 보자면, 그는 하나님의 나라를 기다리는 '제자' 였으나, 예수님이 돌아가시기 전까지는 자신을 담대히 드러내지 않는다. 하지만, 그 동안에 그의 신앙은 성장하였고 그래서 예수님이 돌아가셨을 때에, 그는 자신의 믿음을 담대히 드러낸다.[193]

이상에서 본 바와 같이 가정법 과거와 현재의 의미는 아직 시작하지 않은 동작과 이미 시작한 동작 사이의 차이가 아니다. 오히려 이 둘의 차이는 어떤 동작을 진행 중인 동작으로 보느냐, 아니면 하나의 전체적 동작으로 보느냐에 달려있음을 알 수 있다. 보다 더 분명하게 의미를 밝혀보기 위해서 다른 예들을 좀 더 들어보도록 한다.

라. 요한복음 17장 21절

πιστεύω동사의 가정법이 특별하게 사용되고 있는 요한복음 17장 21절은 이렇게 기록하고 있다:

> ἵνα πάντες ἓν ὦσιν, καθὼς σύ, πάτερ, ἐν ἐμοὶ κἀγὼ ἐν σοί, ἵνα καὶ αὐτοὶ ἐν ἡμῖν ὦσιν, ἵνα ὁ κόσμος **πιστεύῃ** ὅτι σύ με ἀπέστειλας.
>
> 아버지여, 아버지께서 내 안에, 내가 아버지 안에 있는 것 같이 그들

---

192) 이것은 바울이 선명하게 보여주는 복음의 진수를 그대로 보여준다. 의롭다 칭함을 받는 것은 율법을 지켜서가 아니라 믿음에 의해서 가능하다는 이신칭의의 사상이 이 부분에서 그대로 나타나고 있는 것이다. 자세한 논의를 위해서는, Carson, *The Gospel of John*, 284를 보라.

193) 믿음의 이러한 측면에 대해서는 뒤의 3장에서 자세히 다루어진다.

도 다 하나가 되어 우리 안에 있게 하사 세상으로 아버지께서 나를 보내신 것을 **믿게 하옵소서**. (『개역개정』)

이 문맥에서 세상이 이미 그리스도를 믿고 있었을 리는 만무한데도 가정법 현재를 사용하고 있다.[194] 이곳에서 현재는 이미 하고 있는 것을 계속하라는 의미를 전달하는 것이 아니라, 세상이 하나님이 예수님을 보냈음을 아직 믿지 않으나 (앞으로 믿게 되면) 그 믿음을 발전시키고 계속해서 믿는 마음과 자세를 가지고 나가야 한다는 의미로 이해해야 한다. 이것은 물론 저자 요한이 이 부분에서 그런 면을 표현하고 싶어서 현재를 사용했다는 것이지 언제나 믿음은 지속성을 가진 것으로 나타내야 하기에 이런 상황에서는 반드시 현재를 사용해야한다는 것은 아니다. 만일 이 부분에서 요한이 과거를 사용했다면 그 이유는 '믿는' 동작 자체를 전체로 보아서 믿는 것을 강조하기 위함이라고 해석해 볼 수 있을 것이다. 다시 말해서 저자의 주관적인 시제의 선택 속에 담겨있는 의미를 밝혀내야 하는 것이지 객관적인 동작의 형태를 밝혀내려 해서는 안된다는 것이다.

194) 이 구절에서 세 번 등장하는 ἵνα의 용법을 잘 결정할 필요가 있다. 어떤 학자는 이 세 개 모두 20절에서 언급하고 있는 '간구' 의 내용을 뜻한다고 본다. 사실 한글 『개역개정성경』의 번역은 헬라어 구문을 상당히 애매하게 번역하여 ἵνα절이 어떻게 앞구절과 연결되는지 분명치가 않다. 또한 "...하나가 되어,...있게 하사" 로 되어 있어서 첫 번째 ἵνα절과 두 번째 ἵνα절의 관계가 불분명하다. 이것은 오히려 "...하나가 되게 하시고, ...있게 하사" 로 하면 더 바람직해 보인다. 이 중에서도 가장 중요한 것은 세 번째 ἵνα절을 앞의 두 개의 ἵνα절과 동일하게 '간구' 의 내용으로 볼 것인지 아니면, 목적으로 볼 것인지에 대해 결정하는 것이다. 여러 가지 측면에서 생각해 볼 때 이 ἵνα절은 목적을 나타내는 것으로 이해하는 것이 바람직하다. 이 구절의 ἵνα절의 이해와 관련하여서는 Morris, *The Gospel according to St. John*, 650을 참조하라.

마. 요한일서 3장 23절

가정법 시제의 의미를 이해해 보기 위해 요한의 또 다른 저작인 요한일서에 있는 예를 살펴보는 것도 도움이 될 것이다. 요한일서 3장 23절에는 πιστεύω의 과거 가정법과 또 다른 동사 ἀγαπάω의 현재 가정법이 한 ἵνα절 안에서 등장한다:

> Καὶ αὕτη ἐστὶν ἡ ἐντολὴ αὐτοῦ, ἵνα **πιστεύσωμεν** τῷ ὀνόματι τοῦ υἱοῦ αὐτοῦ Ἰησοῦ Χριστοῦ καὶ **ἀγαπῶμεν** ἀλλήλους, καθὼς ἔδωκεν ἐντολὴν ἡμῖν.
>
> 그의 계명은 이것이니 곧 그 아들 예수 그리스도의 이름을 **믿고** 그가 우리에게 주신 계명대로 서로 **사랑할 것이니라**. (『개역개정』)

하나의 ἵνα절에 시제가 서로 다른 두 개의 가정법이 사용되어서 흥미를 끈다.[195] 곧 위에 밑줄 친 두 동사, πιστεύω의 단순과거 가정법과 ἀγαπάω의 현재 가정법이 함께 등장한다. 그렇다면 저자 요한은 왜 여기서 두 개의 서로 다른 시제를 사용한 것일까? 우선 요한일서에서 가정법 현재와 과거가 각각 28번과 23번 사용되어서 비슷한 숫자로 사용된다는 사실을 지적할 필요가 있다.[196] 이것은 어느 한쪽 시제로 쏠림현상이 없음을 보여주며 따라서 시제의 사용이 각기 의미를 가지고 있음을 보여준다. 그렇다면 이 구절에서 가정법 현재와 과거는 어떤 의미를 전달하는가?

첫 번째 내용을 위해 쓰인 과거 가정법은 믿음의 동작을 전체로 보아

---

195) 이 ἵνα절의 용법은 동격절(apposition clause)의 용법이다. 곧 지시대명사 αὕτη가 ἵνα절의 내용을 받는 것이다.

196) 완료가 2번 사용되어 요한일서에서 모두 합하여 53개의 가정법이 사용되고 있다.

하나의 동작으로 이해한다. 이 부분에서 특별하게 그 믿음이 발전하며 진행하는지 그래서 지속성을 갖는지 그렇지 않은지는 저자의 관심 사항이 아니다. 그의 아들 예수 그리스도의 이름을 믿는 것 자체를 강조해 주어서 하나님의 계명의 첫 번째 내용은 그 이름을 믿는 것임을 나타내 준다. 그리고 두 번째 내용은 서로 사랑하는 것인데, 이 때에 현재 가정법을 사용하여 지속적으로 계속해서 서로 사랑하는 마음과 자세를 가지고 행동해야 함을 표현해 준다. 그 사랑의 행동이 발전하고 진행하는 것임을 말해 준다. 이 부분에서 저자 요한은 '믿는다' 는 동작과 '사랑한다' 는 동작의 종류를 다르게 표현하여, 사랑한다는 동작의 진행적, 발전적, 나아가 지속적 성격을 강조함으로 사랑하는 것에 더 무게를 두고 있다. 이 말은 그리스도를 믿는 것보다 서로를 사랑하는 것이 더 중요하다는 뜻이 아니라, 요한이 이 부분에서 믿음의 사람이 드러내야 할 형제 사랑을 강조하고 있다는 의미다.

이러한 해석은 요한일서가 '사랑' 을 강조해 주고 있다는 사실에 비추어 볼 때 설득력을 갖는다.[197] 더군다나 3장 23절에 위치해 있는 문단인 3장 11절-24절에서 특별히 서로 사랑하라는 것을 주제로 삼아 강조하고 설명한다는 사실 또한 이러한 주장을 지지해 준다. 이 부분에서 때로는 극단적인 언어를 사용하면서, 때로는 감동적인 설득력을 가지고 저자 요한은 형제를 사랑할 것을 권면한다.[198] 14-15절은 극단적으로 부정적인 언어를 사

197) 요한일서 주석들은 요한일서의 중심 주제로 하나님의 특성을 들고 있으며, 그 중에서 중요한 것 중 하나로 사랑을 들고 있다. 또한 그 사랑을 본받아 성도들도 사랑할 것을 강조한다고 보는 것이다. Simson J. Kistmaker, *Exposition of James, Epistles of John, Peter, and Jude* (Grand Rapids: Baker, 1986), 33.

198) Daniel L. Akin, *1, 2,3, John* (Nashiville: Broadman & Holman, 2001), 153. 그는 이 부분이 하나님의 사랑을 다루면서 특별히 서로 사랑하라는 주제를 보여준다고 지적한다.

용하여 형제사랑을 행하지 않는 사람은 아직도 사망에 그대로 머물러 있다고 경고하며 더 나아가 사랑하지 않는 자를 사람을 죽이는 살인자로 표현한다:

14. 우리는 형제를 사랑함으로 사망에서 옮겨 생명으로 들어간 줄을 알거니와 사랑하지 아니하는 자는 사망에 머물러 있느니라.
15. 그 형제를 미워하는 자마다 살인하는 자니 살인하는 자마다 영생이 그 속에 거하지 아니하는 것을 너희가 아는 바라. (『개역개정』)

이 두 구절과는 다른 어조로 16절 이하에서 저자 요한은 독자들에게 감동적인 방식으로 설득력있게 호소한다. 요지는 예수님께서 우리 믿는 자를 위해 죽으셨으니 그것을 본받아 우리 믿는 자들도 형제를 위해 목숨까지 버릴 정도로 사랑해야 한다는 것이고(16절), 생명을 걸고 사랑한다고 말로만 하지 말고 구체적으로 행함과 진실함으로 실제적인 도움을 형제에게 주어야 한다는 것이다(17-18절).[199] 그러면서 하나님께 책망할 것이 없고 담대함을 얻고 기도 제목들에 대한 응답을 받게 되는 것은 믿는 자가 하나님께서 기뻐하시는 일을 행하기 때문이라고 설명하는데 그것은 바로 계명을 지키는 일이다(22절). 그런데 그 계명이란 바로 예수님의 이름을 믿고, 그가 우리에게 주신 계명대로 그리고 그 이전 구절까지 반복적으로 강조하고 있는 대로 서로 사랑하는 것이다(23절).

---

199) 3장 16-18절의 내용은 아래와 같다:
16 그가 우리를 위하여 목숨을 버리셨으니 우리가 이로써 사랑을 알고 우리도 형제들을 위하여 목숨을 버리는 것이 마땅하니라. 17 누가 이 세상의 재물을 가지고 형제의 궁핍함을 보고도 도와 줄 마음을 닫으면 하나님의 사랑이 어찌 그 속에 거하겠느냐 18 자녀들아 우리가 말과 혀로만 사랑하지 말고 행함과 진실함으로 하자. (『개역개정』)

이러한 문맥의 흐름을 고려해 볼 때, 이 부분에서 믿음의 결과로 표현되는 형제 사랑을 강조하고 있음을 분명하게 알 수 있다. 따라서 저자 요한이 요한일서 3장 23절에서 '믿는다' 는 동사의 가정법 과거를 쓰고 '사랑한다' 는 동사의 가정법 현재를 사용한 것은 의도적인 것으로 볼 수 있다. 그렇게 함으로써 '믿는 것' 은 전체 동작으로 하나로 묶어주고 '사랑하는 것' 을 진행중이며 지속적인 것으로 보아서 강조해 주고 있는 것이다.

이상에서 πιστεύω동사를 중심으로 가정법이 ἵνα절에서 현재와 과거 시제로 사용될 때 어떻게 구별된 의미를 표현해 주는지를 살펴 보았다. 이 같은 두 시제의 의미상의 구별은 위에서 살펴본 동사들에만 적용되는 것이 아니라, 다른 동사들의 경우에도 동일하게 적용된다.

(정 리)

위에서 가정법의 용법 중에서 가장 대표적인 ἵνα절의 용법을 통하여 가정법 시제의 의미를 연구해 보았다. 가정법의 시제는 과거형이 현재형보다 세 배나 많이 사용되는 까닭에 특별한 의미를 전달하지 않는다고 보는 것은 옳지 않다. 또한 전통적 견해를 따라 현재는 이미 시작된 동작을 계속한다는 의미를, 과거는 아직 시작되지 않은 동작을 시작한다는 의미를 갖는다고 볼 수도 없다. 가정법의 현재와 과거는 어떤 동작에 대한 저자의 관점을 표현해 준다. 현재를 쓰면 그 동작을 내적 관점에서 보아서 발전하는 진행중인 동작으로 보는 것이며, 과거를 쓰면 그 동작을 외적 관점에서 보고 표현하여 동작 전체를 하나로 이해하는 것이다. 그렇다 보니 결국은 현재 가정법은 흔히 지속적인 동작을 지칭해 주게 되어 과거 가정법의 동작보다 어떤 행동을 더 강조하는 기능을 하는 경향이 있다. 이와같은 이해를 기본으로 하여 가정법 시제를 이해하게 되면 성경 본문 해석에 큰 유익을 얻을 수 있을 것이다.

(2장의 요약)

이번 장에서는 헬라어 이해에 있어서 중요한 위치를 차지하는 헬라어 시제에 대해서 살펴보았다. 특별히 최근에 소개되어 큰 반향을 불러 일으키고 있는 동사 상 이론을 소개하고 평가하여 나름대로 입장을 정리해 보았고 그것을 구체적 예들에 적용하여 설명해 보았다. 동사 상 이론은 큰 틀에서 보면 올바른 흐름을 형성하고 있다고 볼 수 있으며, 이것은 시제에 대한 전통적 견해의 약점을 드러내 주고 메워준다. 하지만 동사 상 이론 내에도 다양한 의견이 존재하며, 또한 이 이론의 내용이 반드시 전통적 견해와 언제나 대치되는 것이 아님을 알 수 있다. 어떤 경우에는 오히려 전통적 견해가 새로운 견해와 조화를 이룰 수도 있는 것이다. 하지만 그 차이 또한 분명하게 인식되어야 한다. 이와 같은 균형잡힌 통합적 자세를 견지할 때 헬라어 시제에 대한 올바른 이해에 도달할 수 있으며, 그것에 근거하여 성경 본문에 대한 정확한 해석을 할 수 있게 될 것이다.

제 3 장

접속사/연결사의 이해와 본문의 해석

제3장
접속사/연결사의 이해와 본문의 해석

헬라어 접속사나 연결사를 어떻게 이해하며 현대어로 어떤 방식으로 번역해야 하는가 하는 문제는 해석자와 번역자를 곤란하게 하는 질문이다. 그 이유는 우선 대부분의 헬라어 접속사나 연결사가 하나의 뜻을 나타내기 보다는 두 개나 세 개 또한 경우에 따라서는 네 개 이상의 뜻을 나타내기 때문이다. 게다가 어떤 경우에는 접속사/연결사가 다른 품사의 기능을 하기도 한다. 그런 까닭에 어떤 문맥에서 그 접속사/연결사의 어떤 의미가 적합한지를 결정하는 일은 쉽지 않은 작업이 되어버린다. 게다가 헬라어라는 언어와 현대어의 언어 구조의 차이 그리고 그 언어를 사용하는 사람들의 사고 구조의 차이 때문에 접속사를 정확하게 이해하기가 더 어려워진다.

접속사/연결사 이해를 더욱 더 어렵게 하는 요소가 또 하나 있다. 접속사/연결사의 의미를 최종적으로 결정할 때에는 결국 문맥을 고려할 수 밖에 없는데 어떤 접속사가 위치한 문맥에 대한 해석자의 이해에 따라 그 접속사의 최종적 의미가 결정되곤 하기 때문이다. 물론 접속사나 연결사만 이런 어려움을 주는 것은 아니다. 다른 품사들, 곧 명사나 형용사 혹은 동사등도 의미가 다양하여 문맥에 따라 다양하게 해석될 수 있기 때문이다.[1)]

---

1) 예를 들면, 누가복음 11장의 한 밤중에 찾아온 친구의 비유중 8절에 등장하는 헬라어 단어 ἀναίδεια는 한글 번역에서 '강청함' 으로 번역되어 있으나, 원래 뜻을 고려해 볼 때 '부끄러움 모름' 으로 번역하는 것이 더 타당할 수 있다. 문제는 문맥에 대한 이해

하지만, 다른 품사들은 접속사나 연결사처럼 빈번하게 문맥에 따라 다양한 의미를 나타내면서 사용되지는 않는다. 그리고 접속사나 연결사는 문장 혹은 문단의 논리적 연결을 나타내 주기에 문장의 의미 파악에 지대한 영향을 미친다. 따라서 접속사나 연결사의 이해는 성경 본문이해에 중요한 역할을 한다. 거기에 더하여 다른 품사와 마찬가지로 접속사/연결사의 기능과 의미 또한 시대에 따라 변화를 겪어왔고 그러한 변화가 후대 연구에 의해 밝혀지게 되면 기존의 사전에는 없는 의미일지라도 새로운 의미를 찾아내야 하기에 어려움은 가중된다. 이러한 요소들 때문에 접속사에 대한 이해와 그 번역은 흥미를 끄는 주제로 남아있다.

더욱이 헬라어 연결사나 접속사의 의미 파악과 번역 문제는 국내에서 많은 논란을 불러 일으켜왔다. 본문의 의미를 보다 정확하게 전달하기 위해서는 연결사나 접속사의 올바른 의미 파악과 그에 따른 번역이 필요하지만, 한글의 특성상 연결사나 접속사를 번역에 포함시키게 되면 한글 문장의 흐름이 끊기거나 매끄럽지 않게 될 수 있기 때문이다.[2] 그래서 많은 경우에 연결사나 접속사는 생략되어 버렸고 그 결과 어떤 경우에는 본문의 의미를 정확하게 전달해 주지 못하는 문제를 낳게 되었다. 접속사/연결사 번역 생략의 문제와 더불어서 그것의 적절한 의미 파악 작업의 부실과 일관성 없는 번역방식은 또 다른 문제로 지적될 수 있다.

한글 문장의 의미를 보다 더 잘 전달하기 위해서 접속사나 연결사를 생

인데, 이 비유의 주인공을 누구로 볼 것이며 주제를 무엇으로 볼 것이냐 하는 문제에 대한 관점에 따라 이 단어의 뜻이 달라진다. 이 명사의 기본적 의미에 대한 간략한 설명을 보려면 BDAG, 63을 보라.

2) 접속사 γάρ와 ὅτι 번역에 얽힌 문제와 관련하여서는 김창락, "이유 · 근거 · 증거 · 증명을 뜻하는 접속사의 번역 문제", 『성경원문연구』 5호 (1999), 57-79를 보라. 또한 접속사 οὖν의 번역도 제대로 이루어지지 않고 있다.

략하기만 하는 것이 아니라 신약의 어떤 책에서는 접속사나 연결사를 생략해 버린 다른 책들에서와는 달리 접속사나 연결사가 과도하게 번역되어 있어서 문장의 흐름 파악을 어렵게 만들기도 하기 때문이다.[3] 이상과 같은 사항들은 접속사나 연결사의 의미파악과 그에 따른 한글 번역이 얼마나 어려운지를 잘 보여준다.

사실 접속사나 연결사의 올바른 의미파악과 번역 문제는 비단 한글 성경 번역자들만이 직면하는 어려움은 아니다. 영어 성경 번역자나 해석자의 경우에도 접속사나 연결사의 의미를 각 문맥에서 결정하는 일은 쉬운 일이 아니라는 사실이 자주 발견된다.[4] 다른 언어에도 해당되는 이와 같은 보편적인 문제와 더불어 한글 번역자는 한글의 특성상 영어 번역자 보다 접속사/연결사 번역에 있어서 더 많은 어려움을 겪는 것 또한 사실이다.[5]

그러므로 이번 장에서는 연결사나 접속사의 올바른 이해가 본문이해에

---

3) 대표적인 예로 히브리서를 들 수 있는데 그곳에서 어떤 이유에서 인지 한글 접속사 '그러므로' 에 해당하는 헬라어 접속사들을 거의 대부분의 경우에 번역에 포함시켰다. 그 결과 때로는 원문의 의미가 제대로 전달이 되지 않는 문제가 발생하게 되었다. 대표적인 예가 히브리서 4장 14절에서 발견된다: '그러므로 우리에게 큰 대제사장이 계시니 승천하신 이 곧 하나님의 아들 예수시라.' 그 구절에서 헬라어 접속사 οὖν이 사용되고 있으며 이것은 '그러므로' 로 번역되어 있다. 이 접속사를 추론적 의미를 전달하는 것으로 번역하는 것은 문법적으로 가능하긴 하지만 문맥에 맞지 않으며, 신약 성경의 다른 책들에서는 자주 생략되던 이 접속사를 반드시 번역해야할 이유를 찾기 어렵다. 반면에 4장 3절의 접속사 γάρ는 14절의 접속사 보다 더 번역이 필요함에도 불구하고 무시되어지고 번역에서 제외되어 버린다.

4) 접속사 καί의 번역이 논란을 불러 일으키기도 한다. 접속사 καί의 의미, 특별히 '혹은' (or)을 나타낼 수 있는지와 관련해서는 Mikael C. Parsons, "'Nothing Defiled and Unclean': The Conjunction's Function in Acts 10:14," *Perspectives in Religious Studies* 27(2000), 263-74을 보라. 또한 μὲν οὖν의 번역과 관련하여 영어 성경에 따라 다양하게 각기 다른 해석을 제시한다.

5) 예를 들어서, 헬라어의 γάρ가 약하게 이유를 나타내기 위해 사용되면 영어에서는 for로 쉽사리 번역되어질 수 있는 반면에, 한글에서는 대부분의 경우에 번역에 어려움을 겪는다.

미치는 영향을 살펴보기 위한 연구를 진행하고자 한다. 그렇게 함에 있어 기존의 연구 중에서 소홀히 다루어졌거나 성경 논문 의미 파악을 위해 중요한 역할을 하는 연결사와 접속사의 의미를 연구하고자 한다. 이 과정을 통하여 접속사나 연결사의 이해가 본문 해석과 이해에 얼마나 지대한 영향을 미치는지 보여줄 것이다.

I. 부사적으로 사용되는 (τό) λοιπόν의 의미와 번역: 바울 서신의 예를 중심으로[6]

위에서 설명한 연결사의 의미파악의 어려움은 부사적으로 사용되어 연결사의 역할을 하는 목적격 형용사(구) (τὸ) λοιπόν의 경우에도 예외 없이 나타난다. 그 문제점을 구체적으로 두 가지 측면으로 설명할 수 있다. 첫 번째는 각 문맥에서 이 형용사(구)의 정확한 의미를 파악하여 결정하는 것이며, 두 번째는 이 헬라어 연결사를 각 문맥에서 어떻게 한글로 표현할 것인가 하는 문제인데, 연결사의 한글 번역문제는 단순히 연결사에만 한정되지 않고 그 전후 문맥의 흐름과 연결되어 있어서 때로는 전후 문맥의 수정을 요구하기도 한다.

따라서 본 연구는 부사적으로 사용되는(τὸ) λοιπόν의 사전적 의미를 먼저 연구하면서 이 연결사의 용법에 대한 중심 견해를 살펴본 후에, 이 형용사(구)가 사용된 신약성경 구절에서 추론적 의미, 곧 '그러므로'를 나타내 줄 수 있는지를 결정하고 그 결과에 따라 본문의 의미가 어떻게 달라

6) 이 연결사 연구 부분은 본 저자의 논문, "바울서신에 사용된 (τὸ) λοιπόν의 의미와 번역", 『신약연구』 7/4(2008), 701-27에 수록된 논문을 재수록한 것이다. 또한 위의 접속사에 대한 개요에도 이 논문의 서론이 약간 수정되어 포함되었다.

질 수 있는지 살펴보고자 한다. 또한 이 연결사를 한글로 번역할 때 주변의 문맥을 어떻게 수정해야 하는지를 제시해 볼 것이다.

1. 형용사 λοιπόν의 용법에 대한 중심 견해들

형용사 λοιπόν의 부사적 용법에 대한 견해는 학자들마다 서로 다르다. 원래 기본적으로 '남은' '다른' 혹은 '나머지'를 의미하는 형용사 λοιπός의 목적격인 λοιπόν은 13번 신약성경에서 사용되는데, 소유격 λοιποῦ와 더불어 신약성경에서 때때로 부사적으로 사용되며 그 중에서 때로는 연결사로 사용되기도 한다. BDAG는 이 부사적 용례를 두 가지로 나누어 설명한다.[7] 하나는 시간과 관련된 용례로서 이 경우에는 λοιπός의 소유격(λοιποῦ)이나 목적격(λοιπόν)이 관사와 함께(τοῦ λοιποῦ와 τὸ λοιπόν), 혹은 관사 없이 사용되며, 다른 하나는 시간의 순서나 논리의 순서와 관계있는 용례로서 이 경우에는 형용사의 목적격이 관사와 함께(τὸ λοιπόν) 혹은 관사 없이 사용된다. 전자의 경우 그 의미는 '지금부터 계속(from now on)' 혹은 '장차(미래에; in the future)' 이며, 후자의 경우에는 '나머지가 고려되는 한(as far as the rest is concerned) 혹은 '마지막으로 (finally)'[8]라는 의미를 전달한다. BDAG는 후자의 용례와 관련해서 목적격 형용사가 추론적 의미를 나타내기 위해 신약의 몇 구절에서 사용되었을 가능성을 제시한다. 이 경우에 형용사는 '그러므로(therefore)'라는 의미를 전달해 주는 접속사로 사용된다. 요약해 보자면, BDAG에 따르면(τὸ)

7) BDAG, 602-603.

8) 한글 성경에서는 이 경우에 '종말로' 라는 단어를 선택하였으며, 그 대표적인 예가 빌립보서 3장 1절과 4장 11절에 등장한다. 데살로니가 전서 4장 1절 역시 동일한 번역을 택하고 있고 디모데 후서 4장 8절 또한 이 단어를 '종말로' 라고 번역하고 있다. 이 구절들에 대한 자세한 논의는 아래에서 다루어진다.

λοιπόν은 '지금부터 계속' '장차' '마지막으로' 혹은 '그러므로'라는 의미를 나타내 준다.

BDAG와는 달리, 루와 나이다(Louw & Nida)는 이 형용사가 추론적(inferential) 의미 곧 '그러므로'(therefore)를 전달해 주는 것으로 해석될 가능성을 인정하지 않는다. 그들은 λοιπόν의 네 가지 의미를 제시해 주는데 그것은 바로 '이제부터 계속'(from now on), '마침내'(at last), 여전히(still), 그리고 '게다가'(furthermore)이다.[9] 대표적인 고전 헬라어 사전인 리델과 스캇(Liddell & Scott)은 이 형용사의 부사적 용법과 관련하여 두 가지 가능성만 제시한다: 새로운 주제로 넘어가는 것을 나타내 주는 표현인 'then or well then'과 '마지막으로'(finally).[10] 월리스 또한 이 목적격 형용사의 의미가 논란거리인 구절들에서 단순히 '종말로, 마지막으로'(finally)라고 가정함으로, 결과적으로 이 형용사의 추론적인 용법을 제외시켜버린다.[11] BDAG와 리델과 스캇을 비롯한 루와 나이다, 월리스 사이의 유일한 차이점은 추론적 의미의 인정 여부다. 이 두 견해 중에서 올바른 것이 무엇인지 결정할 필요가 있으며, 그것은 결국 목적격 형용사 λοιπόν이 추론적인 용법으로 신약에서 사용되고 있는지를 살펴보는 작업이 될 것이다. 이 형용사가 신약에서 추론적 의미를 전달하는 것으로 해석될 수 있는 예들은 모두 바울 서신에서 발견되는데, 그것들을 하나씩 연구해 보도록 한다.[12]

9) J.P. Low & Eugene A. Nida, *Greek-English Lexicon of the New Testament: Based on Semantic Domains* (New York: United Bible Society, 1988), 67.134, 67.128, 61.14, 89.98.

10) H.G. Liddell & R. Scott, *A Greek-English Lexicon* (Oxford: Clarendon, 1940; 9th ed. 1996), 1060.

11) Wallace, *Greek Grammar: Beyond the Basics*, 200, 201.

12) 아래 네 개의 예 중에서 처음 두개의 예는 BDAG에 의해 제시된 것이며 나머지는 본 저자가 발견해 낸 것이다. 다루는 순서는 성경 순서대로 하지 않고 BDAG에서 발

2. 추론적 용법이 가능한 구절들

가. 고린도 전서 7장 29절

Τοῦτο δέ φημι, ἀδελφοί, ὁ καιρὸς συνεσταλμένος ἐστίν· **τὸ λοιπόν**, ἵνα καὶ οἱ ἔχοντες γυναῖκας ὡς μὴ ἔχοντες ὦσιν.

형제들아 내가 이 말을 하노니 그 때가 단축하여진 고로 **이 후부터** 아내 있는 자들은 없는 자같이 하며. (『개역개정』)

NRSV 1 Corinthians 7:29 I mean, brothers and sisters, the appointed time has grown short; **from now on**, let even those who have wives be as though they had none.

NKJV 1 Corinthians 7:29 But this I say, brethren, the time is short, **so that from now on** even those who have wives should be as though they had none.13)

이 구절에 등장하는 τὸ λοιπόν이 '그러므로' (therefore)라는 의미를 전달해 줄 수 있다고 보는 BDAG와는 달리 대부분의 영어 성경은 이곳에서 이 구문이 '담화 시간과 함께 시작하는 시간의 범위' 14)를 나타내 주는 것으로 해석하여, '지금부터는' 으로 번역한다(NIV, NJB, NKJV 등). 흥미롭게도 위에 인용한 NRSV는 문장 중간에 세미콜론을 찍어서 두 문장 사이를 연결해 주는데 이것은 네슬 알란트 판 헬라어 성경의 헬라어 중간 쉼표(·)

견한 두개의 예를 먼저 다루고 본 저자가 발견한 두 예를 나중에 다룬다. 이것은 결과적으로 한글과 영어 성경에서 이 연결사를 번역한 의미를 따라 묶어서 다루는 것이 된다: 처음의 두개는 한글과 영어성경에서 이 연결사를 '이제 후로는' 으로, 뒤의 두개는 '마지막으로' 라고 번역하고 있다.

13) 두 영어 성경 간의 형용사구 τὸ λοιπόν에 대한 해석의 차이가 분명한 까닭에 두 영어 번역을 제시하였다.

14) 'An extent of time beginning with the time of a discourse'. Louw & Nida, *Greek-English Lexicon*, 67.134.

를 반영해 준다. 헬라어의 중간 쉼표는 영어의 세미콜론에 해당하는 구두점으로 이유, 원인, 양보 등으로 다양하게 해석된다. 헬라어 중간 쉼표의 첨가는 이 문장의 매끄러운 흐름을 위해서는 반드시 무엇인가 설명이 필요하다는 사실을 나타내 준다. 하지만 헬라어의 문장 부호는 원래 원문에 있던 것이 아니라 후대에 필요에 따라 의미를 분명하게 하기 위해서 첨가한 것이기 때문에 원 의미 결정 과정에서 우선권을 갖지는 못한다.[15] 한글 『개역개정성경』의 번역은 NRSV와 NIV의 번역을 따라서 중간 쉼표를 고려하여 앞뒤 두 문장 사이의 관계를 원인을 나타내 주는 의미로 번역한다: '그 때가 단축하여졌다. 그러므로…하라.' 영어로 표현하자면 두 문장 사이에 'therefore'가 들어 있는 것인데 이것은 τὸ λοιπόν을 번역한 것이 아니라, 헬라어 성경의 중간 쉼표를 '이유'를 나타내 주는 것으로 해석하여 얻은 결과다. 그렇다면 과연 중간 쉼표가 아니라 τὸ λοιπόν이 이 구절에서 추론적 의미를 나타낼 수 있는 것일까?

논점을 발전시키기 위해서 본문에서 사용된 ἵνα절의 용법-명령절로 사용되었는지 목적이나 결과절로 사용되었는지-을 결정할 필요가 있다.[16] 왜냐하면 ἵνα절의 용법에 따라서 τὸ λοιπόν의 의미도 달라질 수 있기 때문이다. 만일 ἵνα절을 명령절로 이해한다면 형용사구 τὸ λοιπόν이 추론적 의미로 사용되었을 가능성이 높아진다: "때가 단축되었다. 그러므로 아내있는 자들은…" 반면에 목적이나 결과절로 해석한다며 형용사구는 추론적 의미를 전달할 가능성이 낮아진다. 왜냐하면 목적이나 결과절이 그 역

---

15) 세미콜론을 비롯한 헬라어 구두점의 역사와 가치에 대한 자세한 논의를 위해서는 Wilbert Francis Howard, *A Grammar of New Testement Greek* (Edinburgh: T&T Clark, 1929), 46-50을 보라. 구두점을 쉽사리 무시할 수 없는 것도 사실이나 너무 많은 가치를 부여해서도 안된다고 하워드는 주장한다.

할을 할 수 있기 때문이다: "때가 단축하여졌고 그 결과 아내있는 자들은 이제부터…."[17]

그렇다면 ἵνα절은 이 구절에서 어떤 용법으로 사용되었을까? 한글『개역개정성경』과 영어 성경 NIV나 NRSV등은 ἵνα절을 명령절로 이해한다.[18] 사실 대부분의 학자들은 고린도 전서 7장 29절의 ἵνα절이 명령절로 쓰인 신약의 대표적인 예라는데 동의한다.[19] 위의 번역이 보여주듯이 NKJV은 부사적으로 쓰인 이 형용사구가 목적이나 결과를 나타내는 ἵνα 절에 포함된 것으로 해석한다. 반면에 NRSV는 ἵνα절을 명령절로 이해하는 견해를 받아들였고, NIV는 ἵνα절을 명령절로 이해하여 'so that'을 넣지 않고 간접 명령을 전달해 주는 형태를 취한다: "…해야만 한다"(should be).

반면에 피(Gordon D. Fee)는 고린도 전서 7장의 ἵνα절은 신약에서 가장 흔한 용법인 목적이나 결과절로 해석되어야 한다고 주장한다.[20] 그에 따

16) 주로 결과나 목적절로 사용되는 ἵνα절은 때때로 명령을 나타내기도 한다. BDF로 불리는 F. Blass and A. Debrunner and R. Funk의 책, *A Greek Grammar of the New Testament and the Early Christian Literature* (Chicago: The Chicago University Press, 1961), 387 (3)을 보라.

17) 목적으로 해석해도 의미는 크게 달라지지 않는다: "이제부터...하도록 때가 단축하여 졌다."

18) 한글『개역개정성경』의 경우에는 비록 이 구절에서는 명령법인지 아닌지 구분할 수 없지만 31절에 가면 '쓰지 못하는 자 같이 하라' 로 되어 있어서 ἵνα절을 명령으로 해석했음을 알 수 있다.

19) 월리스는 이 구절의 ἵνα절을 명령을 나타내 주는 대표적인 경우로 본다. *Greek Grammar: Beyond the Basics*, 477. 또한 로저스 주니어와 로저스 3세(Cleon L. Rogers Jr. & Cleon L. Rogers III)도 ἵνα절이 이 구절에서 명령을 나타낸다고 주장한다. *The New Linguistic and Exegetical Key to the Greek New Testament* (Grand Rapids: Zondervan, 1998), 364

20) Gordon D. Fee, *The First Epistle to the Corinthians* (Grand Rapids: Eerdmans, 1987), 338. 포터도 이 구절에서 ἵνα절이 'with result that'을 의미하여 결과를 나타

르면 이 구절의 명령법적인 해석은 형용사구 τὸ λοιπόν을 새로운 문장의 시작을 나타내 주는 것으로 해석한데서 기인한다. 다시 말해, 목적이나 결과절이 되려면 앞의 문장의 종속절이 되어야 하는데 이 형용사구 τὸ λοιπόν이 새로운 문장의 시작을 가리키기 때문에 종속절인 목적절이나 결과절이 될 수 없다고 설명한다는 것이다. 피는 형용사구가 ἵνα절 앞에 쓰인 이유는 강조하기 위함이라고 주장하며 형용사구에 대한 이와 같은 설명이 결정적인 것은 아님을 지적한 후에 다음과 같은 번역을 제시한다:

> "The time is compressed, or limited so that henceforth those who have wives might be as if they did not…"[21]

그의 주장에 따르면, ἵνα절은 목적절이나 결과절로 이해되어질 수 있고, 형용사구는 이 절속에 포함되어 '앞으로(henceforth)'로 번역된다. 위에서 번역을 제시한 NKJV같은 영어 성경은 이 같은 입장과 맥을 같이하여 'so that from now on'으로 연결 부분을 해석해 주고 있다. 결과적으로 형용사구 τὸ λοιπόν은 추론적 의미를 전달해 줄 이유가 없어져 버린다.

하지만 피의 주장은 다음과 같은 약점이 있어서 설득력이 떨어진다. 신약에서 (τὸ) λοιπόν은 모두 13번 사용되는데 어느 경우에도 종속절에서 사용되지 않는다. 특별히 고린도전서 7장 29절의 예를 제외하고도 이 형용사(구)가 8번이나 등장하는 바울 서신에서 만일 이것이 부사적으로 사용되면 언제나 새로운 문장의 시작부분에서 사용되었다: 고전 1:16, 4:2, 13:11; 빌 3:1, 4:8; 살전 4:1; 살후 3:1; 4:8.[22]

내 준다고 본다. *Idioms of the Greek New Testament*, 235.

21) *The First Epistle to the Corinthians*, 338.

22) 히 10:13에서도 역시 형용사구 τὸ λοιπόν은 새로운 문장의 시작부분에 등장한다. 히

이 같은 사항을 고려해 볼 때, 고린도 전서 7장 29절에서 형용사구 τὸ λοιπόν은 종속절이 아니라 독립된 문장의 시작을 가리키는 것으로 보는 것이 더 타당하다.[23] τὸ λοιπόν이 문장의 시작을 나타내고 ἵνα절과 독립적으로 사용되고 있다면, 그것은 추론적 의미를 전달해 준다고 보는 것이 가장 타당하다. 따라서 29절 문장 전체는 다음과 같이 번역되어질 수 있다:

> 형제들아 내가 말하고자 하는 것은 그 때가 단축하여진 까닭에 아내 있는 자들은 없는 자같이 하라는 것이다.

한글『개역개정성경』이나 대부분의 영어성경과는 달리 '이제부터는' 이 이 번역에서는 빠져버렸는데 그 이유는 이 문맥에서 '이제부터는' 이 특별하게 강조되어질 이유를 찾을 수 없기 때문이다. 오히려 강조되어질 내용은 '때가 이미 단축되어져 있다' 는 것이며, 그렇기 때문에 합당하게 행동하라는 명령을 하고 있는 것이다.

브리서를 제외하고, 바울 서신 이외의 신약 성경에서 이것은 단 세 번만 등장하며 그 중 두개는 공관복음의 병행구절이다(마 26:45와 막 14:41). 이 두 구절에서는 형용사구가 사용되고 있는데 그 의미는 문장을 대부분의 영어 성경처럼 의문문으로 보면 '여전히' 가 되고(너희가 아직도 자고 쉬느냐?), 한글『개역개정성경』처럼 명령법으로 보면 '지금부터' 가 된다(지금부터는 자고 쉬라). 어떤 경우든 간에 형용사구는 종속절에서 사용되지 않고 새로운 문장에서 사용된다. 마지막 하나는 사도행전 27장 20절에서 발견되는데 그곳에서 형용사는 영어로 'then'을 나타내어 앞문장과의 연결을 표시해 주며 이 경우에도 형용사는 종속절에 사용된 것은 아니다.

23) 피가 주장한대로, τὸ λοιπόν이 원래 ἵνα절 안에 들어있어야 함에도 불구하고 접속사 앞에 놓여져서 강조되어 지고 있을 뿐이며 따라서 반드시 새로운 문장의 시작을 나타내 줄 필요는 없다는 설명이 가능한 것은 사실이다. 하지만 첫 번째 드는 의문은 '이제부터는' 이 강조되어질 필요가 있느냐 하는 것이며, 두 번째로 더 중요하게, 본문에서 언급하고 있듯이, 이 형용사구가 그런 방식으로는 사용되지 않는다는 것이다.

나. 디모데 후서 4장 8절

7 τὸν καλὸν ἀγῶνα ἠγώνισμαι, τὸν δρόμον τετέλεκα,
τὴν πίστιν τετήρηκα·
8 **λοιπὸν** ἀπόκειταί μοι ὁ τῆς δικαιοσύνης στέφανος, ὃν
ἀποδώσει μοι ὁ κύριος ἐν ἐκείνῃ τῇ ἡμέρᾳ, ὁ δίκαιος
κριτής, οὐ μόνον δὲ ἐμοὶ ἀλλὰ καὶ πᾶσι τοῖς ἠγαπηκόσι
τὴν ἐπιφάνειαν αὐτοῦ.[24)]

7. 나는 선한 싸움을 싸우고 나의 달려갈 길을 마치고 믿음을 지켰으니
8. **이제 후로는** 나를 위하여 의의 면류관이 예비되었으므로 주 곧 의
로우신 재판장이 그날에 내게 주실 것이며 내게만 아니라 주의 나
타나심을 사모하는 모든 자에게도니라. (『개역개정』)

7 I have fought the good fight, I have finished the race, I have kept
the faith.
8 **From now on** there is reserved for me the crown of righteousness,
which the Lord, the righteous judge, will give me on that day,
and not only to me but also to all who have longed for his
appearing.(NRSV)

앞에서 살펴본 고린도전서 7장 29절의 경우와 마찬가지로, 어떠한 영어 성경도 이 구절에서 '미래에'(for the future)라는 의미와 더불어 '그러므로'라는 의미가 가능하다고 제시하는 BDAG의 의견을 따르지 않는다. NRSV는 형용사를 '이제부터는'(from now on)의 의미를 전달해 주는 것으로 이해하며, NKJV은 '최종적으로'(finally) NIV는 '이제는'(now)으로 이해한

24) 4장 8절의 초반부에 접속사가 사용되어서 앞의 문맥을 이해할 필요가 있으므로 7절부터 원문과 번역을 제시하였다.

다. 이것은 한글 성경도 마찬가지여서 『개역성경』과 『개역개정성경』은 '이제 후로는' 이라는 모호한 표현을 사용하고 있으며 그 외 『표준 새번역』, 『공동번역』 등은 '이제는' 으로 번역한다. 나이트(George W. Knight)는 형용사가 '추론적으로' 나 단순히 시간 표지자(이제, 지금부터)로 둘 다 쓰일 수 있다고 설명하면서 딤후 4장 8절에서는 추론적으로 해석할 수 없다고 주장한다.[25] 그러면서 그는 그 논거로 다음 두 가지를 제시한다. 첫째, 신약 성경에서 이 형용사의 추론적 용법이 사용되고 있는지 의심스러우며 둘째, 바울은 자신이 면류관을 받을 이유를 이 구절의 후반부에서 설명하고 있다. 첫 번째 논거는 의미가 분명한 반면에 두 번째는 설명이 필요함으로 살펴보자면, 이 주장에 따르면 신자들이 의의 면류관을 받을 이유는 '주의 나타나심을 사모하기' 때문이다. 곧 주의 재림을 열망하는 까닭에 의의 면류관을 받게 되리라는 것이다.[26]

하지만 나이트의 이러한 설명은 설득력이 떨어진다. 그는 이 구절의 '의' (righteousness)를 '칭의' (justification)처럼 그리스도께서 십자가에서 성취한 일에 근거하여 하나님께서 주시는 선물로 가정한다.[27] 바울 신학에서 칭의가 은혜로 하나님의 주권에 의해 그리스도의 십자가의 고난과 죽으심, 또한 부활에 근거하여 값없이 주어지는 것임은 의심할 수 없는 사실

---

25) George W. Knight, *The Pastoral Epistles: A Commentary on the Greek Text* (Grand Rapids: Eerdmans, 1992), 461.

26) '의의 면류관' 이라는 표현에서 소유격이 어떤 의미를 나타내는지에 대해서 논란이 있어왔다. 동격의 소유격이나 소유의 소유격으로 보는데, 동격으로 보면 '면류관, 곧 의' 를 의미하여 완전한 의를 왕관을 씌우는 축복으로 이해하는 것이고 소유의 소유격으로 보면 '의로운 면류관' 을 의미한다. 대다수 학자들은 소유의 소유격으로 이해한다. 자세한 논의를 위해서는 Philip H. Towner, *Pastoral Epistles* (Grand Rapids: Eerdmans, 2006), 582를 보라.

27) Knight, *The Pastoral Epistles,* 462.

이다. 하지만, 이 문맥에서 '의' 라는 단어는 하나님에 의해서 효력이 발생하고 전가되는 의를 가리킨다기 보다는 어떤 경주의 종결과 관련하여 적법하게 기대할 수 있는 무언가를 가리킨다고 볼 수 있다.[28] 디모데 후서 4장 7-8절에서 운동경기의 비유가 지배적이기 때문에, 이 구절들의 광경은 경주나 경기 그리고 그 완주자에게 주어지는 의의 면류관의 그림을 반영해 준다고 생각할 수 있다. 왕관을 받을 이유를 단순히 주님의 재림에 대한 열망으로 보는 주장은 이곳의 문맥, 특별히 바로 앞의 문장의 문맥, '나는 선한 싸움을 싸우고 나의 달려갈 길을 마치고 믿음을 지켰다' 는 내용에 덜 적합해 보인다. 사실 '마친 후' 곧 경주의 완결에 초점을 맞추게 되면 상급의 개념을 대입할 필요는 없어진다. 경주는 끝이 났으며, 따라서 이제 남은 것은 예비 되어있는 의의 면류관을 마지막 날에 받는 일이다. 또한 두 가지, 곧 주의 오심을 열망하는 것과 선한 경주를 하는 것을 통합하여 생각해 보자면 그리스도의 재림을 열망하는 자는 단순히 앉아서 기다리는 사람이 아니라, 재림에 대한 열망이 있기에 바울이 했던 것처럼, 자신의 힘과 능력으로가 아니라 오로지 하나님의 절대 주권아래서 주어진 그 은혜와 능력을 힘입어서 믿음 안에서 의의 선한 싸움을 싸우고 끝까지 믿음을 지키는 사람으로 볼 수 있다.[29] 그런 사람들은 믿음의 경주를 마친 후에 의의 왕관을 쓰게 될 것임을 이 구절은 보여준다.[30]

---

28) I.H. Marshall, *A Critical and Exegetical Commentary on the Pastoral Epistles* (Edinburgh: T & T Clark, 1991), 809. 그는 보상이 성취를 이룬 사람이 '주장할 수 있는' 것이라고 표현하지만, '주장할 수 있는' 것이 아니라, '기대하는' 으로 보는 것이 본 구절의 문맥과 바울 신학의 맥락에서 더 타당하다고 여겨진다.

29) 타우너는 이 두 가지를 너무 무리하게 구별하지 않는 것이 좋다고 설명하며, 두 가지를 통합하여 보는 견해가 비-바울적 견해는 아니라고 주장한다. 자세한 논의를 위해서는 그의 책, *Pastoral Epistles,* 582를 보라.

30) 마운스(William D. Mounce)는 나이트와 유사하게 λοιπόν이 추론적 의미를 나타내

한글 『개역성경』과 『개역개정성경』은 7절에서 '믿음을 지켰으니' 라고 번역함으로 추론적 의미를 전달해 주는데 이것은 아마도 고린도 전서 7장 29절의 경우와 마찬가지로 네슬 알란트 판에서 7절 마지막에 첨가되어 있는 중간 쉼표를 표현한 것으로 보인다. 영어 성경 중 NASB와 NJB 그리고 독일어 루터 성경에도 세미콜론을 사용하여 헬라어 중간 쉼표를 포함시켰다. 7절의 완료시제들은 바울이 이미 모든 싸움과 경주를 마쳤고 믿음을 지켜냈고 따라서 이미 의의 면류관이 준비되어 있음을 나타내 준다.[31)] 그런데 한글 『개역개정성경』은 7절 마지막에 추론적 의미를 집어넣은데 이어서 8절에서 '의의 면류관이 예비되었으므로' 라는 표현을 써서 또다시 추론적 의미를 추가하여 본문의 의미를 모호하게 만든다. 헬라어 원문 어디를 보아도 추론적 의미를 전달해 주는 단어는 발견되지 않으며, 심지어 구두점도 찾아볼 수 없다. 게다가 '이제 후로는… 예비되었으므로' 에서 과거 동사(예비되었으므로)의 사용은 상당히 어색하다. '예비되었다' 에 해당

줄 수 있지만 이 문맥에서는 적합하지 않다고 주장한다. *Pastoral Epistles* (Nashville: Thomas Nelson, 2000), 615-16. 그렇게 되면 바울의 순종의 삶을 통해서 그 면류관을 얻게 되는 것처럼 되기 때문이다. 하지만 마운스 자신도 인정하듯이 경주를 '마친 후에' 라는 의미에 초점을 맞추게 되면 상급의 개념을 대입할 필요가 없어진다.

31) 앞장에서 설명한대로, 헬라어의 현재 완료시제는 한글은 물론 영어 등 서구 언어에서는 찾아볼 수 없는 독특한 시상을 전달해 준다. 현재 완료는 이미 과거에 발생한 사건을 표현해 주는데 과거와 다른 면은 그 사건의 결과와 효과와 영향이 현재까지 지속적으로 존재하는 것을 나타내 준다. 따라서 딤후 4장 7절에서 바울이 '선한 싸움을 싸우고, 나의 달려갈 길을 마치고 믿음을 지켰다' 라고 말하면서 현재 완료 동사들을 쓴 이유는, 이미 싸움을 끝내고 경주를 마치고 믿음을 지켜냈음을 표현함과 동시에 그 동작의 결과가 말하는 순간에도 현존해 있음을 나타내 주고자 함이다. 다시 말해 승리와 완성의 사건은 단순한 과거의 일이 아니라 바울이 말하는 그 시점에도 여전히 효력이 남아 있고 영향을 미치는 사건인 것이다. 따라서 의의 면류관은 이미 준비되어져 있으며, 이제 그것을 받아 쓰는 것만 남아있는 셈이다. 헬라어 완료시제의 의미에 대해서는 앞 장을 참조하라.

하는 헬라어 동사 ἀπόκειται의 시제는 현재임에도 『개역성경』과 『개역개정성경』은 과거로 해석하고 있다. 그 반면에 『표준 새번역』은 비록 마지막에 추론적 의미를 첨가하여 '예비되어 있으므로' 라고 표현하고 있기는 하지만 『공동번역』과 더불어 한글 현재 동사를 사용하여 현재의 사건으로 정확하게 표현한다.[32] 그 어떤 영어 성경도 이 동사를 위해서 과거시제를 사용하고 있지 않다. 그렇다면 왜 한글 『개역성경』과 『개역개정성경』은 원문을 무시하고 '이제 후로는… 예비되어 있으므로' 라고 번역한 것일까?[33]

아마도 '이제 후로는' 은 이 구절의 후반부에 있는 두 번째 문장 곧 '주 곧 의로우신 재판장이 그 날에 내게 주실 것이며' 와 연결되어 있고 '이제 후로는' 을 제외한 첫 번째 문장은 두 번째 문장과 바로 연결되어 이미 면류관이 예비되었음을 강조하는 것으로 파악한 것처럼 보인다. 곧 '이제 후로는' 은 미래에 나타날 일을 가리켜서 장차 의의 왕관을 받을 사건의 묘사와 연결되어 있는 것이다. 그런 까닭에 첫 번째 문장의 마지막 부분을 추론적 연결사로 묶어서('의의 면류관이 예비되었으므로') 의의 왕관을 받을 근거로 설명한 것이다. 따라서 『개역개정성경』의 번역은 다음과 같이 재구성해 볼 수 있다: '나를 위하여 의의 면류관이 예비되었기 때문에 이제 후로는 주 곧 의로우신 재판장이 (그것을) 내게 주실 것이다.'

사실 λοιπόν을 '이제 후로는' 이나 영어로 'from now on' 혹은 'henceforth' 로 번역하는 것은 문장의 의미를 분명하게 해 주지는 않는다. 이것이 몇몇

32) 『표준 새번역』은 '이제 후로는' 대신에 '이제는' 을 사용하여 '예비되어 있으므로' 의 현재 시제와 잘 조화를 이루고 있다.

33) 이것은 어쩌면 부사적 용법으로 사용된 형용사의 의미, 곧 '이제 후로는' 에 문장 전체의 의미를 맞추려다가 의미를 왜곡시킨 것인지도 모른다. 자세한 논의를 위해서는 아래를 보라.

영어 성경이 이 형용사를 '이제(now)'(NIV, NIB, NLT)나 '최종적으로(finally)'(NKJV), '미래에, 장차(in the future)' (NASB)로 해석한 이유일 것이다.[34] 한글 성경의 경우에도 『개역성경』이나 『개역개정성경』을 제외한 『표준 새번역』과 『공동번역』등 모든 성경은 이것을 예외 없이 '이제는' 으로 번역한다.

이상의 논의에서 발견되는 것은 형용사 λοιπόν의 일반적 의미를 가지고서는 디모데 후서 4장 8절의 흐름이 어색하게 느껴진다는 사실이다. 『개역개정성경』등은 형용사의 의미를 '이후부터는' 혹은 '이제 후로는' 으로 고정하고 8절 중간에 추론적 의미를 첨가하고 과거 동사('예비되었으므로')를 사용하여 뒤 따라 오는 문장의 의미를 변형시켜버린다. 그런데 앞서 잠깐 언급한대로 7절과 8절 사이에 네슬 알란트 판에는 중간 쉼표가 있어서 추론적 의미를 전달해 주는 것으로 해석이 되는데 이것은 중간 쉼표가 있어야만 두 구절 사이의 논리적 연결이 매끄럽다고 보았음을 입증해 준다.[35] 그렇다면 보다 더 좋은 해결책은 λοιπόν을 추론적 의미를 전달해 주는 연결사로 보아서 '그러므로' 라고 해석하는 것이다.

따라서 딤후 4장 6-8절은 사실 다음과 같이 이해하면 더 바람직하다:

6절 전제와 같이 내가 벌써 부어지고 나의 떠날 시각이 가까왔으며
7절 내가 선한 싸움을 싸우고 나의 달려갈 길을 마치고 믿음을 키켰도다.
8절 그러므로 나를 위하여 의의 면류관이 예비 되어져 있으니, 이것은 주 곧 의로우신 재판관이 그날에 내게 주실 것이며 내게만 아니라 주의 나타나심을 사모하는 모든 자에게니라.

---

34) 같은 이유로 NJB는, 이 접속사의 의미를 바꾸는 대신에 앞부분을 'all there is to come for me is (the crown…)'로 바꾸어 놓았다.

35) 하지스와 파스타드(Zane C. Hodges와 Arthur L. Farstad)가 편집한 신약 성경 헬라어 원문에는 이 부분에 중간 쉼표가 없다. *The Greek Text According to the Majority Text* (Nashville/Camden/New York: Thomas Nelson, 1982), 640.

다. 빌립보서 3장 1절

Τὸ λοιπόν, ἀδελφοί μου, χαίρετε ἐν κυρίῳ. τὰ αὐτὰ γράφειν ὑμῖν ἐμοὶ μὲν οὐκ ὀκνηρόν, ὑμῖν δὲ ἀσφαλές.

끝으로 나의 형제들아 주안에서 기뻐하라. 너희에게 같은 말을 쓰는 것이 내게는 수고로움이 없고 너희에게는 안전하니라. (『개정개역』)

Finally, my brethren, rejoice in the Lord. For me to write the same things to you is not tedious, but for you it is safe. (NKJV)

위에 제시한 NKJV을 비롯한 거의 대부분의 영어 성경은 빌립보서 3장 1절 초반부의 형용사 구를 '끝으로(finally)' 라고 번역한다(NIV, RSV, NRSV, NJB, RWB, WEB 등). 한글 성경도 예외가 아니어서 이 형용사구를 아예 번역하지 않아 버리는 『공동번역』과 『공동 새번역』을 제외하고 『표준 새번역』과 『표준 새번역개정』, 『개역성경』 그리고 『개역개정성경』 모두 '종말로' 혹은 '끝으로' 라고 번역하고 있다.[36] 반면에 거의 대부분의 주석가들은 이 형용사구는 2절 이하의 새로운 주제를 소개하는 기능을 하며 따라서 영어로 'well then' 'and so' 'furthermore' 혹은 'as for the rest'(as for what remains to be said) 등으로 번역되어야 한다는데 의견 일치를 보인다.[37] 빌립보서 3장 1절의 형용사 구를 '마지막으로' 라고 보는 견해는 사실 빌립보서의 통일성과 관련하여 심각한 문제를 불러일으킬 수도 있다. 최소한

36) 『공동번역』과 『공동 새번역』은 편지의 중간 부분인 이 구절에 '끝으로' 가 들어가게 되면 전후 연결이 매끄럽지 못하다고 본 것 같다. 4장 8절에서 비로서 이 한글 성경은 '끝으로' 라는 표현을 사용한다.

37) O'Brian, 348; Martin, 138; Hawthorne, 123-24; Fee, 131. 이 저자들의 저서들에 대한 상세한 정보를 위해서는 아래를 보라. 하지만 라이트풋(Lightfoot)은 이 형용사구가 결론 부분을 나타내 준다고 보고 어떤 방해가 일어나서 바울이 3:2-4:7절까지 다른 주제를 갑자기 다루었다고 본다. 그의 책, *Philippians*, 125를 보라.

이 구절의 이해가 통일성 문제와 밀접한 관련이 있다.[38] 편지의 끝을 나타내 주는 표현인 τὸ λοιπόν이 4장 8절에 다시 나타나고 "3장 1절과 4장 4절이 완벽하게 잘 들어맞기 때문에 3장은 다른 바울 서신의 후대 삽입으로 보아야만 한다"는 주장을 할 수 있기 때문이다.[39] 3장 1절과 4장 4절이 서로 잘 들어맞는 것은 3:2-4:3절의 후대 삽입 이론이 아니라 여러 가지 다른 방식으로 설명이 될 수 있어서 바울 서신의 통일성을 충분히 입증할수 있고 또한 본 논고의 범위를 벗어나는 것이기에 다루지 않으며 여기에서는 형용사구의 의미에 초점을 맞추도록 한다.

형용사구와 관련하여 이것이 '편지들에서 다루어질 마지막 문제들로의 전이(transition)을 나타내 준다'는 피(Fee)의 주장은 흥미롭다.[40] 그는 이 구

---

38) 리드(Jeffrey T. Reed)가 지적한대로, 3장 1절은 빌립보서에서 가장 많은 문법적 사전적 해석의 난제를 포함하고 있으며, 빌립보서의 통일성 문제 해결에 있어 중요한 역할을 하는 구절이다. 그의 논문 "Philippians 3:1 and the Epistolary Hesitation Fomulas: The Literary Integrity of Philippians, Again", *JBL* 115 (1996), 72을 보라.

39) Martin Hawthorne, *Philippians* (Columbia: Nelson Reference & Electronic, 2004), Introduction xxxii. 빌립보서가 빌립보 교회에 보내진 두 세 개의 편지의 편집본이라는 주장이 계속해서 제기되어져 왔으며, 외적 증거와 내적 증거 등이 제시되었다. 외적 증거 중 대표적인 것은 폴리갑에서 찾을 수 있는데 그에 따르면 바울은 빌립보 교인들에게 '편지들'을 썼다, 또한 대표적인 내적 증거로는 위에서 지적한 내용과 더불어 1:1-3:1까지의 어조는 우호적인 반면에 3:2-11은 변론적이라는 사실을 들 수 있다. 하지만 이와 같은 사항들은 쉽게 해결되어질 수 있다. 폴리갑이 언급한 '편지들'은 서신의 복수(epistolary plural)로서 단지 하나의 편지만 나타낼 수 있고, 3:2-11에 나타나는 어조의 변화는 바울의 서신 기록 문체를 볼 때 그리 이상한 일이 아니다. 이 문제에 대한 자세한 논의를 위해서는 L. Gregory Bloomquist, *The Function of Suffering in Philippians* (Sheffield: JSOT, 1993), 97-103과 Bonnie B. Thurston & Judith M. Ryan, *Philippians and Philemon* (Collegeville: Liturgical, 2005), 108-110을 보라.

40) Gorden Fee, *Paul's Letter to the Philippians* (Grand Rapids: Eerdmans, 1995), 129. 어떤 학자들은 3장 1절부터 결론 부분은 아니지만 새로운 주제가 소개되고 있

가 결론 자체를 소개하는 것이 아니라 단순히 편지의 결론 부분을 소개하는 역할을 한다고 믿는다. 하지만 빌립보서 3장 1절은 새로운 부분, 혹은 결론 부분의 도입부라기보다는 앞부분의 주장을 완결 짓는 결론으로 보는 것이 더 타당하다.[41] 3장 전체를 새로운 부분으르 보고 1절을 그 첫 문장으로 보는 것은 1절과 2절 사이의 어조의 급격한 변화를 고려할 때 설득력이 없기 때문이다. 그런 까닭에 빌립보서 3장 1절 처음의 형용사구는 추론적 의미 곧 'therefore'를 전달하는 것으로 보는 것이 타당하다.

그렇다면, 이 구절에서 τὸ λοιπόν을 '그러므로' 라고 번역한다면 그것은 어떤 내용을 추론해 주는 것일까? 좁은 문맥에서는 바로 앞에서 언급한 대로 믿음의 사람 디모데가 있고, 특별히 또 다른 하나님의 일꾼 에바브로디도가 죽음의 위험에서 벗어나 건강을 회복했으니, 주 안에서 기뻐하라고 바울은 명령한다고 볼 수 있다.[42] 하지만 좀 더 넓은 문맥에서 보면 2장

다고 본다. 이러한 주장을 위해서는 Peter T. O'Brien, *The Epistle to the Philippians* (Grand Rapids: Eerdmans, 1991), 348과 Richard R. Melick, *Philippians, Colossians, Philemon* (Nashville: Broadman, 1991), 126을 보라.

41) 이와 관련된 자세한 논의를 위해서는 Markus Bockmuehl, *The Epistle to the Philippians* (London: A & C Black; Hendrickson: 1998), 175-77을 보라. 그는 3장 1절을 중간 결론(interim conclusion)이라고 규정한다. 물론 어떤 학자들은 '형제들아' 라는 호격 명사가 바울서신에서 새로운 주제로 넘어가는 것을 표시해 준다고 주장한다. (Charles A. Wanamaker, *The Epistle to the Thessalonians: A Commentary on the Text* [Grand Rapids: Eerdmans, 1990], 147.) 하지만 빌립보서 4장 1절에서 '그러므로' 에 해당하는 ὥστε가 호격 명사 '형제들아' 와 함께 사용되고 있지만 새로운 주제를 소개하지 않고 그 앞의 부분의 주장을 결론짓고 있다. 이것은 호격명사 '형제들아' 가 반드시 새로운 주제를 소개하기 위한 장치는 아니며, 다라서 3장 1절에서 그 전까지의 내용과는 다른 새로운 주제가 소개되고 있다고 볼 필요는 없음을 나타내 준다.

42) 이것이 기뻐해야할 이유 중에 하나인 것은 분명하다. 리드(Jeffrey R. Reed)는 빌립보서에서 우정이 중요한 동기이며, 에바브로 디도의 경우에도 빌립보 교인들의 친구인 그의 건강에 대한 근심을 이 부분에서 다루고 있고 이제 그가 건강하니 그 같은

14절에서 바울은 빌립보 교인들에게 모든 일을 원망과 시비가 없이 하라고 명령하는데 그것은 하나님의 선한 기쁨을 이루기 위함이고(2장 13절), 부정적으로 표현해 보자면 바울로 하여금 구원을 위해 헛되이 애쓰지 않게 하기 위함이었다(2장 16절). 바울은 이것을 위해 '기쁨과 즐거움' 으로 기꺼이 자신을 희생하고자 한다(2장 17절).[43] 그러므로 빌립보 교인들도 주 안에서 기뻐하며 희생해야 한다. 이것이 본문의 기뻐하라는 명령의 우선적인 의미이다.

그리고 앞서 언급한대로, 디모데와 에바브로 디도 때문에 기뻐해야 한다는 것이 두 번째 의미라고 볼 수 있다. 디모데와 에바브로 디도 역시 바울처럼 희생하며 사역한다.[44] 바울은 빌립보 교인들이 에바브로 디도의 병환 때문에 근심에 빠져있음을 알고 그들로 기뻐하도록 에바브로 디도의 회복을 알려주고 그를 보낼 것이다. 따라서 그들은 에바브로 디도를 보고 주안에서 기뻐해야만 한다.[45] 이것이 기뻐하라는 명령의 부차적 의미다.

근심에서 벗어나 기뻐하라고 권면한다고 이해한다. 그의 책, *A Discourse Analysis of Philippians: Method and Rhetoric in the Debate over Literary Integrity* (Sheffield: Sheffield Academic Press, 1997), 259-60을 보라. 또한 Thurston & Ryan, *Philippians and Philemon*, 108을 보라.

43) 복크뮤얼에 따르면, 2장 17-18절이 2장 12-18절 뿐만 아니라, 1장 27절에서 2장 18절까지의 내용의 결론이다. 그의 책, *The Epistle to the Philippians*, 160을 보라.

44) 디모데를 설명하면서 22절에서 '종처럼 섬겼다' (ἐδούλευσεν)이라는 헬라어 표현을 사용하는 것은 흥미롭다. Bloopquist는 빌 1:1에서 디모데를 '종' 으로 부른다는 사실에 주목한다. L. Gregory Bloomquist, "Subverted by Joy: Suffering and Joy in Paul's Letter to the Philippians", *Interpretation* 61 (2007), 277. 이 표현은 예수 그리스도께서 종의 형체를 취하신 것처럼 디모데도 복음을 위하여 종처럼 섬겼음을 표현해 준다. 또 다른 예로 제시한 에바브로 디도의 경우에는 25절에서 λειτουργός를 사용하는데 『개역개정성경』에서 '군사' 로 번역된 이 단어의 원 의미 중 하나는 '종' 이었다. (BDAG, 591) 곧 이 사람은 바울의 필요한 것을 종처럼 섬기며 채워주는 역할을 했던 사람이었다.

45) 바울의 빌립보서에서의 일반적인 우정 언어 사용과 관련해서는 John Fitzgerald,

요약해 보자면, 좁은 문맥에서는 죽을 줄 알았던 에바브로 디도의 건강한 모습을 보고 기뻐해야하는데 보다 더 넓은 맥락에서는 하나님의 선한 기쁨을 이루어 마지막 날에 하나님께 칭찬받기 위해 기뻐해야만 한다. 3장 1절 후반부의 '같은 말을 쓰는 것' 의 내용은 바르 2장 17절과 18절의 '기뻐하라'는 명령을 가리킨다고 해석할 수 있다.[46)]

기쁨의 편지인 빌립보서에서, 바울은 빌립보 교회의 문제를 해결하는 열쇠로 기쁨을 강조한다. 호손(Hawthorne)이 언급한대로, '바울은 만일 빌립보 교인들이 기뻐하라는 그의 부름에 순종하기만 하면, 그들은 이러한 긍정적인 기독교인의 자세가 빌립보 교회를 역병 들게 만드는 질병들 곧 교회-불평들, 의견대립, 헛된 속임수 등으로부터 그들을 구원할 수 있음을 발견할 것이라고 믿는다.'[47)]

결론적으로, 빌립보서 3장 1절에서 접속사 λοιπόν은 추론적 의미를 전달해 준다고 볼 수 있으며, 따라서 이 단어의 의미는 '그러므로' 라고 이해할 수 있다. 이 접속사의 의미와 더불어 3장 1절의 내용은 다음과 같이 정리할 수 있다: '구원을 위한 바울의 노력과 애씀이 헛되지 않고 하나님의

"Christian Friendship: John, Paul, and the Philippians", *Interpretation* 61 (2007), 293-96을 보라.

46) 이 구절에서 '같은 것' 이 무엇을 지칭하는지에 대해서 많은 논란이 있었다. 어떤 학자들은 이것이 3장 2절 이하에 기록되어 있는 적대자들에 대한 경고라고 이해하기도 한다: Melick, *Philippians, Colossians, Philemon*, 126-27; Jac. J. Muller, *The Epistles of Paul to the Philippians and to Philemon* (Grand Rapids: Eerdmans, 1955), 105; O'Brien, *Commentary on Philippians*, 350-52. 반면에 다른 학자들은 기뻐하라는 명령을 가리킨다고 주장한다: F.F. Bruce, *Philippians* (San Francisco: Harper&Row, 1983), 11; Bockmuel, *The Epistle to the Philippians*, 180; Hawthorne, *Philippians*, 173; Reed, *A Discourse Analysis of Philippians*, 255; Stephen E. Fowl, *Philippians* (Grand Rapids: Eerdmans, 2005), 144.

47) Hawthorne, *Philippian*, 173.

기뻐하시는 뜻이 이루어지도록 하기 위해, 또한 에바브로 디도가 죽음에서 벗어나 건강하게 사역하고 있으니 너희는 기뻐하라. 기쁨으로 겸손하게 감당하는 그리스도인의 희생적 봉사만이 참된 신앙의 열매를 맺게 하기에 다시 내가 이것을 강조하고 또 강조하고자 한다: "주안에서 기뻐하라"'.[48)]

라. 데살로니가 전서 4장 1절

Λοιπὸν οὖν, ἀδελφοί, ἐρωτῶμεν ὑμᾶς καὶ παρακαλοῦμεν ἐν κυρίῳ Ἰησοῦ, ἵνα καθὼς παρελάβετε παρ' ἡμῶν τὸ πῶς δεῖ ὑμᾶς περιπατεῖν καὶ ἀρέσκειν θεῷ, καθὼς καὶ περιπατεῖτε, ἵνα περισσεύητε μᾶλλον.

그러므로 형제들아 우리가 **끝으로** 주 예수 안에서 너희에게 구하고 권면하노니 너희가 마땅히 어떻게 행하며 하나님을 기쁘시게 할 수 있는지를 우리에게 배웠으니 곧 너희가 행하는 바라 더욱 많이 힘쓰라. (『개정개역』)

Finally, brothers and sisters, we ask and urge you in the Lord Jesus that, as you learned from us how you ought to live and to please God(as, in fact, you are doing), you should do so more and more. (NRSV)

이 구절에서 첫 부분에 있는 두 헬라어 단어, 곧 λοιπόν과 οὖν은 관심을 불러일으키는데 그 이유는 두 단어 모두 새로운 주제로 넘어가기 위한 장치로 사용될 수 있으며, 특별히 λοιπόν의 사용은 편지의 마지막 부분으로의 전이를 나타내 줄 수도 있기 때문이다. 신약에서 두 번째 단어인 οὖν

48) 리드는 빌립보서를 담화분석(discourse analysis)하면서 앞서 언급한대로 3장 1절의 연결사는 '이제부터는'(from now on)으로 해석되어야 한다고 주장하는데 (*Discourse Analysis of Philippians*, 260) 같은 책 264에서는 이 연결사를 '그러므로'(therefore)라고 이해할 수도 있다고 주장한다.

은 많은 경우에 영어 성경에서는 'then'으로 번역되거나 생략되며 한글 성경에서는 대체로 거의 번역되지 않는다.[49] 왜냐하면 한글에서는 영어에서와는 달리 새로운 주제로 전이할 때 사용하는 단어 즉 'then'이나 'now' 등과 같은 역할을 하는 용어가 없기 때문이다.[50] 그런데 이 접속사를 이 구절에서 한글 『개역개정성경』은 추론적 의미를 전달해 주는 접속사 '그러므로'로 번역한다. 『개역성경』에서는 이 접속사를 번역하지 않고 첫 헬라어 단어인 λοιπόν을 '종말로'라고 번역했는데 『개역개정성경』에서는 '그러므로'를 첨가하고 '끝으로'를 문장 중간에 첨가했다. 『표준 새번역』과 『표준 새번역개정』에서도 역시 '그러므로'와 '끝으로'를 함께 사용한다. 그 반면에 어떠한 영어 성경도 추론을 나타내는 어떠한 접속사도 사용하지 않으며 몇몇 영어성경은 'finally then'으로 처음의 두 단어를 번역하고 있을 뿐이다(ESV, NASB, NKJV 등).[51]

---

49) 여러 사본에서 οὖν이 생략되어 있는데 이것은 아마도 이 표현이(λοιπόν οὖν) 신약에서 이곳에만 사용되어 그 의미나 역할이 분명하지 못하다고 사본 필사자들이 보았기 때문일 것이다. F.F. Bruce *1&2 Thessalonians* (Waco: Word Books, 1982), 78. Bruce는 이 접속사가 강한 추론의 의미를 전달하지 않고 단순히 앞의 문장과 연결하는 역할을 한다고 보며, 단순히 'then'등으로 해석하는 것이 타당하다고 덧붙인다.

50) 사도행전 8장 4절에 이 접속사가 등장하는데 영어성경에서는 다른 단계로 넘어가는 'now'(ESV, NAB, NRSV)나, 심지어 추론을 나타내는 'therefore'(ASV, GNV, NKJV, NASB) 혹은 역접을 나타내는 전치사 'but'(NLT)이 사용된 반면에 한글 『개역성경』이나 『개역개정성경』에는 아무런 흔적도 없어서 앞부분과의 연결이 불분명하다. 이것은 아마도 접속사 οὖν을 단순히 새로운 주제로 넘어가는 역할을 하는 것으로 이해한데서 기인한 것으로 여겨진다.

51) 『개역개정성경』에서 데살로니가 전서 3장 8절에서도 어떤 이유에서인지 '그러므로'라는 접속사가 등장한다: 그러므로 너희가 주 안에 굳게 선즉 우리가 이제는 살리라. 원문을 옮겨보면 다음과 같다: ὅτι νῦν ζῶμεν ἐὰν ὑμεῖς στήκετε ἐν κυρίῳ. 원문 어디를 보아도 '그러므로'에 해당하는 접속사나 단어는 보이지 않는다. 그럼에도 불구하고 한글 『개역개정성경』 번역진은 어떤 이유에서인지 추론적 접속사를 집어넣었다. 이 문장은 오히려 다음과 같이 번역되어야 마땅하다고 볼 수 있다: '왜냐하면 만일 너희가 주안에 굳게 서면, 이제 우리가 살기 때문이다.'

첫 번째 단어 λοιπόν과 관련해 이 단어가 이 구절에서 반드시 '전체 토론의 마지막을 향한 접근' 을 나타내 준다고 볼 필요는 없다.[52] 이 형용사는 새로운 주제를 소개하지 않고 다만 '앞의 3장에서 소개된 여러 주제들을 발전시키고 있다.' [53] 사실 전이가 일어나고 있긴 하지만 주제가 아니라 어투에서 전이가 일어날 뿐이다. 앞서 언급한대로 접속사 οὖν이 추론적 의미인 '그러므로'를 나타내 줄 수 있기는 하지만 그렇다면 이 구절에서 λοιπόν이 어떤 역할을 하며, 어떻게 이해되어져야 하는지 또한 어떻게 번역되어져야 하는지를 설명해 주어야한다. 히버트(D. Edmond Hiebert)는 접속사 οὖν을 '그러므로' 라고 해석하고 그 이전의 편지 내용 전체와 조화를 이루는 주제를 소개하기 보다는 3장 13절의 내용 곧 '거룩함에 흠이 없게' 굳건히 서도록 기도하고 이제 그 목적을 이루기 위해 권고하고 있다고 주장한다.[54] 만일 그의 설명이 맞는다면 바울은 이제 데살로니가 교인들로 하여금 거룩함에 있어 굳건히 서기 위해서 이미 배워서 하나님을 기쁘시게 하기 위해 지금하고 있는 대로 앞으로도 계속 행동할 것을 권면하고 있다. 하지만, 데살로니가 전서와 후서에서 사용된 οὖν의 용례에 비추어 볼 때, 오히려 접속사 οὖν이 새로운 문장의 시작을 나타내 주는 것으로 보는 것이 더 타당하다. ἄρα οὖν이 살전 5:6과 살후 2:15에 등장

---

52) D. Michael Martin, *1,2 Thessalonians* (Nashville: Broadman & Holman, 1995), 117. 모리스와 위더링튼 역시 이 표현이 바울이 편지를 끝내는 과정 중에 있음을 나타내주지 않음을 지적한다. Leon Morris, *The First and Second Epistles to the Thessalonians* (Grand Rapids: Wm.B. Eerdmans, 1959), 117; Ben Witherington III, *1 and 2 Thessalonians: A Socio-Rhetoric Commentary* (Grand Rapids: Eerdmans, 2006), 110.

53) Martin, *1 Thessalonians*, 117.

54) D. Edmond Hiebert, *The Thessalonian Epistles: A Call to Readiness* (Chicago: Moody, 1971), 160.

하는데, 그 구절들에서 첫 단어 ἄρα가 추론적 의미를 전달해 주며 두 번째 단어인 οὖν은 단순히 다음 부분으로 옮겨가는 역할을 할 뿐이기 때문이다.

게다가, 우리 말 성경의 '끝으로' 나 대부분 영어 성경들이 사용하는 영어의 'finally'는 문맥에 잘 들어맞지 않는다.[55] 왜냐하면 이 목적격 형용사는 이 구절에서 결말을 나타내지 않고 전이를 나타내 주기 대문이다. 따라서 한글 성경의 경우에는 '그러므로' 를 간직하는 대신에 '끝으로' 라는 단어를 제거해야 하며, 영어 성경의 경우에 'finally'를 다른 단어 곧 'therefore'로 바꾸어 주고 필요에 따라 'then'을 함께 사용할 필요가 있다.[56] 그렇게 할 때에 논지의 분산 없이 이 연결사가 앞의 내용과 논리적으로 분명하게 연결될 수 있을 것이다.

(정 리)

이상에서 부사적 용법으로 바울서신에서 사용되는 연결사 (τὸ) λοιπόν의 의미를 결정하고 그에 따라 본문의 의미가 어떻게 달라지는가를 살펴보고 나아가 그것을 어떻게 번역하는 것이 바람직한지를 제시해 보았다. 이를 위해 이 연결사가 추론적 의미를 나타내 줄 수도 있는 고린도 전서 7장 29절, 디모데 후서 4장 8절, 빌립보서 3장 1절, 그리고 데살로니가 전서 4장 1절에서 이 연결사가 과연 그런 의미로 사용되었는지를

---

55) 그린(Gene L. Green)은 이 연결사가 이 문맥에서 새로운 주제로의 전이를 나타내는 수사학적 표지라고 주장한다. 그의 책, *The Letters to the Thessalonians* (Grand Rapids: Eerdmans, 2002), 182을 보라.

56) οὖν을 '그러므로' 라는 추론적 접속사로 해석하는 것이 가능한 반면에 이 문맥에서 이 접속사의 사용이 적합한지 설명이 필요하다. 앞서 지적한대로 한글 성경의 경우에 다른 부분에서는 이 헬라어 접속사를 쉽사리 생략하는 반면에 이곳에 집어넣은 이유에 대한 설명이 요구된다.

살펴보았다. 앞의 두 구절의 경우에 이 연결사는 한글 성경과 영어 성경에서 '이제 후로는' ('from now on')의 의미로, 뒤의 두 구절에서는 '끝으로' ('finally')라는 의미로 이해되고 번역되었는데, 이 모든 구절에서 연결사는 한글성경이나 영어 성경이 제시하는 의미보다는 일관되게 '그러므로' ('therefore') 라는 추론적 의미를 전달해 준다고 볼 수 있다. 이러한 의미를 가지고 본문을 보게 되면 본문에 대한 이해가 달라진다는 사실이 빌립보서 3장 1절의 경우에 극명하게 드러났으며 다른 구절들의 경우에도 나타났다. 특별히 이 연결사의 올바른 이해가 바울 서신의 통일성 문제에 중요한 해결 단서를 제공해 줄 수 있다는 사실도 드러났다. 따라서 이 연결사의 추론적 의미를 받아들여서 본문의 의미파악 작업에 사용해야 하며, 한글성경이나 영어 성경에도 이것이 반영되어야 한다고 생각한다. 그렇게 하게 되면 빌립보서 3장 1절을 비롯한 본 연구에서 다룬 네 개 구절의 성경 번역에서 생길 수 있는 혼동을 독자들에게 주는 것을 피할 수 있으며 나아가서 보다 분명한 본문의 의미를 독자들에게 전달해 줄 수 있을 것이다.

Ⅱ. 히브리서에 사용된 추론을 나타내는 접속사의 이해[57)]

헬라어 신약성경에는 추론을 나타내는 접속사(inferential conjunction)이 여러 개 사용되고 있는데, 그 중 대표적으로 οὖν을 들 수 있을 것이다.[58)]

57) 이 부분은 "히브리서에 사용된 추론을 나타내는 접속사의 번역", 『성경원문연구』 27호 (2010), 132-47에 게재된 논문을 재수록한 것이다.

58) 추론의 접속사중 가장 많이 사용되는 이 접속사는 신약에서 499번 사용되고 있는데, 추론적 의미를 전달하는 것 외에도 전이를 나타내기 위해(transitional) 사용되기도 하고 때로는 역접의 관계를 나타내는 반의적(adversative) 의미를 나타내기 위해 사용되

이 접속사외에도, '그러므로' 라는 추론적 의미를 전달해 주는 또 다른 접속사로 διό를 들 수 있다. 거기에 더하여 원래 품사는 비록 부사이지만, 추론적 접속사의 기능을 하는 ὅθεν이 있다.[59]

특이하게도 히브리서에서 이 셋 중 마지막 두 개의 접속사가 각각 아홉번과 여섯번 사용되어 둘을 합쳐 십오 회 등장하여 열 두번만 쓰인 οὖν 보다 더 많이 사용되고 있다. 이와 같이 두 개의 추론적 접속사들, 곧 διό와 ὅθεν을 합한 사용횟수가 οὖν의 사용횟수 보다 더 많은 경우는 신약 성경에서 히브리서에만 나타나는 독특한 현상이다.

그렇다면 이렇게 골고루 사용된 세 가지 접속사는 각기 독특한 의미를 전달해 주기 위해 사용된 것일까? 다시 말해, 이 세 가지 접속사는 서로 다른 기능을 하고 서로 다른 의미의 뉘앙스를 전달하는 역할을 하고 있는 것일까? 아니면, 특별한 차이점 없이 단순히 어휘사용의 단조로움을 피하기 위한 장치로서 문체의 다양성을 나타내 주기 위해 사용된 것일까? 이와 관련하여 추론의 의미를 전달하는 세 가지 접속사는 한글 성경과 영어 성경에서 어떻게 이해되고 번역되어 있으며 그 번역들은 엄밀하고 정확한 것인가?[60] 이러한 질문에 대한 답을 찾는 것은 히브리서의 이해를 위해

기도 한다.

59) BDAG에는 이 단어가 부사로 표시되어 있으며, 리델과 스캇의 헬라어 사전에서는 보다 구체적으로 관계 부사로 명시되어 있다. 반면에 BDR이나 BDF는 이 단어를 추론적 연속성을 나타내는 '접속사' 라고 명명한다. 루와 나이다는 이 단어의 품사에 대해서는 언급하지 않으며, 다만 이 단어와 함께 묶어 다루고 있는 단어들이 전치사인 까닭에 마치 전치사로 취급하는 듯한 인상을 준다. 이상의 참고 서적의 자세한 서지 정보를 위해서는 아래를 참조하라.

60) 헬라어 접속사의 한글 번역은 수월치 않은 작업이다. 특별히 이유나 근거를 나타내는 접속사의 번역은 난해하여 많은 경우에 한글 성경에서 생략되곤한다. 이와 관련해서는 김창락, "이유 · 근거 · 증거 · 증명을 뜻하는 접속사의 번역 문제", 「성경원문연구」 5 (1999), 57-79를 보라. 추론적 의미를 나타내는 접속사는 상대적으로 한글로 번역

중요한 의미를 갖는다. 따라서 이 접속사들이 히브리서에서 사용된 경우들을 연구하여 이 문제에 대한 해결책을 찾아보고자 한다.

1. 세 접속사의 사용에 대한 기본 사항

앞서 지적한대로 추론적 의미를 전달하는 세 개의 접속사의 사용은 히브리서에서 특이하게 나타난다. 그 독특성을 분명하게 드러내기 위해 우선 기본적인 통계를 살펴보면 다음과 같다.

διό는 신약에서 총 53번 나타나는데, 그 중에 히브리서에 아홉 번 등장하여 사용 비율이 아주 높다.[61] 그 반면에 신약에서 499번 사용된 οὖν은 히브리서에서 열 두번만 사용된다. 사실 히브리서의 두 접속사 간의 사용 비율은 신약의 다른 책들과 비교해 볼 때 독특하다. 예를 들면, 로마서의 경우 접속사 διό는 여섯 번 등장하는 반면에 οὖν은 45회 사용된다. 로마서 외에 이 두 접속사가 신약의 다른 책들에서 사용된 빈도수를 살펴보아도 그 특이성이 쉽게 드러난다.[62] ὅθεν은 신약에 총 15회 사용되며 그 중 여섯 번이 히브리서에서 사용된다. 나머지 신약 전체에서 아홉 번이 등장

하기 수월한 편이라 할 수 있다. 하지만, 여전히 이 접속사도 생략되는 일이 생기곤 한다. 자세한 사항은 아래를 보라.

61) 이것은 신약 성경 전체 사용횟수의 17%에 해당하는데, 히브리서의 분량을 생각할 때 대단히 높은 비율임을 알 수 있다.

62) 고린도 전서의 경우, dio,는 2번 등장하는 반면, ou=n은 19번 사용된다. 사도행전도 둘 사이의 편차가 아주 심해서, 전자는 여덟 번 후자는 60번이 사용된다. 고린도 후서와 에베소서가 히브리서와 유사한 경향을 보이는 것은 사실이나 이 두 책에서 세 번째 접속사인 o[qen은 사용되지 않는다. 고린도 후서에서는 전자가 9번, 후자가 열 번 쓰여서 전자의 비율이 아주 높음을 알 수 있다. 에베소서도 이와 유사하게 전자는 다섯 번 후자는 일곱 번이 사용된다. 하지만 고린도 후서와 에베소서에는 o[qen이 한 번도 등장하지 않는다.

하는데 대부분의 경우 추론적 의미를 전달하기 보다는 '그것으로부터' 라는 뜻을 나타낸다.[63)]

이상의 통계는 세 접속사의 고른 사용이 히브리서에만 나타나는 독특한 현상임을 입증해 준다. 그렇다면, 각 접속사는 히브리서에서 어떻게 사용되었고 그것들은 어떻게 이해되고 번역되어졌는가?

2. 세 접속사의 용법 연구

각 접속사의 히브리서에서의 용법을 다루기 전에 각 접속사의 기본 의미를 먼저 밝힐 필요가 있다. 기본적인 의미에 대한 이해가 개별적 구절에서의 용례의 올바른 이해를 위한 배경이 되기 때문이다. 따라서 각 접속사의 사전적 의미를 먼저 밝혀보고 그 후에 히브리서에서의 용법을 살펴보도록 한다.[64)]

가. 접속사 διό

(1) διό의 사전적 의미

이 접속사는 원래 전치사 διά와 관계대명사 중성 단수 목적격 ὅ가 합

---

63) 이 전치사는 마태복음에 4번 사용되는데 그 중 한 곳 곧 14:7에서만 '그러므로' 라는 의미로 쓰이고, 나머지는 모두 '그곳에서부터' 라는 의미로 사용된다: 12:44; 25:24,26. 누가복음에는 한번만 등장하며 그 의미는 '그 곳에서부터' 다. 사실 눅 11:24은 위에 적시한 마 12:44의 평행구절이다. 그 외에 사도행전의 세 구절에서 사용되는데 그 중 두 곳 (14:26, 28:13)에서는 '그곳에서부터' 를 뜻하고 한 구절 (26:19)에서만 '그러므로' 라는 의미가 가능하나, 여전히 다른 의미일 가능성이 높아서 아마도 'after that' 을 나타낼 수도 있다. 마지막 하나는 요한일서에 등장하는데, 의미가 애매하여 추론적 의미보다는 '이로부터' 로 보는 편이 더 타당하다.

64) οὖν의 용법이 다양하고 복잡함으로 편의상 비교적 단순하게 사용되는 접속사들을 먼저 다루고 οὖν은 마지막에 다룰 것이다.

쳐져서 만들어졌다.[65] 그래서 기본적으로 '그런 설명 때문에' (for which account)를 나타내어 앞에서 언급한 것 때문에 생기는 추론적 의미를 전달해 준다. 그런데 이 접속사는 단순히 추론적 의미를 전달해 주는데 그치지 않고 추론적 의미가 자명함(self-evident)을 나타내 준다.[66] '그러므로'라는 의미를 나타내기에 선행 논의의 결과를 표현해 주며, 이때에 비교적 강조하는 의미에서 결과를 나타내 주는 것이다.[67] 따라서 이 접속사는 추론적 의미를 나타내는 다른 헬라어 접속사보다 더 분명하게 추론적 의미를 전달해 준다. 그래서 루와 나이다(Louw & Nida)는 이 접속사의 의미로서 '바로 이런 까닭에'(for this very reason)을 제시한다. 요약하자면, 접속사 διό는 기본적으로 '그러므로' (therefore)나 '이런 까닭에' (for this reason)을 의미하며, 이 경우에 자명한 사실을 나타내 주고, 약간은 강조적 의미를 내포하고 있다고 볼 수 있다.

(2) 히브리서의 용법

그렇다면 히브리서의 번역 성경들은 이 접속사와 관련하여 위에 제시한 사전적 의미를 어떻게 반영하고 있는 것일까? 접속사 διό는 히브리서에서 다음 구절들에 등장한다: 3:7,10; 6:1; 10:5; 11:12,16; 12:12,28; 13:12. 이 중 거의 모든 구절에서 이 접속사는 생략되거나 무시되지 않고 모두 추론적 연결을 나타내는 의미로 번역되고 있다. 이것은 모든 한글성경에서 공통적으로 나타나는 현상이다. 또한 이 접속사는 문맥에 따라 여러 가지로

---

65) Liddell & Scott, *A Greek-English Lexicon*, 432. 주지하는 대로, 전치사 마지막의 모음은 뒤따라 나오는 단어의 첫 글자가 모음일 경우에 탈락한다. 그래서 διὰ ὅ가 διό로 변형될 수 있었다.

66) Baur, *A Greek-English Lexicon of the New Testament*, 250.

67) Louw & Nida, *Greek-English Lexicon*, 89.47.

번역되는데, 특별히 『개역성경』과 『개역개정성경』은 대부분 '그러므로'라고 번역하고 때로는 보다 분명하게 앞 부분과의 관계를 나타내기 위해서 '이러므로' 라고 번역한다. 사실 『개역성경』은 히브리서 11장에서만 '이러므로'라고 번역한다. 11장 12절의 경우에 『개역성경』과 『개역개정성경』 둘 다 '이러므로'라고 번역하고 있고, 흥미롭게도 11장 16절의 경우에는 『개역성경』에서는 '그러므로' 라고 번역했으나 『개역개정성경』에는 '이러므로' 로 바뀌었다.[68)]

『공동번역』과 『공동 새번역』의 접속사 διό의 해석은 관심을 끈다. 이 두 성경은 이 접속사를 비슷한 의미를 지닌 다양한 한글 접속사로 번역한다: '그래서, 그러므로, 이와같이.' 10장 5절과 앞에서 다룬 11장 16절의 경우에 『공동번역』과 『공동 새번역』이 '그래서' 라고 번역하며, NRSV는 '결과적으로' 혹은 '그 결과'(consequently)라고 번역한다. 13:12에서 『공동번역』은 '이와같이' 라고 번역하여 앞 부분과의 인과성을 보다 분명하게 표시해 준다.[69)]

다양한 번역에서 한 걸음 더 나아가 이 두 성경 곧 『공동번역』과 『공동 새번역』은 다른 한글 성경들과는 달리 히브리서 12장 28절의 맨 처음에 사용된 이 접속사를 유일하게 번역하지 않고 생략해 버린다:

우리는 흔들리지 않는 나라를 차지했으니[70)] 감사를 드립시다. 그리고

---

68) 『표준 새번역』, 『표준 새번역개정』, 『공동번역』, 『공동 새번역』은 '그래서'라고 번역한다.

69) RSV, ESV는 이 접속사를 'so' (그래서)라고 번역하며, NIV는 'and so'라고 이해한다.

70) '차지 했으니' 라고 번역되어 있는 부분은 헬라어 원문에서는 현재 분사로 되어 있다. 『개역개정성경』도 유사하게 다음과 같이 번역한다: '그러므로 우리가 흔들리지 않는 나라를 받았은즉 은혜를 받자 이로 말미암아 경건함과 두려움으로 하나님을 기쁘시

하느님께서 기뻐하시도록 경건한 마음과 두려워하는 마음으로 하느님께 예배를 드립시다.(『공동번역』)[71]

왜 이 두 한글 성경은 이 부분에서 접속사를 생략한 것일까? 우선, 『공동번역』이나 『공동 새번역』이 접속사를 다른 성경보다 무시하는 경향이 있는 것은 아님을 지적할 필요가 있다. 이 두 성경은 접속사를 한글 문맥에 잘 들어맞도록 다양하게 해석하려고 시도하지 생략하려고 하지는 않는다. 그렇다면 이 구절에서 왜 번역자들은 접속사를 아예 빼버린 것일까? 이 질문에 대한 답변은 쉽지 않지만 전후 문맥을 살펴서 추론해 볼 수 있다. 그 이유는 아마도 '그러므로'를 28절에 넣게 되면 그 앞 부분과 28절의 내용을 긴밀하게 연결시키게 되는데, 28절 상반부의 내용 – "우리는 흔들리지 않는 나라를 차지했으니" – 가 그 앞 부분의 내용과 어떤 식으로든 연관이 되면서 다음 권고의 근거를 제시해 주기 때문에 구태여 번역하지 않는 것이 더 자연스럽다고 본 것 같다. 사실 28절과 그 전 부분의 관계는 추론

게 섬길지니." 그런데 헬라어의 현재 분사는 진행 중인 동작(on-going action)을 나타내 주어서, 과거를 나타내 준다고 보기는 어렵다. 이것이 『표준 새번역』과 『표준 새번역개정』이 이 분사를 현재로 해석한 이유일 것이다: "그러므로 우리가 흔들리지 않는 나라를 받으니." 사실 모든 영어성경은 이 분사를 현재 혹은 현재 진행형으로 번역한다. 현재 분사의 의미를 한글로 제대로 반영하려면 '받아 가지고 있으니' 혹은 '차지하고 있으니'라고 번역하는 것이 바람직해 보인다. 헬라어 현재 분사를 한글로 번역할 때 발생하는 문제와 관련해서는 유은걸, "국역 성경의 헬라어 분사구문 처리에 관한 소고 – 『표준 새번역』개정판 히브리서를 중심으로", 「성경원문연구」 25 (2009), 96-110을 보라. 또한 현재 분사의 의미와 번역과 관련해서는 정창욱, "누가복음에 사용된 헬라어 현재분사의 이해와 번역", 「신약연구」 8/4 (2009), 611-38을 보라.

71) 『개역개정성경』과 비교하도록 그 번역을 제시해 보면 다음과 같다: "그러므로 우리가 흔들리지 않는 나라를 받았은즉 은혜를 받자 이로 말미암아 경건함과 두려움으로 하나님을 기쁘시게 섬길지니."

적 접속사를 가지고는 자연스럽지 못해 보인다. 특별히 "…흔들리지 않는 나라를 차지했으니"라는 부분은 그 앞에 나온 내용과 어떤 의미에서는 대조를 이루어서, 접속사를 쓴다면 오히려 '하지만' 으로 보는 것이 더 타당해 보인다. 이런 연유로 『공동번역』과 그 개정판은 접속사의 번역을 생략해 버린 것으로 드러난다.[72] 하지만, 『개역개정성경』처럼 접속사를 넣어도 전후 관계가 자연스럽게 연결됨으로 생략하기 보다는 포함시키는 것이 더 타당하다고 할 수 있다.[73]

요약하자면, 영어 성경은 물론이거니와 한글성경에서도 접속사 διό는 거의 모든 구절에서 번역되어있고, 그것도 유사한 의미로 번역되었다. 이것은 위에서 살펴본 사전적 의미가 본문에서 잘 드러나고, 번역 성경들이 그것을 잘 반영해 주고 있음을 나타내 준다.

나. 접속사 ὅθεν

(1) ὅθεν의 사전적 의미

관계부사이면서 동시에 접속사이기도 한 ὅθεν은 기본적으로 '어디로부터' (from where) '그런 것으로부터' (from which)라는 뜻을 전달해 준다.[74]

---

72) 영어 성경 중에서는 CEV와 NLV는 접속사를 번역하지 않고 있으며, Bible in Basic English의 경우는 'then'으로 이해한다. 『공동번역』과 『공동 새번역』의 번역은 아쉬움이 남는다. 접속사 '그러므로' 를 넣어도 흐름이 크게 어그러지지는 않기 때문이다. 물론, 그 경우에 설명이 요청되기는 하지만 많은 수고를 필요로 하는 작업이 아니기 때문이다.

73) 쾨스터에 따르면, 이 접속사는 논의의 새로운 양상을 소개하는 역할을 하는 추론적 접속사 역할을 한다. 따라서 이것은 '그러므로' 라고 번역해도 아무런 문제가 없다. Craig R. Koester, *Hebrews: A New Translation with Introduction and Commentary* (New York/London/Toronto/Sydney/Auckland: Doubleday, 2001), 557.

74) 앞서 언급한대로, BDAG (694)는 이 단어의 품사를 부사로 표현을 하며, Liddell & Scott (1200)은 보다 구체적으로 관계부사로 지칭하는 반면에, BDR 451.6과 BDF

하지만 추론적 의미를 전달해 주기도 하는데 특별히 문장의 맨 처음에 사용되면 '그러므로', '따라서' 라는 의미를 나타낸다. 그런데 루와 나이다는 어떤 이유에서인지 추론적 의미를 언급하지 않고, 위에 제시한 기본적 의미와 더불어 '~때문에' (because of)라는 의미만 제시한다.[75] 그들의 견해는 설득력이 없어 보인다. 그들의 문제는 이 전치사를 유사한 전치사들–ἀπό, ἐκ, παρά–와 함께 묶어서 무리하게 이 네 개를 하나의 범주로 분류하면서 모두 'because of'라는 의미를 전달하는 것으로 본 데 있다.[76] 그러므로, BDAG의 견해를 따라서, 이 부사는 기본적으로 '그런 이유 때문에'(for which reason)이라는 의미를 가지고 있는 것으로 보아야 하고, 절의 첫 부분에 사용되면 '그러므로' (therefore) 혹은 '따라서, 이 때문에' (hence)라는 뜻을 갖는다고 이해해야 한다.

(2) 히브리서의 용법

이 접속사는 신약에서 15번 사용되며 그 중 히브리서에서 여섯 번 등장하여 높은 빈도수를 나타낸다: 2:17; 3:1; 7:25; 8:3; 9:18; 11:19. 이것들 중에서 마지막을 제외한 나머지 예에서 이 접속사는 사전적 의미와 잘 어

451.6은 이 단어를 접속사로 이해한다.

75) *A Greek-English Lexicon*, 84.11, 89.25. 그들은 마태복음 14장7절에서 이 접속사가 'because of'를 나타낸다고 생각하여 다음과 같이 번역한다: 'since he had promised with an oath.' (왜냐하면 그가 맹세로 약속했었기 때문이다). 하지만, 이 구절에서 전치사 o[qen은 앞의 행동의 결과를 나타내 주는 것으로 보아야 타당하다. 따라서 이 부분은 앞 구절과 더불어 다음과 같은 의미를 전달한다: '…헤롯을 기쁘게 했다. 그래서 그는 맹세하여 약속했다.' 이상과 같은 연결이 문맥상 훨씬 자연스럽고, 사전적 의미에도 부합한다.

76) 루와 나이다(Louw & Nida)도 이러한 방식의 문제점을 인정하지만, 이 네 가지 단어들에 내포되어있는 공통점을 찾는데 주목한다. 그들의 접근법은 유사성이 존재하는 단어들을 하나의 범주에 포함시키는 것인데, 이같은 방식이 갖는 장점에도 불구하고 이 경우에는 접속사의 중요한 의미 중에 하나가 사장되어 버리는 결과를 낳고 말았다.

우러지게 '그러므로' 혹은 '그런 까닭에' 등의 의미로 사용되었다. 모든 한글 성경과 거의 모든 영어 성경은 이 다섯 구절에서 이 접속사의 추론적 의미를 제대로 반영해 준다. 그런데 마지막 구절인 11장 19절은 주목을 끈다. 이 곳에서 사용된 접속사를 『개역성경』과 『개역개정성경』은 추론적 의미를 나타내는 것으로 보지 않고 출처를 나타내는 것으로 보아 문장을 번역한다:

> λογισάμενος ὅτι καὶ ἐκ νεκρῶν ἐγείρειν δυνατὸς ὁ θεός, ὅθεν αὐτὸν καὶ ἐν παραβολῇ ἐκομίσατο.
>
> 그가 하나님이 능히 이삭을 죽은 자 가운데서 다시 살리실 줄로 생각한지라 비유컨대 그를 죽은 자 가운데서 도로 받은 것이니라. (『개역개정』)
>
> He considered that God was able to raise men even from the dead; hence, figuratively speaking, he did receive him back. (RSV)

『개역성경』이나 『개역개정성경』의 번역에 따르자면, 이 접속사는 앞에 있는 ἐκ νεκρῶν과 연결되어서 '죽은 자들로부터' (from which)라고 이해해야한다. 흥미롭게도, 『개역성경』이나 『개역개정성경』과는 달리 『표준 새번역』과 『표준 새번역개정』을 비롯하여 『공동번역』과 『공동 새번역』 등은 모두 '그러므로' 라고 번역한다: "하나님께서는 이삭을 죽은 사람들 가운데서도 되살리실 수 있다고 아브라함은 생각했던 것입니다. 그러므로 비유하자면, 아브라함은 이삭을 죽은 사람들 가운데서 되받은 것입니다." (『표준 새번역개정』)[77]

---

77) 사실 『표준 새번역개정』 등의 문장은 뒷부분에 '죽은 사람들 가운데서도' 라는 문구를 넣어서 문장을 통하게 해 주는데 이것은 ὅθεν이 아니라 문장에 맞게 의역을 한

그런데 문제는 접속사 ὅθεν이 히브리서에서 『개역성경』이나 『개역개정성경』이 해석한 용법으로 사용되지 않는다는 데 있다.[78] 이 접속사는 단순히 '그러므로' 라는 추론적 의미를 전달하는데서 좀 더 세밀하게 분류하자면 언제나 '(앞에 언급한 내용에 근거하여) 그 결과(그래서=so that)' 라는 의미로 사용된다.[79] 사실, 한글 성경이나 영어 성경 중에서 그와같은 의미로 번역한 경우는 많지 않으나, 그와 유사한 의미를 나타내는 '그러므로' 로 번역하기는 한다.

영어성경 중에서 NRSV를 비롯한 몇 개의 성경은 히브리서 11장 19절에서 이 접속사를 번역하지 않고 그냥 지나쳐버린다. 눈여겨 볼 것은 NRSV가 이 접속사가 사용되는 7장 25절에서 '그러므로' (therefore)를 사용하는 대다수의 영어성경과는 달리 '결과적으로' (consequently)를 사용한다는 사실이다. 사실 NRSV는 이 접속사가 사용되는 여섯 구절에서 'therefore' 'consequently' 'hence' 등의 유의어들을 번갈아 쓰고 있다. 그런데 유독 11장19절에서는 이 접속사의 번역을 생략해 버린다. 이것은 이 문맥에서 접속사의 추론적 의미가 본문의 의미를 잘 통하게 해 주지 못한다고 판단했기 때문으로 보인다. 하지만 추론적 의미로 접속사를 해석해도 본문의 논리적 흐름은 무리없이 잘 흘러가게 되어 있다.

게다가, 이 접속사의 존재는 번역되지 않고 지나갈 수도 있는 γάρ나

것이다. 문법적으로 분명하게 『표준 새번역개정』은 접속사를 '그러므로' 라고 번역한다.

78) P. Ellingworth, *The Epislte to the Hebrews* (Grand Rapids: Eerdmans, 1993), 603. 히브리서 이외의 다른 성경에서의 용례를 위해서는 위의 각주를 보라.

79) Koester, *Hebrews*, 491. 보다 최근에 O'Brien 역시 이 접속사를 계속적(consecutive) 의미를 전달하는 것으로 보아야 한다고 주장한다. 그의 책, *The Letter to the Hebrews* (Grand Rapids/Cambridge: Eerdmans, 2010), 424, 각주 169를 보라.

οὖν의 경우와는 달리 분명하게 추론적 혹은 결과적 의미를 전달해 주는 것으로 사용되는데, 특별히 히브리서에서 더욱 그렇다. 주목해야 할 사실 중에 하나는 이 접속사가 성경의 다른 책에서는 추론적 의미를 나타내는 것으로 사용되는 일이 극히 드문 반면에 히브티서에서는 언제나 추론적 의미를 전달해 준다는 것이다.[80] 추론적 의미를 어렵게 만들 수 있는 변수는 11장19절의 경우에 절(clause)의 처음에 사용되지 않았다고 볼 때 생긴다. 하지만, 7장25절과 8장3절의 경우에도 중간 쉼표 다음에 사용되어서 꼭 문장 처음이라고 보기는 어렵다. 또한 11장 19절 가운데 사용된 쉼표는 중간 쉼표로 볼 수도 있기에 결정적이라 할 수 없다. 이것이 아마도 BDAG에서 이 구절까지도 추론적 의미를 전달하는 것으로 제시한 이유일 것이다.

이상과 같은 점들을 살펴볼 때에, 이 접속사는 단순히 '그러므로' 혹은 '이러므로' 라고 해석하는 것을 넘어서 보다 적극적으로 '결과적으로' '따라서' '그러니' 등으로 해석할 필요가 있다고 볼 수 있다. 특별히 11장19절의 경우는 더욱 분명하게 '그 결과' 라고 해석하여 본문의 의미를 분명하게 전달해 주어야 한다: "아브라함이 죽은 자들 가운데서 이삭을 일으키실 수 있다고 생각했고 '그 결과' 아브라함은 상징적으로 이삭을 돌려받았다."[81] 이러한 주장은 다른 구절들의 경우에도 잘 입증이 된다.

---

80) 신약 성경의 다른 책들에서는 이 전치사가 주로 '그것으로 부터' 라는 의미를 나타낸다. 위의 각주를 보라.

81) 비록 한글 성경의 번역들 곧 '죽은 자(들) 가운데서' 라는 표현이 완전히 틀린 것이라고 하기는 어렵지만, 엄밀한 의미에서 이 접속사가 보여주는 것은 '죽은 자들로부터(가운데서)' 라기 보다는 '죽음의 영역으로 부터' 라고 보아야 정확하다. 기본적으로, 이 단어는 '그곳으로 부터' 라는 의미를 전달해 주기 때문에, 죽음으로 부터라고 번역

다. 접속사 οὖν

(1) οὖν의 사전적 의미

이 접속사는 신약 성경에서 가장 많이 사용되는 접속사 중에 하나로, 모두 499번 등장하며, 신약의 각권에 골고루 사용되고 있고 히브리서에는 12번 등장한다. 그런데 이 접속사는 추론적 의미를 전달해 주기 위해서만 사용되지는 않는다. BDAG에 따르면, 이 접속사는 다음과 같은 네 가지 의미를 전달해 준다.[82] 1) 추론적 의미, 곧 '그래서, 그러므로, 결과적으로, 따라서, 그러면' 을 의미한다. 이 경우에 이 접속사가 소개하는 것은 그 앞의 것들의 결과이거나 거기에서 나온 추론을 가리킨다; 2) 어떤 이야기의 계속을 나타내는 표시어로서 영어로는 now나 then등으로 표현한다. 이 때에 어떤 주제로 다시한번 되돌아가는 것을 나타내거나 새로운 주제로 넘어가거나, 혹은 반응을 표현하기 위한 기능을 하기도 한다; 3) 강의적 용법으로 '분명히, 확실히' 등의 의미를 전달해 준다; 4) 역접의 의미를 전달하여 '그러나, 그럼에도 불구하고' 등의 의미를 나타내 준다.[83] 이 네 가지 용법 중에서 마지막 두 개는 논란의 대상이다. 하지만, 신약의 여러 예들에서 이 접속사는 '그러나' 혹은 '그럼에도 불구하고' 의 의미를 전달하는 것으로 해석해야 가장 자연스럽다. 그렇다면, 히브리서에서 이 접속사는

하는 것이 더 엄밀하다. 물론, BDAG가 '죽은 자들 가운데서' 라는 의미를 나타낼 가능성을 제기하기는 하지만, 보다 엄밀하게 '죽음(의 영역)에서' 라고 이 부분을 이해해야한다. J. Calvin, *Commentarius in Epistolam ad Hebraeos* (Geneve: Librairie Droz, 1996), 199.

82) BDAG, 736-37.

83) 루와 나이다는 BDAG의 네가지 용법 중에서 두 번째 용법을 제외시키는 것처럼 보인다: 89.50, 91.7, 89.127. 하지만, 실상은 두 번째와 세 번째를 하나로 묶는 듯한 설명을 제시한다. 세 번째 강의적 용법에 두 번째 용법을 포함시키려고 시도하는 것이다. 이렇게 루와 나이다는 οὖν의 용법을 모호하게 설명한다.

어떤 의미로 사용되었는가?

(2) 히브리서의 용법

접속사 οὖν은 히브리서의 다음 구절들에 등장한다: 2:14; 4:1, 6, 11, 14, 16; 7:11; 8:4; 9:1,23; 10:19,35; 13:15. 이 구절들을 번역하면서, 『개역성경』과 『개역개정성경』은 몇 군데에서 이 접속사를 번역하지 않고 무시하고 넘어간다. 이것은 한글의 특성상 영어성경의 경우 'now'나 'then'으로 표현할 수 있는 것을 표현할 수 없을 때 생략하는 경우에 그렇게 했다고 볼 수 있다. 그런데 문제는 문맥이 분명하게 추론적 의미 곧 'therefore'를 의미하는데도 한글 성경이 이 접속사를 번역하지 않는 경우에 생긴다. 그런 경우들을 하나씩 짚어보면 다음과 같다.

ㄱ. 히브리서 2장 14절

위에 언급한 경우에 해당하는 대표적인 예가 이 접속사가 첫 번째로 등장하는 2장 14절에서 발견된다:

> ἐπεὶ **οὖν** τὰ παιδία κεκοινώνηκεν αἵματος καὶ σαρκός, καὶ αὐτὸς παραπλησίως μετέσχεν τῶν αὐτῶν, ἵνα διὰ τοῦ θανάτου καταργήσῃ τὸν τὸ κράτος ἔχοντα τοῦ θανάτου, τοῦτ' ἔστιν τὸν διάβολον.
>
> 자녀들은 혈과 육에 속하였으매 그도 또한 같은 모양으로 혈과 육을 함께 지니심은 죽음을 통하여 죽음의 세력을 잡은 자 곧 마귀를 멸하시며. (『개역개정』)
>
> Since, therefore, the children share flesh and blood, he himself likewise shared the same things, so that through death he might destroy the one who has the power of death, that is, the devil,(NRSV)

『개역개정성경』 뿐만 아니라, 한글 성경 중 어느 하나도 헬라어 성경에서 이 구절의 앞 부분에 있는 접속사 οὖν을 번역하지 않는다. 그렇다면 이 문맥에서 이 접속사는 아무런 의미가 없고 다만 다음으로 넘어가는데 연결해 주는 역할만 하는 것일까? 영어 성경을 살펴보면 (N)KJV와 ERV는 이것을 'then'으로 번역한 반면에 NASB와 (N)RSV, ESV, ISV, Darby Bible등은 'therefore'로 이해한다. 그 반면에 NIV는 이 접속사를 생략해 버린다. O'Brien은 이 접속사는 추론적 접속사로서 '그러니'(so then)을 의미한다고 설명한다.[84] 그 앞 구절들의 논의는 하나님의 아들 그리스도와 그 형제들간의 유대를 확립해 주며 그런 유대에 근거하여 혹은 유대 때문에 14절의 내용이 굳게 세워진다는 것이다. 엘링월스(Ellingworth) 또한 유사하게 이 접속사는 바로 앞에 있는 내용에서 결론을 도출해 낸다고 이해한다.[85] 따라서 구약 인용의 내용들에 근거한 결론을 나타내기 위해 사용되었다고 볼 수 있다. 이 부분의 문맥을 자세히 살펴보면 이 두 주장이 타당성이 있음을 알 수 있다. 접속사를 추론적 의미를 전달하는 것으로 이해해야 논리적 흐름을 제대로 파악할 수 있고 앞 뒤 연결이 자연스러운 것이다.

그런데 한글 성경들은 접속사에 대해 침묵한다. 한글의 특성과 연결되어 있다는 설명은 설득력이 떨어진다. 왜냐하면 이 접속사가 사용된 또다른 구절인 4장 14절에서 앞 뒤 문맥상 '그러므로'라고 구태여 번역할 필요가 없는 곳에서는 '그러므로'라고 번역하고 있기 때문이다: "그러므로 우리에게 큰 대제사장이 계시니 승천하신 이 곧 하나님의 아들 예수시라 우리가 믿는 도리를 굳게 잡을지어다." 『개역개정성경』 번역의 앞의 문맥을 자세히 살펴보아도 이 구절은 앞 구절의 주장에 근거한 결론으로 보기

84) O'Brien, *Hebrews*, 113, 각주 155번.

85) Ellingworth, *Hebrews*, 170-71.

가 어렵다.[86] 이 부분에서 접속사 οὖν은 추론적 의미로 사용되었다기 보다는 어떤 주제의 논리적 단절(interruption) 후에 다시 그 주제로 돌아가는 것을 나타내는 전치사(resumptive conjunction)다. 따라서 이 부분에서 '그러므로' 라고 번역해야만 할 이유는 없다. 그런데도 『개역성경』과 『개역개정성경』은 '그러므로' 라고 분명하게 번역한다. 왜 이런 일이 발생한 것일까?

ㄴ. οὖν의 번역과 『개역개정성경』과 NIV의 관계

이 문제와 관련하여 흥미로운 사실은 『개역성경』이나 『개역개정성경』과 NIV의 상관성이다. 이 접속사의 번역과 관련하여 이 두 한글 성경과 NIV는 놀라울 정도로 일치한다. 우선 접속사 οὖν을 번역하지 않고 무시해 버린 경우를 살펴보자면, 그런 현상이 한글 『개역개정성경』에서 2:14, 7:11, 8:4, 9:1등 네 곳에서 발생하는데 놀랍게도 NIV의 경우에 이 네 곳 모두에서 접속사를 번역하지 않고 무시해 버린다. 이러한 둘 사이의 연관성은 이 접속사를 번역하는 경우에도 드러난다. 대표적인 예는 앞서 언급한 4장 14절로서 NRSV와 NKJV, ASV, ESV, ERV, Amplified Bible 등은 이 접속사를 'then'으로 번역하는 반면에 NIV는 'therefore' 라고 분명하게 추론적 의미로 번역한다. 그리고 『개역성경』과 『개역개정성경』은 '그러므로' 라고 번역한다. 그 반대로 2장 14절의 경우에는 NRSV와 NASB는 'therefore' 로 NKJV는 'then' 으로 번역한 반면, NIV는 이 접속사를 무시했고 『개역성경』과 『개역개정성경』도 이것을 따르고 있다. 이러한 현상은 7장 11절에도 나타나서 이번에는 (N)KJV은 'therefore'로, NRSV는 'now' 로 번역한 반면에 NIV는 번역에서 접속사를 생략해 버리

86) Ellingworth, *Hebrews*, 266; O'Brien, *Hebrews*, 180, 각주 148번.

는데 한글 성경 중 『개역성경』과 『개역개정성경』은 그것을 그대로 따르고 있다. 이같은 현상은 『개역개정성경』이 이 접속사의 번역을 위해 NIV 성경에 의존했다는 것을 확실하게 입증해 주지는 않는다. 어떠한 이유에서든지 접속사가 사용된 문맥에 대한 이해가 두 성경을 번역하는 사람들 사이에서 일치했기 때문으로 여겨진다.

어떻든 2장14절에서 『개역성경』과 『개역개정성경』, 그리고 NIV의 번역은 부정확한 것으로 판단해 볼 수 있다.

ㄷ. 히브리서 9장 1절

접속사 οὖν이 사용되는 예들 중에서 9장1절의 경우는 주의 깊은 관찰이 요구된다:

> Εἶχε μὲν **οὖν** καὶ ἡ πρώτη δικαιώματα λατρείας, τό τε ἅγιον κοσμικόν.
>
> 첫 언약에도 섬기는 예법과 세상에 속한 성소가 있더라 (『개역개정성경』)
>
> **Now** even the first covenant had regulations for worship and an earthly sanctuary. (NRSV)

NRSV처럼 NIV는 이 구절을 'now'로 시작하는데 이것은 마치 접속사 οὖν의 번역으로 보인다. 하지만 이 구절에서 사용된 헬라어는 접속사 οὖν

---

87) 엘링월스는 μέν οὖν이 이 부분에서 역접의 의미를 전달해 주지 않고 원 주제로 돌아가는 회귀적인(resumptive) 용법으로 사용되었다고 주장한다. Ellingworth, Hebrews, 420. 레인(William L. Lane)은 μέν οὖν이 주제의 전환을 나타낸다고 생각한다. William L. Lane, *Hebrews 9-13*, 『히브리서 9-13』, 채천석 역 (서울: 솔로몬, 2007), 74.

이 아니라 μὲν οὖν이다. 이 헬라어 어구는 역접의 의미를 전달하는 반의적 용법('그러나')를 전달하기도 하는데 여기서는 문맥상 그런 의미를 전달하기 보다는 앞 부분인 8장 7절에서 언급한 '옛언약' 이라는 주제로 되돌아가는 장치로 볼 수 있을 것이다.[87] NIV는 NRSV와 함께 이것을 'now'로 번역했는데 이것은 οὖν의 번역이라기 보다는 μέν의 번역으로 보이며, 이 경우에 내용상의 대조를 이루기도 하는 11절의 접속사 δέ와 연결된 것으로 생각할 수 있다.[88] (N)KJV가 'then'으로 번역한 이유는 2장 14절에서 접속사 οὖν을 'then'으로 번역한 사실에 비추어 볼 때, μέν보다는 접속사 οὖν을 '그러면' 이라는 뜻을 전달해 주는 것으로 해석했다고 볼 수 있다. 아니면, μὲν οὖν을 BDAG의 설명대로 'now'로 이해했을 수도 있다. 이런 해석은 11절의 하늘의 성소가 1절의 땅의 성소와 대조를 이룬다는 사실에 비추어 볼 때 정당성을 갖는다. 어떤 경우든지, 'now'로 번역한 부분은 οὖν이라기 보다는 μέν일 가능성이 높으며, 그렇지 않으면 μὲν οὖν의 번역임을 알 수 있다. 따라서 9장 1절의 οὖν은 모든 한글 성경과 대부분의 영어성경에서 생략되었다고 볼 수 있으나 μὲν οὖν을 δέ와 연결된 기능으로 보아서 이해했다고 볼 수도 있을 것이다.

(정리)

이상의 접속사 연구에 근거하여 히브리서에 사용된 추론적 접속사에 대해 다음과 같이 정리해 볼 수 있다.

1. 세 개의 추론의 접속사 곧 διό, ὅθεν, οὖν 중에서 διό가 사전적 의미에서 추론적 의미를 가장 분명하게 나타낸다. 이러한 이해가 영어 성경과 한글 성경에 잘 반영되어 있다고 볼 수 있다. 다만, 12장 28절의 경우 『공동번역』과 『공동 새번역』은 이 접속사의 번역을 생략하는데 이것은 본

문의 의미를 제대로 반영해 주지 못하기에 수정되어야 마땅하다.

2. ὅθεν은 히브리서 이외의 신약성경의 다른 부분에서는 '…로부터' 라는 의미로 사용되는 반면에, 히브리서에서는 추론적 의미를 나타내기 위해 사용된다. 『개역개정성경』은 11장 19절에서 이 접속사를 '…로부터' 라는 의미로 이해하고 문장을 의역하고 있다. 하지만, 이 접속사는 추론적 의미를 전달하는 것으로 보는 것이 더 타당하다. 그러므로 이 구절에 대한 해석과 번역에서 주의를 기울일 필요가 있다. 아울러 좀 더 다양하게 다른 부분들에서 '결과적으로' 등으로 이해하고 그것을 번역에 반영하려는 시도를 할 필요성도 있다고 볼 수 있다.

3. οὖν은 그 용법이 다양하여 용법을 결정하는 것이 때로는 수월치 않으며 따라서 주의를 기울여 그 의미를 파악해야 함이 드러났다. 아울러 한글 성경의 경우 생략하기 보다는 적극적으로 추론의 의미를 가진 것으로 해석하고 번역할 필요가 있다고 결론지을 수 있다.

(3장의 요약)

위의 두 개의 연구에서 살펴 본대로 접속사의 이해는 본문 이해에 있어 중요한 부분을 차지한다. 접속사의 기본적 의미를 근거로 해서 대략적 문맥에 맞게 무비판적으로 접속사의 용법을 보게되면 접속사는 별다른 큰 의미를 가지지 못한다. 하지만 어떤 접속사의 가장 일반적인 의미를 중심으로 그 뜻을 정하고 거기에 맞춰 문맥을 해석하기 보다는 엄밀하게 문법적 장치들을 연구하여 비판적 시각으로 보면서 문맥을 면밀히 살핀다면 접속사 연구는 의미있는 결과를 만들어 낼 수 있는 것이다. 그렇게 할 경우에 본문의 의미가 상당히 달라질 수 있게 된다. 또한 어떤 경우에는 신약 성경, 특별히 사도 바울의 서신서 중 몇 권의 책들에 대해 제기된 통일성 문제에 대한 해결 단서를 제공해 주기도 한다. 이와같이 접속사의 이해는 성경 본문의 올바른 이해를 위해 필수적인 요소이므로 주의깊게 연구할 대상인 것이다.

제 4 장

헬라어 구문 이해와 본문 연구

제4장 헬라어 구문 이해와 본문 연구

앞 장에서 헬라어 접속사/연결사의 이해가 신약 성경 원문 해석을 위해 갖는 의미와 중요성을 살펴보았다. 이번 장에서는 헬라어 구문(syntax)의 파악이 성경 본문의 해석과 이해를 위해 갖는 역할의 중요성에 대하여 알아보려고 한다. 이미 접속사를 다루면서 접속사가 사용된 문장의 구문을 부가적으로 살펴보기는 하였다. 이번 장에서는 구문과 관련된 주제를 집중적으로 살펴보고자 한다. 구문과 관련된 주제가 수없이 많기에 선택적으로 다룰 수 밖에 없는데 첫 번째 부분에서는 헬라어 구문의 이해에 따라 본문 이해가 어떻게 달라지는지 '믿다' 동사의 구문 연구를 통하여 밝혀보고, 두 번째 부분에서는 인용연구에 있어 헬라어 구문이해가 하는 역할을 살펴보고자 한다.

I. 요한복음에 사용된 '믿다' 동사 구문 연구: 요한복음 주해를 위한 함의[1)]

요한복음에서 사용된 '믿다' 에 해당하는 헬라어 동사 πιστεύω의 용법과 의미와 관련해 많은 논란이 있어왔다.[2)] 논의의 초점은 이 동사가 신앙

1) 이 부분은『신약논단』, "요한복음에 사용된 '믿다' 동사 구문 연구: 요한복음 주해를 위한 함의," 16/1(2009), 67-104에 게재된 논문을 재수록한 것이다.

의 대상으로 하나님이나 예수님을 나타내는 목적어와 함께 사용될 때 그 목적어의 격에 따라 서로 다른 의미를 전달해 주는가에 맞추어진다. 곧 πιστεύω동사가 전치사 εἰς와 더불어 믿음의 대상으로 목적격 목적어와 함께 사용되면 진정한, 참된 신앙을 나타내는 반면에[3] 전치사 없이 단순히 여격 목적어와 함께 사용되면 적합하지 못한 겉치레 신앙을 나타내 준다는 주장이 맞는가 하는 문제다. πιστεύω + εἰς + 목적격 구문은 70인경을 포함하여 신약 성경 외에는 그 시대 이전이나 동시대의 어느 그리스 문헌에도 등장하지 않으며 따라서 독특한 표현인 것은 분명한 사실이다.[4] 래드(George E. Ladd)가 지적한대로, 이 구문은 "신자와 예수님 사이의 개인적인 헌신의 관계를 표현하기 위해서" 기독교에 의해 만들어진 구문으로 볼 수 있다.[5] 이 구문의 독특성에 대한 강조는 필연적으로 또 다른 표현인

---

2) 앞서 지적한대로, 요한복음에서 이 동사가 98번 사용되는 반면에 명사형 '신앙'(πίστις)는 한번도 사용되지 않는다. 이것은 어쩌면 요한이 신앙은 정적인 상태가 아니라 행동을 의미함을 강조하고자 했음을 보여준다. Merrill C. Tenney, "Topics From the Gospel of John, Part IV: The Growth of Belief", *Bibliotheca Sacra* (1975), 345를 참조하라. 또한 현경민, "요한복음의 '피스튜오(Pisteuo)' 연구," 『신약논단』 9/1(2002), 897-923을 보라. 그는 요한복음에 나타나는 신앙의 과정성에 주목하고 신앙은 진행형임을 강조한다.

3) 모리스(L. Morris)는 이 표현을 "히브리어의 문자적 번역"이라고 묘사한다. Leon Morris, *The Gospel according to John* (Grand Rapids: Eerdmans, 1995), 297. 하지만 그의 평가는 부정확한 것으로, 이 구문은 히브리어 구문의 문자적 번역이 아니라 단지 유사한 형태일 뿐이다.

4) C.H. Dodd, *The Interpretation of the Fourth Gospel* (Cambridge: Cambridge University Press, 1953), 183. 하지스(Z.C. Hodges)는 이 표현이 극히 드물게나마 신약 성경 헬라어 이외의 일반 헬라어에서 사용되었을 가능성을 제기한다. 하지만 그는 아무런 증거도 제시하지 않는다. Zane C. Hodges, "Problem Passages in the Gospel of John Part 2: Untrustworthy Believers- John 2:23-25," *Bibliotheca Sacra* (1978), 140.

5) G.E. Ladd, *A Theology of the New Testament* (Grand Rapids: Eerdmans, 1974), 272.

πιστεύω + 여격 구문과의 차별성에 대한 강조로 이어져서 두 번째 구문은 첫 번째 구문이 내포하고 있는 의미를 포함하고 있지 않으며 따라서 신자와 예수님사이의 진정한 관계를 나타내 주지 못한다는 주장이 제기되었다.[6)]

하지만 최근 들어서 학자들은 요한복음에서 이 두 구문사이에 분명한 구분이 가능하지 않다는데 동의하게 되었다.[7)] 보다 구체적으로, 칼슨(D.A Carson)은 그의 요한복음 주석에서 "이 두 표현간의 어떠한 차이가 있건 간에 그것은 참된 신앙과 거짓 신앙 간의 구별에 관한 것은 아니다"라고 주장한다.[8)] 그 반면에 두 구문이 요한복음에서 구별되게 사용된다고 믿는 학자들의 주장은 외면 받고 있는 것이 사실이다. 하지만, 이 주장은 여전

6) C.K. Barrett, *The Gospel according to St. John: An Introduction with Commentary and Notes on the Greek Text* (Philadelphia: The Westminster Press. 1975), 164. 또한 Hodges, "Problem Passages," 141을 보라. 보이스(James Montgomery Boice)도 동일한 주장을 펼친다. *The Gospel of John*. vol. 1. *John 1:1-4:54* (Grand Rapids: Zondervan, 1975), 350. 웨스트코트(Brooke Foss Westcott)는 이 두 표현을 영어로 다음과 같이 구분한다: 'believe Him' and 'believe in Him.' 그의 책, *The Gospel according to St. John: The Greek Text with Introduction and Notes*, vol. 1 (Grand Rapids: Eerdmans, 1954), 133을 보라.

7) Andreas J. Köstenberger, *John* (Grand Rapids: Baker, 2004), 260, 각주 48번. 그는 대다수 학자들이 더 이상 두 구문의 의미를 구별하는 것에 동의하지 않는다고 단언한다.

8) Carson, *The Gospel according to John*, 347. 또한 Beasley-Murray, *John* (Waco: Word Books, 1987), 132와 Gerald L. Borchert, *John 1-11* (Nashville: Broadman & Holman, 1996), 168을 보라. 30년 전에 이미 불트만(R. Bultmann)은 이 두 구문이 특별히 요한복음에서 동일한 의미를 전달하기 위해 일관성 있게 상호 교차적으로 사용되었다고 주장했다. Rudolf Karl Bultmann, 'πιστεύω κτλ| in *TDNT* vol.6 (Grand Rapids: Eerdmans, 1968), 203; *The Gospel of John: A Commentary* (trans. by R.W.N. Hoare and J.K. Riches; Philadelphia: Westminster, 1971), 252 n.2. 그는 언어학적으로 이 두 구문이 서로 상호 교환되어질 수는 없다고 보면서도 이 두 구문이 본질적인 차이를 가지고 있지 않다고 본다(*TDNT*, 203, 211, 222).

히 주석가들에 의해 부분적으로 받아들여지기도 한다.[9] 게다가 요한복음에서 왜 이 두 구문이 서로 다른 분위기를 드러내는 맥락에서 일관성있게 사용되는지에 대한 연구가 요구된다. 또한 이 두 구문이 바로 인접한 구절이나 가까이에 있는 구절에서 함께 사용되어지고 있는 이유에 대한 분명한 설명이 요청된다. 만일 기존의 설명이 만족스럽지 못하다면, 다른 구별이 가능한지 연구해 볼 필요가 있는 것이다.[10]

이 부분의 연구의 목적은 헬라어 동사 πιστεύω와 함께 사용되는 두 구문이 요한복음에서 서로 다른 의미를 전달해 주기 위해 사용되고 있는지를 결정하는 것이다. 그리고 만일 그렇다면, 어떻게 서로 다른 의미를 표현해 주는지를 밝혀 보는 것이다. 그렇게 함에 있어서 이 구문이 사용된 예들을 분류해서 연구하고, 또한 다른 학자들에 의해서 두 구문 간의 구별을 어렵게 만든다고 제시된 요한복음의 구절들을 살펴보되, 문법적인 특성들과 문맥을 주의 깊게 살펴서 해답을 찾아보고자 한다. 나아가 만일 이 두 구문이 구별되게 사용되고 있다면 그것이 요한복음의 해석과 주해를 위해 갖는 함의가 무엇인지를 연구해 보고자 한다.

1. 요한복음에 사용된 πιστεύω의 용법[11]

---

9) 대표적인 예가 바로 요한복음 2장23절의 'ἐπίστευσαν εἰς τὸ ὄνομα αὐτοῦ'에 대한 설명으로, 어떤 학자들은 이 구절에서 πιστεύω + εἰς가 겉치레 신앙을 나타낸다는 주장을 받아들이지 않고 이 구문이 진정한 신앙을 나타내 준다고 생각한다. Rodney A. Whitacre, *John* (Downer Grove: InterVarsity, 1999), 86을 참조하라. 이 구절에 대한 자세한 논의를 위해서는 아래를 보라.

10) 요한이 아무런 이유 없이 바로 앞 구절에서 사용한 구문과 다른 구문을 다음 구절에서 사용했다는 설명은 설득력이 적다. 예를 들어, 한 구문이 우호적인 맥락에서 사용되고 다른 구문이 적대적인 맥락에서 일관성있게 사용된다면 그에 대한 합당한 설명이 요구된다.

11) 2세기에서 5세기까지의 초기 기독교 문헌에서, 이 두개의 구문은 천 번이 넘게 사용

πιστεύω동사는 마태, 마가, 누가복음에 34번만 나타나는 반면에, 요한복음에는 98번이나 사용된다.[12] 그 예들 중에서 본 연구의 목적에 들어맞는 예들, 곧 πιστεύω + 여격이나 πιστεύω + εἰς + 목적격 구문이 사용된 구절들을 선택하여 다루고자 한다. 효율적으로 연구하기 위해 그 예들을 분류하여 살펴보되, 두 구문 중에서도 그 목적어가 신앙의 대상으로 예수님이나 하나님을 지칭하는 경우에 한정할 것이다. 다만 "그(예수님)의 이름을 믿다"라는 예는 그 목적어가 사물(이름)임에도 불구하고 예외적으로 포함될 것인데, 이 표현에 신앙의 대상자 "예수님"이 포함되어 있기 때문이다.

가. πιστεύω + ἐμοί 혹은 μοι 구문

예수님께서 자신을 지칭하기 위해 대명사 '나'(me)를 사용한 예문들을

되어 자주 나타나지만, 두 구문사이의 구별은 거의 나타나지 않는다. 이 두 구문은 다양한 저자들에 의해서 아무런 구별 없이 사용되었다. 이 통계는 TLG에 의존하였다.

12) 공관복음서와 사도행전을 비롯하여 바울서신과 신약성경의 다른 부분에서 이 동사의 용법은 특별한 특성을 드러내 주지는 못한다. 우선 사용 빈도수가 많지 않아서 어떤 특성을 드러내주는데 한계가 있다. 하지만 용법은 어느정도 일관성이 있어서 상대적으로 이 동사가 많이 사용되는 바울서신의 경우에 70인경의 구문을 채택한 구약인용(롬 4:3; 갈 3:6- 둘 다 창 15:6의 인용이다)을 제외한 모든 경우에 '하나님 또는 예수님을 신앙한다' 라는 의미를 위해서는 예외 없이 전치사 εἰς(롬 10:14; 갈 2:16; 빌 1:19)나 ἐπί(롬 4:5, 24; 9:33; 10:11; 딤전 1:16)를 함께 사용한다. 반면에 사도행전에서 이 같은 의미를 위해서 단순히 여격 명사를 사용하는 경우가 여러 번 있는데(5:14; 16:34; 18:8; 27:25) 그 중에서 16:34와 18:8의 예가 주목을 끈다. 이 구절들에서 진정한 신앙을 나타냄에도 단순 여격 명사가 사용되기 때문이다. 하지만 이 현상은 70인경이 누가에게 미친 영향을 생각할 때 쉽게 설명될 수 있다. 누가복음 전체에서 누가가 구약 인용을 위해서 칠십인경에 의존한 것에 대해서는, T. Holtz, *Untersuchungen über die alttestamentlichen Zitate bei Lukas* (Berlin: Akademie, 1968)을 보라. 또한 사도행전, 특별히 베드로와 바울의 설교의 구약 인용에 미친 70인경의 영향을 보려면, G.J. Steyn, *Septuagint Quotations in the Context of the Petrine and Pauline Speeches of the Acta Apostolorum* (Kampen: Kok Pharos, 1995)를 보라.

먼저 연구해 볼 필요가 있다. 왜냐하면 자신을 믿는 것에 대한 예수님 자신의 언급은 특이한 현상을 나타내 줄 수 있기 때문이다. 우선 πιστεύω + ἐμοί나 μοι구문을 먼저 살펴보자면, 이 구문은 요한복음에서 일곱 번 등장한다: 4:21, 5:46, 8:45, 46; 10:37, 38, 14:11. 이 구절 중에서 첫 번째 것과 마지막 것은 그 의미가 분명한 까닭에 제외시킬 것이며,[13] 나머지 다섯 개는 자세히 다룰 것이다.

(1) 요한복음 5장 46절

εἰ γὰρ ἐπιστεύετε Μωϋσεῖ, **ἐπιστεύετε ἂν ἐμοί·** περὶ γὰρ ἐμοῦ ἐκεῖνος ἔγραψεν.

만일 너희가 모세를 믿는다면 또 나를 믿으리라. 이는 그가 내게 대하여 기록하였기 때문이다.

이 구절에서 예수님은 자신을 모세와 비교하면서 유대인 청중의 관점에서 논의를 전개한다. 예수님은 유대인들이 진정으로 모세를 믿지 않는 까닭에 자신을 믿지 않는다고 주장한다.[14] 비록 유대인들은 모세를 가장 뛰어난 인물로 존경하고 있기는 하지만, 그는 하나님과 동격일 수는 없다.

---

13) 첫 번째 예에서, πίστευέ μοι는 '나에 대한 신앙을 가지라'는 의미가 아니라 '내가 다음과 같이 말하는 것을 믿으라'를 의미한다. 예수님은 사마리아 여인에서 자신에 대한 신앙을 가지라고 말하고 있기 보다는 자신이 하고 있는 말을 믿으라고 요청한다. 동일한 현상이 요한복음 14장 11절에도 나타난다: πιστεύετέ μοι ὅτι ἐγὼ ἐν τῷ πατρὶ καὶ ὁ πατὴρ ἐν ἐμοί· 이 구절에서 πιστεύετέ μοι는 '나에 대한 신앙을 가지라'가 아니라 '다음과 같은 나의 말을 믿으라'를 뜻한다.

14) 이 구절에서 εἰ절은 조건절을 구성한다. εἰ절 속에 직설법 미완료 과거가 사용되고, 주절에 ἄν과 직설법 미완료 과거가 사용되어 현재 사실과 반대되는 내용을 전달해 준다. 앞서 미완료 과거 시제를 다루며 그 곳의 각주에서 언급한대로 『개역개정성경』은 이 구문을 잘못 이해해서 마치 과거 사실을 나타내 주는 것처럼 번역하는데 이는 잘못된 것이다. 조건절의 구성과 의미와 관련해서는 BDF. 371.(3)을 보라.

이것이 바로 모세와 관련하여 전치사 εἰς를 사용하지 않은 이유다. 46절 하반절의 내용을 고려해 볼 때, 유대인들이 모세를 제대로 이해하지 못하고 따라서 실제적으로 모세를 믿지 않기 때문에, 그들은 예수님이 누구인지를 깨닫지 못하고 따라서 예수님을 믿지 않는다. 이 부분에서 모세와 예수님에 대한 올바른 '이해'가 강조되어진다. 사실 유대인들은 자신들이 모세를 제대로 알고 제대로 믿고 있다고 생각했다. 그러나 그들은 모세가 말하는 것을 올바르게 깨달아 알지 못했고 따라서 진정한 믿음으로 나아가지 못했다.[15] 따라서 예수님은 이 구절에서 자신에 대한 신앙을 갖지 못하는 것에 대해 유대인들을 책망하기 보다는 자신을 제대로 이해하지 못하는 것에 대해 책망한다. 사실, 본 구절에서 "모세"와 "예수님"이 병행을 이루어 서로 동일한 여격이 사용되며, 전치사를 넣으면 균형이 깨어져 버린다. 오히려 전치사를 넣지 않아야 이 문맥에서 올바른 의미가 전달된다.

그러므로, ἐπιστεύετε ἄν ἐμοί은 '나에 대한 신앙을 가지리라'는 의미가 아니라 유대인들이 모세를 잘 이해하고 존경하며 신뢰한다면, '나를 신뢰했을 것이다' 혹은 '나를 이해하고 인정했을 것이다'라는 의미를 전달해준다. 이 같은 해석은 다음 구절인 47절을 보면 더 분명해 진다. 46절의 의미를 다시 설명하면서, 예수님은 모세의 글을 믿지 않기에 자신의 말을 믿지 않는다고 분명하게 밝힌다. "그의 글"과 "나의 말"은 병행을 이루며,

---

15) 개프니(J. Gaffney)는 '아는 것'과 '믿는 것'은 요한복음에서 동의어가 아니라고 주장한다. 물론 '아는 것'의 의미도 일반적인 용례를 넘어서서, 기적이나 이적의 표피적 수준을 넘어서는 의미를 감지하는 것을 의미하기는 한다. 하지만, 이것은 그런 의미를 감지하고서 그 의미 속에 담긴 내용을 받아들이고 그 새로운 체계를 지향하는 '믿는 것'과는 분명히 구별된다. 두 개념은 서로 밀접하게 관련을 맺고 있으나 동시에 동일한 것은 아닌 것이다. 자세한 논의를 위해서는 그의 논문, "Believing and Knowing in the Fourth Gospel," *Theological Studies* 26(1965), 239-40을 보라.

이러한 병행은 46절의 "모세"와 "예수님" 사이에도 잘 나타난다.[16] 모세를 믿지 않는다는 말은 결국 모세의 글 곧 율법의 의미를 제대로 이해하지 못한다는 말이며, 따라서 예수님의 말도 그들은 깨달아 알지 못한다.[17]

(2) 요한복음 8장 45-46절

45 ἐγὼ δὲ ὅτι τὴν ἀλήθειαν λέγω, οὐ **πιστεύετέ μοι**.
46 τίς ἐξ ὑμῶν ἐλέγχει με περὶ ἁμαρτίας; εἰ ἀλήθειαν λέγω, διὰ τί ὑμεῖς οὐ **πιστεύετέ μοι**;

45 내가 진리를 말함으로 너희가 나를 믿지 아니하는도다
46 너희 중에 누가 나를 죄로 책잡겠느냐 내가 진리를 말하는데도 어찌하여 나를 믿지 아니하느냐? (『개역개정』)

이 두 구절에 등장하는 πιστεύω + μοι는 '나에게 신뢰를 주다' (give credence to me)나 '내가 말하고 있는 것을 믿다' 를 의미하지 '나를 신앙의 대상으로 믿다' 혹은 '나에 대한 신앙을 갖다' 라는 의미를 나타내 주지 않는다. 죄 있다고 누구도 확증하지 못하면서도 왜 예수님의 말을 신뢰하지 못하느냐는 일반적 책망의 의미를 이 구절은 전달해 준다. 흥미롭게도 앞서 다룬 구절 곧 5:46과 본 구절 8:45, 46의 예는 예수님과 유대인들 사이의 적대적인 대치(혹은 논쟁)의 맥락 속에서 발견된다. 5장 46절에서, 예

---

16) Köstenberger, *John*, 195.

17) '그의 글' 이 모세의 구체적인 예언을 가리키는지 아니면 일반적인 모세 율법 전체의 가르침 내용을 가리키는지 결정하는 일은 쉽지 않다. 어떤 학자들은 신명기 18장 15절의 내용을 가리킨다고 주장하지만, '글' 을 위해서 복수 명사가 사용된 것에 근거하여 모세율법 전체의 내용으로 보는 것이 더 타당성이 있어 보인다. Herman Ridderbos, *The Gospel of John* (trans. by John Vriend; Grand Rapids: Eerdmans, 1991), 297.

수님은 유대인들이 모세를 잘 이해하지 못하여 진정한 의미에서 믿지 않는 것에 대해 비판한다. 적대적인 모습은 8장 45, 46절에서 고조되는데, 이것은 44절에서 예수님이 유대인을 '마귀의 자식들'로 묘사하고 48절에서 유대인들이 예수님을 '귀신들린 자'로 부르는 것을 볼 때 분명한 사실이다.[18)] 이와 같은 적대적인 대치 상황 속에서 예수님이 그의 적대자들에게 자신에 대한 진정한 신앙을 가지라고 촉구할 가능성은 아주 낮다. 그보다는 이 부분에서 예수님은 단순히 8장 1-40절에서 자신이 설명한 내용을 신뢰하지 못하는 것을 책망하고 있다고 보는 것이 더 타당하다.[19)]

(3) 요한복음 10장 37-38절

예수님과 유대인 사이의 적대적인 대치는 10장 37-38절에서도 분명하게 드러난다:

> 37 εἰ οὐ ποιῶ τὰ ἔργα τοῦ πατρός μου, μὴ **πιστεύετέ μοι**·
> 38 εἰ δὲ ποιῶ, κἂν **ἐμοὶ** μὴ **πιστεύητε**, τοῖς ἔργοις πιστεύετε, ἵνα γνῶτε καὶ γινώσκητε ὅτι ἐν ἐμοὶ ὁ πατὴρ κἀγὼ ἐν τῷ πατρί.

만일 내가 내 아버지의 일을 행하지 아니하거든 나를 믿지 말려니와 내가 행하거든 나를 믿지 아니할지라도 그 일은 믿어라 그러면 너희

---

18) 왜잇젠(H.C. Waetjen)은 그의 책에서 5:17-47의 제목을 "The Opening of a Forensic Process against Jesus"로, 8:12-59 부분의 제목을 "Hostility and Murderous Intent"라고 붙인다. Herman C. Waetjen, *The Gospel of the Beloved Disciple: A Work in Two Editions* (New York/London: T. & T. Clark, 2005), 189, 239.

19) Hodges, "Problem Passages," 344. 그는 이 부분에서 예수님이 그들에게 제자로 헌신하라고 요청한 것이 아니라 예수님이 진실을 말하고 있음을 받아들이라고 요청하고 있다고 설명한다. 8장 31절에 나타난 이 구문의 의미에 대한 자세한 설명은 아래를 보라.

가 아버지께서 내 안에 계시고 내가 아버지 안에 있음을 깨달아 알리라 하시니. (『개역개정』)

이 예에서 37절 후반부는 '나를 신뢰하거나 인정하지 마라' 라는 의미를 전달해 주며, 38절 전반부의 πιστεύω + ἐμοί 구문은 '나에 대한 신앙을 가지라' 는 의미보다는 '나를 인정하라' (give credence to me)는 의미로 해석되어야 한다. 이것은 뒤에 나오는 구문 곧 πιστεύω + ἔργοῖς와 이 구문을 비교할 때 분명해 지는데, 그것은 '그 일은 받아들여라' 혹은 '그 일은 인정하라' 는 뜻을 전달해 준다. 따라서 38절 앞부분은 다음과 같이 이해해야 한다: '내가 (아버지의 일을) 행하거든 나를 인정하지 않을 지라도 그 일은 인정하고 받아들여라.'[20] 비록 유대인 청중들이 예수님을 인정하지 않을지라도 그들은 예수님이 행하는 표적은 인정할 수 있을 것이며, 그렇게 되면 예수님과 아버지 하나님이 하나임을 알게 되는데 까지 이를 수 있을 것이라고 호소한다. 예수님이 하나님의 아들임을 믿거나 받아들이기를 현 단계에서는 비록 거절하고 있지만, 본문의 청중들은 최소한 예수님이 행하는 일을 인정해야만 한다. 여기에서 그의 일을 인정하는 것과 참된 깨달음으로 나아가는 것을 구별하여 설명하고 있다. 이러한 예수님의 말씀 후에 10장 39절에서 격노한 유대인들이 예수님을 체포하려고 시도하는데 이것은 긴장이 더 팽팽해지고 있음을 보여주는 표시다.

요약해 보자면, 예수님 자신을 지칭하는 여격 인칭대명사 μοι나 ἐμοί와 함께 πιστεύω동사가 등장할 경우 이 구문은 적대적인 맥락이나 때로는 극단적인 증오 상황에서 사용되어진다. 이런 상황에서 예수님은 자신에 대

20) 흥미롭게도, 대부분의 영어 성경은 8절에서 이 동사를 두 번 모두 단순히 'believe'로 번역하는 반면에, NJB는 38절에서 이 동사를 두 번 모두 'believe in'으로 번역한다.

한 진정한 신앙을 간청하고 있다고 보기는 힘들다. 그의 요청은 기껏해야 풍자적이다: '나는 너희가 나에 대한 신앙을 현 단계에서 가지리라고 기대하지 않는다. 다만 단순히 내가 지금 말하고 행하는 것을 인정하고 받아들여라.' 따라서 이 구문은 단순히 예수님이 말하고 행하는 것을 인정하는 것을 의미한다고 볼 수 있다.

나. πιστεύω + εἰς + ἐμέ 구문

πιστεύω + μοι나 ἐμοί 구문과는 달리, πιστεύω + εἰς + ἐμέ 구문은 진정한 신앙이 명백하게 제시되는 상황에서만 사용된다. 이 경우에 적대적인 대치 상황이나 논쟁이 발생하지 않는 것은 말할 필요도 없다.

(1) 요한복음 6장 35절

εἶπεν αὐτοῖς ὁ Ἰησοῦς· ἐγώ εἰμι ὁ ἄρτος τῆς ζωῆς· ὁ ἐρχόμενος πρὸς ἐμὲ οὐ μὴ πεινάσῃ, καὶ ὁ **πιστεύων εἰς ἐμὲ** οὐ μὴ διψήσει πώποτε.

예수께서 이르시되 나는 생명의 떡이니 내게 오는 자는 결코 주리지 아니할 터이요 나를 믿는 자는 영원히 목마르지 아니하리라. (『개역개정』)

이 구절에서 예수님은 '나에게 오는 것' 을 '나를 믿는 것' 과 동일시하는데 이 표현에 해당하는 두 헬라어 구문사이에 병행이 발견된다:

ὁ ἐρχόμενος πρὸς ἐμέ

ὁ πιστεύων εἰς ἐμέ

32-33절에서 예수님은 생명을 주는 떡에 대해 설명하는데, 이에 대해서 34절에서 유대인들은 예수님을 '주' 로 부르면서, 이 떡을 항상 자기들에

게 달라고 간청한다. 그에 대한 답변이 35절에 기록되어 있으며, 예수님은 그 구절에서 자신이 바로 그 떡이라고 선포한다. 생명의 떡인 자신에게 오는 자는 바로 자신을 믿는 자이며 그런 사람은 결코 배고프거나 목마르지 않으리라고 선언한다. 26-27절에 나타난 예수님의 책망을 볼 때 예수님과 무리 사이에 오해와 이견이 있었던 것은 사실이지만, 32-34절의 배경을 고려해 볼 때, 이 장면에서 진정한 긴장과 대치 상황은 존재하지 않음을 알 수 있다.[21] 따라서 예수님은 이 구절에서 무리들에게 진심으로 자신을 믿고 신앙을 갖는 것에 대해 말하고 있다. 이런 맥락에서 6장에서 사용된 πιστεύω 동사의 시제는 시사하는 바가 있다. 29절과 35절 그리고 40절에서 예수님이 유대인들에게 자신을 믿을 것을 호소할 때 πιστεύω동사의 현재 가정법(29절) 혹은 현재 분사(35, 40절)를 사용한다.[22] 반면에 유대인들은 30절에서 같은 동사의 단순과거 가정법을 쓰고 있다. 이 같은 시제의 대조적 사용은 예수님이 현재 시제를 사용하여 유대인들에게 발전 중인, 혹은 진행 중인 신앙, 나아가 지속적인 신앙 혹은 '평생 신앙', 곧 진정한 신앙을 가질 것을 언급하는 반면에 유대인들의 신앙은 반드시 그렇지 않을 수 있음을 나타내 줄 수도 있다.[23]

---

21) 요한복음 6장에서의 이 동사의 용법에 대한 자세한 논의를 위해서는 아래를 참조하라.

22) 6:28-29의 의미, 특별히 '하나님의 일(들)'의 의미와 관련하여 여러 가지 의견이 제시되었다. 그 의견들에 대한 소개와 평가를 보려면, Urban C. von Wahlde, "Faith and Works in JN VI 28-29: Exegesis or Eisegesis?," *Novum Testamentum* 22 (1980), 304-15를 참조하라.

23) 이 책의 2장에서 가정법 시제를 다루면서 언급한대로 칼슨은 πιστεύω동사의 가정법 현재나 과거 시제가 분명한 차이를 드러낸다고 주장하는 피(Fee)의 주장을 반박하면서 두 시제가 요한복음에서 아무런 차이 없이 사용된다고 주장한다. 이 같은 헬라어 가정법 시제에 대한 견해는 다른 법(mood)에도 적용될 수 있다. D.A. Carson, "Syntactical and Text-Critical Observations on John 20:30-31: One More Round on the Purpose of the Fourth Gospel," *JBL* 124 (2005), 693-714, 특별히 703-708

(2) 다른 예들

다른 예들이 7:38, 11:25, 26에서 발견되며, 이 모든 구절들 역시 πιστευω + εἰς ἐμέ 구문이 진정한 신앙을 지칭해 준다는 주장을 지지해 준다. 예수님이 이 동사를 자신의 제자들과 관련하여 사용하는 예들은 12:44, 46, 14:1, 12, 16:9, 17:20에 등장하는데, 이것은 따로 다룰 필요가 없다. 왜냐하면 의심할 나위 없이 예수님은 그의 제자들에게 자신에 대한 진정한 신앙을 가지라고 촉구하기 때문이다.

요약하자면, 두 구문 곧 πιστεύω + μοι(ἐμοί)와 πιστεύω + εἰς ἐμέ는 서로 다른 의미를 전달해 주기 위해 구별하여 사용되어진다. 하나는 적대적인 상황에서 단순히 신뢰나 인정을 요청하거나 촉구하기 위해, 아니면 때로는 책망하기 위해 사용되고, 다른 하나는 우호적인 상황 속에서 진정한 신앙을 촉구하기 위해서 사용된다. 첫 번째 구문의 의미는 그것이 사용되는 구절들에서 애매한데, 그 이유는 예수님께서 그와 같은 적대적인 상황 속에서 사람들에게 자신에 대한 진정한 신앙을 가지라고 호소할 가능성이 적기 때문이다. 그와는 반대로, πιστεύω + εἰς ἐμέ 구문은 분명하게 예수님이 자신에 대한 참된 신앙을 지칭하려고 의도했음을 나타내 준다.

다. 목적격 그 분(Him)이나 다른 명사와 함께 사용된 경우

예수님이나 하나님을 지칭하는 3인칭 대명사나 일반 명사가 목적어로 사용되면 전치사 εἰς와 목적격 목적어가 거의 항상 사용되며 이 때에 예외

을 보라. 그의 주장은 타당성이 있어 보인다. 하지만, 왜 바로 인접한 구절에서 그것도 서로 적대적인 관계에 있는 화자들에 의해 서로 다른 시제가 일관성있게 사용되었는가에 대한 보다 진지한 연구가 요구된다.

없이 참된 믿음을 나타낸다.[24] 우선 인칭대명사 '그 분' (αὐτόν; Him)과 함께 πιστεύω동사가 사용되는 예들이 다음 구절들에서 발견된다: 2:11, 3:16, 4:39, 7:5, 31, 39, 48, 8:30, 9:36, 10:42, 11:45, 48. 이 구절들에서 πιστεύω동사는 전치사 εἰς와 함께 예수님을 가리키는 3인칭 대명사 αὐτόν과 사용되어서 진정한 신앙을 나타내 준다.

다른 명사들이 전치사 εἰς와 함께 사용된 예들 또한 이러한 주장을 뒷받침해 주어서 언제나 예외 없이 참된 신앙을 나타내 준다: 하나님 아버지 - 12:44, 14:1; 그 아들 - 3:36; 인자 - 9:35; 빛 - 12:36; 하나님께서 보내신 이 - 6:29; 예수님 - 12:11.

라. 최근 주장을 뒷받침해 주는 구절들

어떤 학자들은 요한복음 2:23, 5:24, 12:42에 있는 예들이 두 구문 사이의 의미를 구별하려는 의견을 어렵게 만들며, 6장 30절과 8장 31절의 예는 논란을 불러 일으킨다고 주장한다. 따라서 이 구절들을 면밀히 검토해 볼 필요성이 있다.[25]

(1) 요한복음 2장 23절 하반절

πολλοὶ **ἐπίστευσαν εἰς** τὸ ὄνομα αὐτοῦ θεωροῦντες αὐτοῦ τὰ σημεῖα ἃ ἐποίει·

---

24) 이런 경우에 아주 드물게 여격이 사용되기도 하는데 이러한 예들이 두 구문간의 차이가 없음을 입증해 주는 예들로 제시되곤 한다. 이 예들은 아래에서 다루어진다.

25) 이와 관련해서는 Carson, *The Gospel according to John*, 183, 346을 참조하라. 그는 이 두 구문이 어떠한 차이도 드러내지 않으며, 단지 문맥이 그 의미를 결정한다고 단언한다. 모리스는 칼슨이 제시한 2:23, 5:24, 8:31의 예에다 12장 42절에 있는 예를 덧붙이는데, 이런 면에서 그의 묘사가 칼슨의 묘사보다 더 정확하다. Morris, *The Gospel according to John*, 404를 보라.

많은 사람들이 그가 행하고 계시던 표적을 보고 그의 이름을 믿었으나.

어떤 학자들은 전치사 εἰς와 함께 사용된 πιστεύω동사가 이 구절에서 진정한 신앙을 표시해 주지 않는다고 주장한다.[26] 이 동사가 예수님에 대한 참된 신앙이 아니라 겉치레 믿음을 나타냄에도 어떤 이유에서 전치사 εἰς가 이 동사와 함께 쓰였는지 설명하기가 어렵다고 보는 것이다. 이러한 주장은 신빙성이 있어 보이며, 두 구문 사이의 구별이 어렵다는 최근의 주장을 뒷받침해 주는 것처럼 보인다. 하지만 이것과 관련하여 여러 가지 설명이 가능하다. 첫째, 2장 23절은 단순히 일어난 사건을 묘사하는 까닭에 그 문맥이 적대적이지 않다. 이 구절의 어조는 24절이 보여 주듯이 무언가 서먹해 보이기도 하지만 여전히 적대적이지는 않다. '예수는 그의 몸을 그들에게 의탁하지 아니하셨으니 이는 친히 모든 사람을 아심이요' 라는 24절의 표현은 단순히 제자들을 포함한 일반적인 모든 사람에 대한 예수님의 태도를 객관적으로 묘사해 주는 것이라고 볼 수 있다. 그의 제자들에게조차 예수님은 자신을 온전히 의탁하지 않는다.[27]

이런 맥락에서 25절의 내용을 주목해 볼 필요가 있다: '또 사람에 대하

---

26) Edward Raymond Brown, *The Gospel according to John I-XII* (Garden City: Doubleday, 1966), 126. 또한 Carson, *The Gospel according to John*, 184를 보라.

27) 키너(Craig S. Keener)는 "2장 11절에서 제자들은 예수님의 표적에 믿음으로 반응했으나, 2장 23-24절의 표적에 근거한 믿음은, 만일 그것이 제자도로 나아가지 못하면, 부적합한 것이다" 라고 주장한다. 그의 책 *The Gospel of John,* vol 1. (Peabody, Mass.: Hendrickson, 2003), 531을 보라. 예수님의 제자들은 예수님이 이제 막 사역을 시작한 이 시점에서 아직 제자도로 나아가지 못했다. 사실 표적은 요한복음에서 부정적이지만은 않다. 표적이 불신앙을 불러올 수도 있지만, 신앙을 불러일으키기도 하기 때문이다. 이와 관련해서는 Gilbert van Belle, *The Sign Source in the Fourth Gospel* (Leuven: Leuven University/Peeters, 1994), 395를 보라. 쉬낵켄부르그는 요한복음에서 '표적' 은 독특성을 가지며 특별히 기독론적인 의미가 가장 중요함을 지적한다. *The Gospel according to St. John*, 515-28, 특별히 525를 보라.

여 누구의 증언도 받으실 필요가 없었으니 이는 그가 친히 사람의 속에 있는 것을 아셨음이라.' 이것은 예수님이 자신을 다른 사람들에게 의탁하기를 꺼려하는 것이 여기에서 제자들을 포함한 모든 사람들에게 까지 확대되어짐을 나타내 준다.[28] 가나에서 제자들을 위해 행한 표적과 예루살렘에서 일반사람들을 위해 행한 표적 모두 열정적인 사람들에 대한 언급과 연결되어 있으며 또한 표적에 근거한 믿음의 반응과 사람들의 마음을 읽어내는 예수님의 능력에 대한 평가와 연결되어 있다.[29]

두 번째, 23절에 사용된 구문의 독특성을 잘 살펴볼 필요가 있다: ἐπίστευσαν εἰς τὸ ὄνομα αὐτοῦ. 엄밀한 의미에서 전치사의 목적어는 사람이 아니라 사물 곧 '이름'이다. 그런데 흥미롭게도, ὄνομα의 여격은 요한복음에서 결단코 그 자체만 사용되지 않으며, 전치사 ἐν이 언제나 여격 ὀνόματι와 함께 사용된다. 이 여격 명사는 마태복음, 누가복음, 마가복음, 사도행전에서 자체만 사용되거나 전치사 ἐπί와 함께 등장한다(마 7:22, 12:21, 18:5; 막 9:37; 눅 1:59; 행 2:38, 4:17등). 반면에, 요한은 여격 명사 ὀνόματι를 사용할 수 있는 경우에도 이 명사의 다른 격을 사용한다.[30] 요

28) Whitacre, *John*, 86. 그는 예수님은 자신의 후기 사역 때에 조차도 자신의 제자들이 고백한 내용도 신뢰하지 않았음을 지적한다. (16:29-32)

29) Michael Mullin, *The Gospel of John* (Dublin: Columba 2003), 130. 그의 제자들 역시 '표적'을 본 후에 그를 믿었으며(2장 11절), 이 때 '표적'을 위해서 사용된 헬라어 단어는 23절에서 사용된 헬라어와 동일하다: σημεῖον. 보이스는 비록 예수님의 표적에 대한 다양한 반응이 2장에 소개되지만, 요한은 2장을 '예수님께서 누구에게도 자신을 의탁하지 않았다' 라는 말로 매듭짓고 있음을 지적한다. Boice, *The Gospel of John*, 221을 보라.

30) 대표적인 예가 1장 6절에서 요한을 소개할 때 그리고 3장 1절에서 니고데모를 소개할 때 사용한 주격 명사 ὄνομα다. (18:10의 제사장의 종인 말고의 이름을 소개할 때도 주격 명사를 쓴다) 여격 명사 ὀνόματι를 사용하여 사람을 소개하는 표현은 마태복음(27:32)과 마가복음(5:22)에서 사용되며, 특별히 누가복음 (1:5, 5:27, 10:38, 16:20, 19:2, 23:50, 24:18)에서 자주 나타난다. 이것은 요한이 이 여격 명사 자체만

한복음에 나타나는 ὄνομα의 여격 명사의 독특한 용법 때문에, 어쩌면 요한은 아무런 전치사 없이 여격 ὀνόματι를 πιστεύω 동사의 목적어로 사용할 수 없었을 수도 있다. 그래서 요한은 요한복음서의 자신의 문체와 일관성을 갖도록 하기위해 전치사 εἰς와 함께 이 명사의 목적격을 선택했을 수도 있는 것이다.[31] 결국, πιστεύω + εἰς + 목적격 구문이 2장 23절에서 겉치레 믿음을 지칭한다고 인정하더라도, 이 구문은 여격 명사 ὀνόματι의 독특한 용법 때문에 예외적인 구절에서 예외적으로 사용되었다고 이해해야만 한다. 셋째, πιστεύω + εἰς + ὄνομα구문은 이 곳 외에 요한복음 1장 12절과 3장 18절에서 두 번 더 사용되는데 두 곳 모두에서 진정한 믿음을 지칭해 주기위해 사용된다. 특별히 1장 12절에서 분명하게 '그 이름을 믿는 자들' 은 '영접하는 자들' 과 동일시되고, 그들은 하나님의 자녀가 되는 권세를 누리게 된다고 설명한다.[32]

이와 같은 사항들을 고려해 볼 때, 2장 23절의 예는 πιστεύω동사의 두 구문이 요한복음에서 구별되게 사용된다는 주장을 어렵게 만드는 증거가 되지 못한다. 나아가 요한복음에서의 용례를 고려해 볼 때, 이 구문은 오히려 참된 신앙을 지칭해 준다고 보아야한다.[33]

을 쓰기를 꺼려했음을 보여준다.

31) 흥미롭게도, '누구의 이름으로 세례를 주다' 라는 헬라어 표현은 마태복음(28:19; cf. 18:20) 사도행전(8:16, 19:51) 바울서신(1 Cor 1:13, 15)에서 'βαπτίζω + εἰς τὸ ὄνομα'이다. [ἐν τὸ ὄνοματι가 사도행전 10:48에서 한번 등장한다]. 이것은 어쩌면 βαπτίζω εἰς τὸ ὄμονα가 '예수님의 이름으로 세례를 주다' 를 위해 사용되는 정형화된 대표적 표현이었음을 보여줄 수도 있다.

32) 이런 이유 때문에, 쉬낵켄부르그같은 학자는 이 구절에서의 pisteu,w구문의 의미와 관련하여 일방적으로 '겉치레' (spurious)믿음을 나타낸다고 단정짓는 칼슨과는 달리 "완전히 적합하지는 않은" (not fully adequate)믿음을 가리킨다고 주장한다. Schnackenburg, *The Gospel according to St. John*, 358.

33) 이같은 해석이 이 본문의 이해를 위해 갖는 의미를 위해서는 아래를 보라.

(2) 요한복음 5장 24절 상반절

'Αμὴν ἀμὴν λέγω ὑμῖν ὅτι ὁ τὸν λόγον μου ἀκούων καὶ **πιστεύων τῷ πέμψαντί** με ἔχει ζωὴν αἰώνιον καὶ εἰς κρίσιν οὐκ ἔρχεται.

내가 진실로 진실로 너희에게 이르노니 내 말을 듣고 또 나 보내신 이를 믿는 자는 영생을 얻었고 (『개역개정』)

이 구절이 2장 23절 보다 πιστεύω동사의 두 구문의 구별을 더 어렵게 만드는 예를 제공해 준다. 이 구절에서 πιστεύω동사는 전치사 없이 하나님을 나타내는 여격 분사를 목적어로 취하고 있지만 분명하게 진정한 신앙을 지칭해 준다.[34] 앞의 2장 23절 하반절의 예에서는 전치사 εἰς와 목적격 명사의 사용에도 불구하고 겉치레 신앙을 나타내 주는 것처럼 보이는 반면에 이 구절에서는 반대로 여격 명사만 사용된 구문이 진정한 신앙을 위해 등장한다. 하지만, 여기에서 두 표현 곧 τὸν λόγον μου ἀκούων과 πιστεύων τῷ πέμψαντί με 사이의 병행에 주목할 필요가 있다: 분사, 관사, 명사 상당어(substantive- 명사나 명사상당 분사), '나' 와 관련된 단어:[35]

τὸν λόγον μου ἀκούων
πιστεύων τῷ πέμψαντί με

이 두 구문 사이의 이 같은 병행은 여기에 전치사를 집어넣을 여지를 주지 않으며, 또한 전치사를 넣어서 저자의 의도를 분명하게 할 필요도 없게 해 준다. 첫 번째 표현 τὸν λόγον μου ἀκούων은 두 번째 표현에 등장하는 πιστεύω + 여격 구문이 예수님에 대한 진정한 신앙을 의미하기

34) Carson, *The Gospel according to John*, 184.
35) 일종의 병행이 6:35에서도 나타났다. 자세한 사항은 위의 논의를 참조하라.

위해 사용되었음을 분명하게 드러내 준다.[36] 두 번째 구문에 관사가 없는 것도 이 구문이 한 가지 의미를 전달해 주기 위해 사용되었음을 보여준다.[37]

(3) 요한복음 12장 42절

이 구절 역시 πιστεύω동사의 용법과 관련하여 문제를 야기 시킨다.[38] 두 구문이 구별된 의미를 전달해 준다는 주장에 따르면 이 동사는 이 구절에서 진정한 믿음을 지칭해 주는 것이어야 한다.

> ὅμως μέντοι καὶ ἐκ τῶν ἀρχόντων πολλοὶ **ἐπίστευσαν εἰς** αὐτόν, ἀλλὰ διὰ τοὺς Φαρισαίους οὐχ ὡμολόγουν ἵνα μὴ ἀποσυνάγωγοι γένωνται·
>
> 그러나 관리 중에도 그를 믿는 자가 많되 바리새인들 때문에 드러나게 말하지 못하니 이는 출교를 당할까 두려워함이라. (『개정개역』)

이 구절에서, 비록 지도층 중에 많은 사람들이 예수님에 대한 신앙을 가지고 있음도 불구하고, 그들은 공개적으로 고백하기를 꺼려한다. 가짜이거나 겉치레처럼 보이는 이들의 신앙을 어떻게 설명할 수 있을까? 이 구절의 상황을 잘 이해하기 위해서 보다 넓은 문맥을 살펴 볼 필요가 있다. 12장 37절에 따르면, 예수님이 수많은 기적을 행했음에도 유대인들은 예수님에 대한 신앙을 갖지 않았다. 이 때에 말할 것도 없이 전치사 εἰς가

---

36) ἀκούω동사의 의미와 관련하여, 칼슨은 "이 맥락에서 듣기는, 다른 곳에서 종종 그렇듯이, 믿음과 순종을 포함한다"고 주장한다. Carson, *The Gospel according to John*, 256. 리델보스 또한 "24절의 두 구절은 중언법(重言法, hendiadys)를 구성한다"고 설명한다. Ridderbos, *John*, 197.

37) Barrett, *John*, 261.

38) 이와 관련해서는 Morris, *John*, 404, 각주 63번을 보라.

예수님을 지칭하는 목적격 명사와 함께 사용된다: οὐκ ἐπίστευον εἰς αὐτόν. 38절부터 저자 요한은 그들의 망설임을 설명하기 위하여 이사야서를 인용한다: '그들의 눈을 멀게 하시고 그들의 마음을 완고하게 하셨으니 이는 그들로 하여금 눈으로 보고 마음으로 깨닫고 돌이켜 내게 고침을 받지 못하게 하려 함이라.' 이 인용 후에 그는 많은 관리들이 그를 믿었다고 기록하지만, 곧 바로 그들이 자신들의 신앙을 고백하지 않았다고 덧붙인다. 이렇게 내용을 언 듯 살펴보면, 12:42의 동사의 용법은 전치사 εἰς와 목적격 목적어와 함께 사용되는 πιστεύω동사가 헛된 신앙을 나타내 줄 수 있음을 지지해 주는 것처럼 나타난다. 왜냐하면 관리들의 믿음이 진정한 것이 아니라는 뉘앙스를 42-43절이 전달해 주기 때문이다.

하지만, 42절의 첫 두 단어, ὅμως μέντοι는 아주 강한 반의접속사(adversative conjunction)을 형성해서 '그럼에도 불구하고' 나 '그러나 동시에' 라는 의미를 전달해 준다.[39)] 유대인들은 수많은 표적에도 불구하고 예수님을 믿지 않았지만, 그 반면에 (그럼에도 불구하고) 많은 관리들은 그에 대한 신앙을 가졌다. 12:37-41의 비난과 어두운 배경을 기록한 후에, 42절에서 그것과는 반대되는 예외를 설명한다.[40)] 일반적인 유대인의 불신앙과 관리들의 특별한 믿음이 여기서 대조되고 있는 것이다. 따라서 요한이 이 문맥에서 관리들의 신앙이 반드시 겉치레 신앙임을 드러낸다고 볼 이유가 없다.[41)]

---

39) BDAG, 710.

40) 비슷한 대조 구조가 요한복음 1:10-13에서 나타난다. 1:10-11절에서 비난의 내용을 기록한 후에 12-13절에서는 그와는 대조되는 내용이 기록되어 있다. Köstenberger, *John*, 392.

41) 이 같은 해석이 갖는 의미에 대한 자세한 논의를 위해서는 아래를 보라.

(4) 요한복음 6장 30절

Εἶπον οὖν αὐτῷ· τί οὖν ποιεῖς σὺ σημεῖον, ἵνα ἴδωμεν καὶ **πιστεύσωμέν σοι**; τι ἐργάζῃ.

> 그들이 묻되 그러면 우리가 보고 당신을 믿도록 행하시는 표적이 무엇이니이까, 하시는 일이 무엇이니이까 (『개역개정』)

이 부분에 등장하는 군중들의 의도는 6장 앞부분에 기록된 표적에 대한 그들의 자세에서 잘 드러난다. 1-15절은 떡 다섯 덩이와 물고기 두 마리로 오천 명을 먹인 기적을 기록하고 있다. 물위를 걷는 사건이 그 뒤에 기록되어 있으며, 그 후에 생명의 떡에 대한 이야기 중에 30절의 질문을 군중들이 예수님에게 제기한다. 예수님과 유대인들 사이의 논쟁 가운데 등장하면서, πιστεύω + 여격 구문은 예수님에 의해서가 아니라 유대인들에 의해서 사용된다.[42] 그런데 이들의 믿음에 대한 열망은 예수님을 시험하는 데로 빠져버리며, 그래서 전치사와 목적격이 아니라 여격 명사만 사용한다.[43] 그 전에 이미 여러 가지 이적을 예수님이 행했음에도 불구하고 또 다른 표적을 요구하는 모습은 진정한 신앙을 갖기 위한 자세로 보기 힘들다. 바로 그런 까닭에 요한은 의도적으로 다른 구문을 사용한다. 앞서 지적한대로 예수님 자신은 전치사 εἰς를 πιστεύω동사의 현재 시제와 함께 6:29, 35, 40절에서 사용하는데 이것은 자신에 대한 신앙을 갖도록 그들을 진정으로 설득하는 모습을 그려준다. 반대로 유대인들은 30절에서 단순과거 시제를 전치사 εἰς 없이 사용한다. 이와 같이 유대인들의 자세와 예수

---

42) 이 구절의 ἵνα절에 과거가 쓰이고 바로 앞구절인 29절에서 예수님의 말씀 속에는 ἵνα절에 현재 가정법이 쓰인 것은 어떤 의미가 있다. 이 구절에 사용된 가정법 시제의 의미에 대해서는 이 책의 제 2장에 있는 가정법 시제 부분을 보라.

43) 모리스에 따르면, "그들(유대인들)은 한 순간도 예수님이 그들이 요구하는 표적을 행할 수 있다고 생각하지 않는다." Morris, *John,* 321을 보라.

님의 자세 사이의 대조가 6장에서 잘 드러나서, 예수님은 열정을 가지고 유대인들을 설득하고자 하는 반면에 유대인들은 단순히 예수님을 시험하고자 한다.[44)]

(5) 요한복음 8장 31절

ἔλεγεν οὖν ὁ Ἰησοῦς πρὸς τοὺς **πεπιστευκότας αὐτῷ** Ἰουδαίους· ἐὰν ὑμεῖς μείνητε ἐν τῷ λόγῳ τῷ ἐμῷ, ἀληθῶς μαθηταί μού ἐστε.

그러므로 예수께서 자기를 믿은 유대인들에게 이르시되 너희가 내 말에 거하면 참으로 내 제자가 되고. (『개정개역』)

이 구절의 앞 구절인 30절에서 ‘많은 사람이 믿었다’ (πολλοὶ ἐπίστευσαν εἰς αὐτόν)는 표현이 등장한 후에, 갑자기 이 구절에서 예수님을 믿은 유대인들이 등장한다. 그런데, 이 구절의 예수님을 믿는 유대인들은 뒤에 ‘죄의 종’ (34절), ‘하나님과 관련 없는 사람’ (37절), ‘마귀의 자녀’ (44절), ‘거짓말쟁이’ (55절) 등으로 묘사되고 결국 이들이 예수님을 잡아 죽이려고 시도한다.[45)] 30절과 31절에 등장하는 사람들은 서로 같은 사람

---

44) 쾨스텐버거는 헬라어 구문과 시제에 대한 언급없이 유대인들의 잘못된 태도와 오해에 대해서 지적한다. Köstenberger, *John,* 208을 보라. 30절에서 유대인들의 대답은 어쩌면, 34절에 기록된 그들의 응답 곧 ‘이 떡(양식)을 항상 우리에게 주옵소서’ 가 되어야 합당할지도 모른다. 비록 왜잇젠은 30절의 질문이 예수님에게 자신을 드러낼 기회를 준다고 설명하지만, 이미 표적을 본 유대인들이 또 다른 표적을 구하는 것은 긍정적인 모습이 아니다. Waetjet, *The Gospel of the Beloved Disciple*, 205를 보라.

45) 이러한 표현이 “유대인의 정체성을 부정하는 반 유대적 신학”을 나타내 주지 않는다고 서동수는 주장한다. 그는 예수님이 반유대적이 아니라 “반 유대당국자적” 신학사상을 가지고 있음을 지적한다. 그의 논문, “요한복음, 반유대적 신학인가?-요한복음 서문(1:1-18)에 비추어,” 『신약논단』 15(2008), 90-91을 보라.

들인가, 아니면 다른 사람들인가? 이 구절은 많은 논란을 불러 일으켰고 많은 주석가들이 이 문제를 해결하려고 시도했다. 그런 주장 중에 하나는 8장 31절의 πιστεύω αὐτῷ구문이 30절의 πιστεύω εἰς αὐτόν구문과는 달리 이 장면에서 유대인들이 예수님에 대한 진정한 신앙이 결여되어 있음을 나타내 준다고 본다.[46] 다시 말해, 두 구절의 믿음을 가진 사람들은 서로 다른 두 부류를 대표한다. 이 의견은 이 부분에 얽힌 문제들을 해결하는 가장 간단한 방법이다.

하지만 칼슨은 문법적 분석에 근거하여 이 주장을 논박하면서 두 구문 사이의 구별이 요한복음에서 유지될 수 없다고 주장한다.[47] 그런데 그는 2장 23절과 5장 24절의 예가 두 구문이 서로 구별되는 의미를 전달해 준다는 주장을 무효화시킨다는 분석과 평가에 의존한다. 하지만 위에서 설명한 대로 이 두 구절은 물론 12장 42절의 예까지도 그의 주장이 옳음을 입증해 주지 않는다. 이러한 사항을 고려해 볼 때, 8장 31절의 구문은, 30절의 구문과는 달리, 예수님에 대한 진정한 신앙이 아니라 거짓 신앙을 표현해 준다고 설명할 수 있다. 같은 사람들을 지칭하려고 했다면 바로 이웃한 구절에서 다른 구문을 그것도 '믿는다' 동사의 현재 완료를 사용하고 게다가 '유대인' 이란 표현을 첨가할 필요는 없는 것이다.

요약해 보자면, 하나님이나 예수님을 지칭하는 여격 명사와 함께 사용되는 πιστεύω동사는 요한복음에서 하나님이나 예수님에 대한 진정한 신

46) Boice, *The Gospel of John*. vol. 2. John 5:1-8:5 (Grand Rapids: Zondervan, 1979), 544; Westcott, John, vol. 2(1954), 13-14.

47) Carson, *The Gospel according to John*, 346. 사실 대다수 학자들은 30절의 믿은 사람들이 31절의 믿은 유대인들과 동일한 사람들이라는데 동의한다: Barrett, *John*, 344; Beasley-Murray, *John,* 132; Borchert, *John*, 301; Whitacre, *John,* 219; Colins G. Kruse, *John* (Grand Rapids: Eermans, 2003), 209; Köstenberger, *John*, 260.

앙을 표현하기 위해서 사용되지 않는다. 오히려 언제나 거짓 신앙이나 아니면 표피적 인정, 인지를 나타내기 위해 사용된다. 5:24에서 진정한 신앙을 위해 사용되지만, 그럴만한 이유가 있어서 사용되었다. 반면에 πιστεύω + εἰς + 목적격 구문은 예수님이나 하나님에 대한 진정한 신앙을 표현해 준다. 최소한 진정한 신앙으로 나아갈 가능성이 있는 신앙의 기본들을 가지고 있음을 표현해 준다.[48)]

2. 요한복음 주해를 위해 갖는 함의

이상의 연구결과가 요한복음의 주해를 위해서 갖는 함의는 앞에서 각 구절을 분석하면서 부분적으로 다루어졌다. 이 부분에서는 보다 자세하게 함의에 초점을 맞추어서 설명해 보고자 한다.

가. 요한복음에서 '믿음'의 의미: 연약한 믿음에 대한 평가

2장 23절과 12장 42절이 보여 주는 대로 비록 약한 믿음일지라도 성숙한 믿음으로 나아가기 위한 준비단계로 간주되기도 한다. 이같은 믿음을 가진 사람들 중에 일부는 후에 헛된 신앙으로 나아갈 수 있지만, 그 단계에서는 진정성이 있는 것으로 일단 인정해 준다. 이 두 구절에 발견되는 πιστεύω + εἰς 구문은 분명하게 이러한 의도를 드러내 준다.

(1) 2장 23절의 믿음

이 구절의 경우에 표적에 근거한 믿음이 반드시 온전한 믿음은 아닐 수

48) 이 같은 이해가 본문 주해에 어떤 영향을 주는지에 대해서는 아래를 보라.

있지만, 그 반대로 아무런 의미가 없는 거짓 신앙도 아니다.[49] 표적의 역할은 20장 30-31절에서 긍정적으로 묘사되고 있다: '예수께서 제자들 앞에서 이 책에 기록되지 아니한 다른 표적도 많이 행하셨으나 오직 이것을 기록함은 너희로 예수께서 하나님의 아들 그리스도임을 믿게 하려 함이요.' 표적을 보고야 믿음을 갖는 것이 최고의 가치로 칭찬받을 일이 아닐 수는 있지만, 그렇다고 가치 없는 거짓 신앙은 아님을 이 구절은 제시해 준다.[50] 또한 문맥을 볼 때 24절의 내용은 23절에 언급된 사람들에 한정된 내용이 아니라 인간 일반에 관련된 내용으로 해석해야한다: '예수님은 그의 몸을 사람들에게 의탁하지 않았다.' 24-25절은 인간 존재에 대한 예수님의 일반적 시각을 언급한다. 예수님은 자신을 어떤 사람에게도, 심지어 다음 장에 등장하는 니고데모와 같은 상류층은 물론 제자들에게도 맡기지 않는다. 하지만 니고데모의 신앙을 거짓 신앙이라고 말하기는 힘들며[51] 제자들의 경우는 더욱 더 그렇다. 어떻든 예수님이 자신을 사람들에게 의탁하지 않는 이유가 중요한데, 24절과 25절에서 설명하는 대로, 친히 '모든 사람'을 알기 때문이었다. 인간의 정체성과 연약함 그리고 한계를 알기 때문에, 예수님은 자신을 제자들을 포함하여 어떠한 인간 존재에게도 의탁하지 않는다. 그의 제자들조차도 예수님이 체포되었을 때 배반하여 도망쳐 버릴 존재임을 알기 때문이다.

---

49) 알렉산드리아의 키릴(Cyril of Alexandria)는 예수님께서 표적에 근거한 신앙을 멸시하는 것은 아님을 지적한다. 키릴의 주장 내용은 Mark Edwards, *John* (Malden/Oxford/Carlton: Blackwell, 2004), 45에 의존한 것이다.

50) Hodges, "Problem Passages" 140-41.

51) 그의 신앙의 가치에 대한 논의를 위해서는 아래를 보라.

(2) 12장 42절의 관리들의 믿음

여기에 등장하는 관리들은 진정한 믿음을 가진 사람으로 인정받을 수 있다. 이 구절의 관리들은 신앙을 공개적으로 고백할 용기가 없는 사람들을 대표한다고 볼 수 있다. 이것은 사회적 배척을 당할까 두려워 공개적으로 자신의 신앙을 고백하지 못하는 신자들까지도 그 신앙을 일단은 인정해 준다는 의미를 담고 있다. 요한복음에서 경계선상의 신앙인 혹은 자신의 믿음을 감추는 신앙인의 믿음은 반드시 거짓이나 겉치레는 아니다. 이 관원들 중에 대표가 바로 아리마대 요셉과 니고데모라고 볼 수 있다.[52] 니고데모는 3장 2절에서 자신이 예수님의 표적에 의해 이끌렸음을 고백한다. 언제 그가 예수님에 대한 신앙을 가졌는지는 확실치 않으나, 그는 예수님의 죽음 후에 아리마대 요셉과 함께 자신의 신앙을 표현한다.[53] 아리마대 요셉 또한 여기에 묘사된 부류에 속한 사람이다. 19장 38절에 따르면 그는 제자였고 하나님의 나라를 기다렸지만, 유대인들을 두려워하여 자신의 신앙을 숨겼던 사람이다. 그런데 19장의 사건에서 그의 신앙은 진정한 것으로 드러난다. 12장 43절의 내용 '그들은 사람의 영광을 하나님의 영광보다 더 사랑하였더라' 는 내용은 믿음이 있음에도 그 당시에는 갈등하며 그럴 수 있음을 보여준다. 그런 수준의 신앙이더라도 마음을 닫아 잠그고

---

52) 과정으로서의 신앙이 요한복음에서 강조되는데, 신앙의 여정에서 때로는 남에게 드러나지 않는 내면의 그 '빛' 을 향한 돌이킴이 있을 수 있음을 니고데모의 예가 분명히 보여준다. 비록 3장에서는 니고데모가 예수님을 믿었다는 기록이 없으나 19장을 볼 때 어쩌면 니고데모의 3장의 질문은 진지한 질문이었고 신앙을 갖기 위한 출발점이었을 수 있다. 이와 관련해서는 John P. Bowen, "Coming to Faith in the Gospel of John," *Anvil*, 19(2002), 277-83을 보라.

53) Hodges, "Problem Passages," 149-150; Ridderbos, *John,* 625. 이와는 다르게 니고데모의 신앙을 평가하는 것을 보려면, 김문현, "과연 니고데모는 진정한 모범적인 제자인가?,"『신약연구』7/2(2008), 221-45를 참조하라.

있던 일반 유대인들보다는 예수님께 훨씬 더 가까이 가 있음을 이 표현은 나타내 준다. 결국 어떻게 판명이 나더라도 일단은 그 신앙을 인간 그 누구도 거짓이라고 단정짓지 못한다. 그 단계에서는 오직 하나님만이 그 신앙의 진정성을 아시며, 인간의 눈에는 차후에 비로소 명백하게 드러나게 되는 것이다.

나. 6장의 두 구문의 교차사용: 청중의 의도와 예수님의 의도

6장에서 예수님은 유대인들을 설득하고자 하나, 예수님과 유대인들 사이의 긴장이 고조된다. 6장 29, 35, 40절에서 예수님은 유대인들에게 자신에 대한 신앙을 가지라고 호소하는데 반해, 유대인들은 6장 30절에서 그 대신에 그를 믿을 수 있도록 표적을 보여 달라고 요구한다. 15절과 26절에 따르면, 이 부분의 유대인들은 단순히 세상적인 일들에 관심이 있을 뿐이다. 28절에서 유대인들은 구약의 전통을 따라, 구원받기 위해서는 어떤 행위를 해야 한다고 가정하여, 무엇을 해야 하는지를 예수님에게 묻는다.[54] 그들의 질문에 대하여, 예수님은 29절에서 자신을 믿는 것이 하나님의 일이라고 대답한다. 그런데, 바로 이웃한 구절인 29절과 30절에서 의도적으로 서로 다른 구문을 사용한다. 이것은 유대인들이 예수님에 대한 진정한 믿음에 대해 말하는 예수님의 말을 제대로 이해하지 못하고 있음을 보여주기 위함이다. 요한은 예수님의 태도와 유대인의 태도 사이의 대조를

54) 본 왈드는 28절의 '하나님이 일(들)' 에 대한 전통적인 해석을 논박한다. 전통적인 해석에 따르면, 이 부분에서 유대인들은 구원을 얻기 위한 율법의 행위를 묻고 있다. 본 왈드는 이것을 거부하며, 이 구절의 질문은 '어떻게 해야 우리가 하나님의 뜻을 행할 수 있습니까?' 라고 주장한다. 하지만, 그의 주장은 거의 받아들여지지 않고 전통적인 주장이 받아들여진다. Von Wahlde, "Faith and Work" , 304-15를 보라.

강조한다. 고조되는 긴장이 적대감을 불러일으킴에 따라, 명백하게 유대인들은 예수님을 믿기를 거절한다(66절).

그렇다면 무엇이 예수님에 대한 유대인들의 의구심을 불러 일으켰는가? 6장 초반부에서, 예수님은 오병이어의 기적을 베푼다. 이에 고무된 유대인들은 15절에서 강제로 예수님을 왕으로 삼고자 하는데, 이것은 예수님이 누구인가를 잘못 이해하고 단지 세상적인 필요를 채워줄 왕을 기대했었기 때문이다. 그들의 의도를 알아채고, 예수님은 도망하듯 피하며, 후에 물위를 걸어서 호수 반대편으로 간다. 기적들에 대한 군중들의 판단은 그들로 하여금 예수님을 찾게 만들었는데, 이것은 그들이 표적의 의미를 이해해서라기 보다는 예수님이 자신들의 인간적 필요를 채워주었기 때문이었다. 그들의 의도를 알고 예수님은 26-27절에서 그들을 책망한다. 그에 반응하여 유대인들은 왕이 되기를 꺼리는 예수를 수상히 여기며 시험하고자 한다. 이런 상황에서, 예수님은 유대인들의 겉치레 혹은 오도하는 믿음을 버리도록 설득하면서 자신에 대한 진정한 믿음을 촉구한다. 이 부분에서 또 다시 요한은 의도적으로 두 개의 구문을 사용하여 예수님과 유대인들 사이의 이러한 서로 다른 관점이나 이해를 강조해 주고 있다. 이 장면의 유대인들은 애초부터 진정한 신앙에 대한 관심이 별로 없었으며 따라서 결국은 불신앙에 이르고 만다.

다. 8장 31-58절의 예수를 믿은 유대인의 정체

이 부분의 연구 결과는 또한 많은 논란을 불러 일으켜온 8장 31-58절의 유대인의 정체에 대한 질문에 실마리를 제공해 준다. 이 부분은 이해하기가 아주 어려워서, 어떤 학자들은 일관성의 결여가 이 본문의 후대 삽입설을 지지해 준다고 보기도 한다.[55] 하지만, '믿는다' 동사의 용법은 어떤 해결책을 제공해 줄 수 있다. 31절의 예수님을 믿은 유대인들은 '진정한 믿음'이 아니라 '겉치레 신앙'을 소유한 사람들이다. 왜냐하면, 이 구절에서 πιστεύω동사는 예수님을 지칭하는 여격 인칭대명사와 함께 사용되고 있기 때문이다. 그들은 8장 30절에 등장하는 사람들과 동일한 사람들이 아니다.[56] 최소한 30절에 등장하는 사람들 모두가 갑자기 돌변해 버린 31절에 등장하는 유대인들이 되지는 않는다. 30절의 믿은 사람들 중에 일부가 31절의 믿은 유대인들에 암시적으로 포함될 수는 있으나 그 사람들 전부가 갑자기 배신하여 예수님을 대적한 것은 아니다.[57] 31절의 "그를 믿은 유대인들"이라는 표현은 헛되게 믿은 유대인들이 있었음을 드러내 주기 위해 쓰일 뿐이다. 많은 사람이 믿었지만, 반면에 어떤 유대인들은 헛된 믿음을 가졌다.

31절의 유대인들은 단지 추종자들로서 진정한 신앙인으로 남아있지 못할 수 있고 쉽게 예수님께 등을 돌리고 적대자나 원수가 될 수 있던 사람들이다. 여기에 행여 30절의 '많은 사람들'의 일부가 포함된다 할지라도 '많은 사람들'의 신앙은 거짓 신앙이 아니다. 심지어 그의 열 두 제자 중에서도 가룟 유다와 같이 거짓 믿음으로 나아가 원수가 되어 버린 사람이

---

55) Urban C. von Wahlde, "The Johannine 'Jews': A Critical Survey," *NTS* 28 (1982), 50-51. 린다스(B. Lindars)는 '그를 믿은'에 해당하는 헬라어 구(πεπιστευκότας αὐτῷ)가 삽입된 것이라고 믿는다. 이것은 이 부분이 얼마나 해석하기 어려운가를 보여준다. Barnabas Lindars, *The Gospel of John* (London: Oliphants, 1972), 323-24.

56) Westcott, *John,* vol.1, 133과 Brown, *John,* 354를 보라. 브라운은 이 부분에서 이 두 구문의 구별에 대해서 약간은 회의적이긴 하다.

57) 크리소스톰은 예수님이 믿은 자들 중에 어떤 사람들은 계속해서 믿지 않으리라는 것을 알고 있었음을 지적한다. *Homilies on the Gospel of John,* 54.1. 이 부분은 *Ancient Christian Commentary on Scripture: John 1-10*, Joel C. Elowsky (ed.), (Downers Grove: Intervarsity, 2006), 295에서 인용한 것이다.

있었다. 그렇다고 해서 집단으로서 12제자들이 가졌던 믿음을 헛된 신앙이라고 이름붙일 수는 없다. 이 곳에서 또다시 요한은 바로 이웃하는 구절에서 서로 다른 구문을 사용하여 자신의 의도를 드러낸다. 비록 배신하는 사람들이 후에 일부 생길 수 있을 지라도 2장 23절과 12장 42절에서와 마찬가지로 8장 30절의 신앙을 가진 사람들의 믿음을 가짜라고 단정 짓지 않으며, 그 믿음을 인정해 준다.

(정리)

이상에서 발견한 요한복음에 나타나는 '믿는다' 동사에 대한 사항을 다음과 같이 요약해 볼 수 있다:

(1) πιστεύω동사가 '믿는다' '신뢰한다' 는 의미를 나타내 줄 때 여격명사와 함께 사용되면 이것은 특별한 이유가 없는 한 언제나 예수님과 유대인 사이의 적대적 논쟁 속에서 발견된다. 갈등은 예수님이나 하나님에 대한 진정한 신앙을 무색하게 만들어 버린다. 예외적으로 진정한 신앙을 나타내기 위해 사용될 때에는 분명한 이유가 발견된다.

(2) 전치사 εἰς와 목적격 명사와 함께 쓰이는 πιστεύω동사는 진정한 신앙을 표현해 주며 갈등이 존재하지 않는 맥락에서 나타난다. 물론, 이 구문에서 목적어가 '무리' 를 나타낼 때 그들이 모두 예외 없이 앞으로도 지속될 진정한 신앙을 가졌음을 나타내지 않을 수는 있다. 그러나 이것이 그들 모두의 신앙을 겉치레 신앙으로 단정 지을 수는 없게 한다.

(3) 두 구문 사이의 구별을 무효화 시켜버리는 예로 제시되는 2:23, 5:24, 12:42의 용법은 분명한 반대 논증을 제시해 주지 못한다. 논란을 불러 일으키는 6:30과 8:31의 예들도 반증을 제공해 주지 않는다. 이 예들은 특별한 경우를 대표해 주며 그렇게 사용된 이유를 가지고 있음이 드러났다.

결론적으로 πιστεύω + 여격 구문과 πιστεύω + εἰς 구문 사이의 구별은 적어도 요한복음에서는 어느 정도까지는 유지되어진다. 그 구별이 '거짓 신앙' 과 '참된 신앙' 으로 명확하게 구별하는 것은 아닐지라도 크게 보아 그렇게 분류되어질 수 있음이 밝혀졌다. πιστεύω + 여격 구문이 어떠한 경우든 진정한 신앙을 나타내지 않는 것은 분명하며, πιστεύω + εἰς + 목적격 구문이 어느 경우에도 겉치레 신앙으로 단정 지을 수 있는 경우를 표현하기 위해 사용되지 않는 것도 확실하다. 두 번째 구문이 사용되면 신앙의 가치는 일단은 인정된다. 따라서 이 구문들의 사용과 관련하여 논란을 불러일으키는 구절들에 대한 해결책은 이러한 구별에 근거하여 제시되어야 한다. 또한 요한복음의 믿음의 개념은 이 같은 사항을 고려하여 이해되어야 한다.

Ⅱ. 신약의 구약 인용 연구와 헬라어 구문[58)]

앞 부분에서는 πιστεύω 동사 구문에 대한 연구를 통하여 그 구문의 이해가 성경 원문 이해에 얼마나 지대한 영향을 주는지 살펴보았다. 이번에는 신약의 구약 인용연구에 있어서 헬라어 구문 이해가 어떤 역할을 하는지 또한 얼마나 중요한 역할을 하는지 면밀히 검토하고자 한다. 이런 과정을 통하여 정확한 헬라어 문법 지식이 인용연구에 어떤 영향을 미치는지 밝혀보게 될 것이다.

---

58) 이 부분은 『성경원문연구』 26호 (2010), 137-153에 수록된 영문논문, "Quotation of Isaiah 6:9-10 in Matthew 13;14-15," 를 번역하여 재수록한 것이다.

1. 문제제기

마태복음 13장 14-15절에서 이사야 6장 9-10절 전체를 인용하기에 앞서 마태는 13절에서 실질적으로 이사야서의 두 구절을 요약하면서 암시하고 있다.[59]

13. διὰ τοῦτο ἐν παραβολαῖς αὐτοῖς λαλῶ, ὅτι βλέποντες οὐ βλέπουσιν καὶ ἀκούοντες οὐκ ἀκούουσιν οὐδὲ συνίουσιν,
14. καὶ ἀναπληροῦται αὐτοῖς ἡ προφητεία Ἠσαΐου ἡ λέγουσα· ἀκοῇ ἀκούσετε καὶ οὐ μὴ συνῆτε, καὶ βλέποντες βλέψετε καὶ οὐ μὴ ἴδητε.
15. ἐπαχύνθη γὰρ ἡ καρδία τοῦ λαοῦ τούτου, καὶ τοῖς ὠσὶν βαρέως ἤκουσαν καὶ τοὺς ὀφθαλμοὺς αὐτῶν ἐκάμμυσαν, μήποτε ἴδωσιν τοῖς ὀφθαλμοῖς καὶ τοῖς ὠσὶν ἀκούσωσιν καὶ τῇ καρδίᾳ συνῶσιν καὶ ἐπιστρέψωσιν καὶ ἰάσομαι αὐτούς.

13 그러므로 내가 그들에게 비유로 말하는 것은 그들이 보아도 보지 못하며 들어도 듣지 못하며 깨닫지 못함이니라
14 이사야의 예언이 그들에게 이루어졌으니 일렀으되 너희가 듣기는 들어도 깨닫지 못할 것이요 보기는 보아도 알지 못하리라
15 이 백성들의 마음이 완악하여져서 그 귀는 듣기에 둔하고 눈은 감았으니 이는 눈으로 보고 귀로 듣고 마음으로 깨달아 돌이켜 내게 고침을 받을까 두려워함이라 하였느니라.[60] (『개역개정』)

---

59) 인용된 이사야 6장 9-10절과 관련하여 Craig A. Evans 는 이 이사야 본문이 '복음서 전통에서 흥미롭고도 너무도 중요한 역할을 해왔다'고 설명한다. 그의 논문 "The Function of Isaiah 6:9-10 in Mark and John", *NovT* 24/2(1982), 137을 보라.

60) 이 구절의 헬라어 원문에 대한 본 저자의 영어 번역을 보면 헬라어 구문이 더 잘 드러난다.

이 구절에 나타나는 마태의 성취 인용(fulfillment quotation)[61]은 마태복음의 다른 부분들에 등장하는 성취인용과는 다른 독특한 특성들을 다음과 같이 드러내 준다:[62]

---

13 For this, I speak to them in parables, because 'though seeing they do not perceive, and though hearing they do not listen, nor do they understand.'
14 To them indeed is fulfilled the prophecy of Isaiah that says: 'You will certainly listen, but never understand, and you will certainly see, but never perceive.
15 Because this people's heart has been calloused, thus their ears are hard of hearing, and they have shut their eyes; lest they should see with their eyes, and listen with their ears, and understand with their heart and turn-- and I would heal them.'

61) 성취 인용이란 구약을 인용하면서 한글로 '성경에 기록된바' 라는 표현으로 번역된 헬라어 인용 소개 형식(introductory formula of quotation)으로 시작하는 인용을 가리킨다. 이 소개 형식은 마태복음에 집중적으로 나타난다. 마태는 유대인들을 위해 글을 쓰면서 성취 형식을 많이 사용한다. 곧 구약에서 약속된 내용이 성취되었다는 표현을 즐겨 사용하는 것이다. 이렇게 했던 이유는 마태복음의 독자인 유대인들이 복음으로 말미암는 변화에 대해 당혹해 하고 거부감을 가졌는데, 그들에게 이 변화가 유대 성경인 구약의 성취이지 구약의 배반이 아님을 보여주기 원했기 때문이다. 누군가가 표현한대로 마태복음은 '낡은 가죽부대에 담긴 새 포도주' 에 대한 얘기로 표현해 볼 수 있는데, 새 포도주는 복음이고 낡은 부대는 유대교를 뜻한다. 당장 마태복음 초반부인 1장 22-23절에 구약을 인용하며 그 내용이 성취되었다고 기록한다: "이 모든 일이 된 것은 주께서 선지자로 하신 말씀을 이루려 하심이니 이르시되 보라 처녀가 잉태하여 아들을 낳을 것이요 그의 이름은 임마누엘이라 하리라 하셨으니 이를 번역한즉 하나님이 우리와 함께 계시다 함이라". 또한 바로 뒷장인 2장에서는 여러 번 구약 예언의 성취를 기록하고 있다. 2장 15절에 요셉과 마리아가 아기 예수를 데리고 애굽에 가는 것을 구약의 예언의 성취로 이해하며 2장17-18절에서 헤롯이 베들레헴과 그 인근 지역의 두 세 이하 아이들을 다 죽인 것을 예레미야의 예언의 성취로 선언한다. 2장 마지막 부분에도 나사렛에 머물게 된 이유를 구약 내용의 성취로 설명하고 있다. 4장 14절에서도 그와 같은 표현이 등장하며 이것은 마태복음 중간 중간에 등장하며 끝까지 이어진다 (8:17, 12:21, 13:14, 13:35, 21:4, 26:54, 26:56, 27:9). 마태복음의 저자와 독자가 유대인이라는 주장을 보려면, 정훈택, 『쉬운 주석 마태복음』 (서울: 그리심, 2008), 10을 보라.

62) 스탠튼(Graham N. Stanton)은 마태복음 13:14-15절에 있는 인용이 성취 인용에 속하지 않는다고 주장한다. *A Gospel For a New People: Studies in Matthew* (Edinburgh: T. & T. Clark, 1992), 349. 하지만 대부분의 학자들은 그 인용을 성취 인용으로 간

1) 인용된 구약성경 구절이 분명하게 신약에서 성취되었음을 가리켜주는 접속사 ἵνα (...하도록, in order that)가 14-15절에서 빠져있다. 또한 이 두 구절의 인용 내용을 요약하는 13절에서도 역시 이 접속사가 없으며 대신에 또 다른 접속사인 ὅτι ('왜냐하면')이 그 접속사를 대신하여 사용되고 있다; 2) 14-15절에 있는 성취 인용의 소개 형식 역시 마태복음에서 자주 사용되는 것과는 다르다. 특별히 14절에 등장하는 προφήτεια는 마태복음 전체에서 이곳에서만 단 한번 등장하는 표현으로 마태복음의 다른 성취 인용에서 결코 사용된 적이 없다; 3) 14-15절에 인용된 본문은 실제적으로 그 앞구절 곧 13절의 내용의 반복으로 이런 방식은 이곳에서만 등장한다. 또한 이 본문에서 그와 같은 반복이 꼭 필요치 않음을 알 수있다. 사실 이야기의 논리는 14-15절이 없을 때 더 부드럽게 흘러가며, 13절과 16절의 반증법적 병행법은 이 두 구절에 의해 방해받는 것처럼 보인다;[63] 4) 성취인용은 이 구절에서 예수님의 입에서 나오는 것으로 표현하고 있는데 이것은 이 구절에만 나타나는 독특한 현상이다; 5) 인용된 본문은 70인경의 본문에 의존하고 있는데 마태는 다른 성취 인용의 경우에 언제나 히브리어 본문에서 인용한다.

이상과 같은 독특한 특성들은 많은 논란을 블러일으켰다. 이 부분에서 마태의 본문은 성취 인용을 위해 마태가 구약을 인용하는 일반적 방법과는 왜 다른 것일까? 어떤 학자들은 독특한 내용들은 후대의 삽입이거나 마

주한다: Hagner, Davies and Allison 등. (이들의 책에 대한 자세한 서지 정보를 위해서는 아래를 보라). 스탠튼의 주장은 성취인용을 위해 자신이 세운 기준들에 의존하는데 그것들은 설득력이 별로 없다.

63) 데이비스와 앨리슨(W.D. Davies and D.A. Allison)에 따르면 "복음서의 본문은 만일 13:14-15절이 없다면 부드럽게 흘러간다." *The Gospel According to Saint Matthew*, vol. II (London/New York: T. & T. Clark International, 1991), 394.

태가 이 인용을 위해 자료에 의존했다고 주장한다.[64] 다른 학자들은 이 특성들 중에 몇 개, 특별히 13절의 접속사 ὅτι의 사용과 13절과 14절의 접속사 ἵνα 사용 회피는 이 구절에서 예정론적 결정(predestinarian determination)과 의도를 피하거나 완화시키기 위한 장치라고 생각한다. 그래서 그들은 이 구절에서 예수님의 말씀을 듣기를 거부하는 인간의 책임을 강조하기 위해 마태가 의도적으로 그렇게 기록했다고 주장한다.[65] 그런데 만일

---

64) 스탠튼은 대부분의 주석가들이 마태복음 13장 14-15절의 인용을 "이사야 6장 9절 이하의 내용이 인용되고 있는 사도행전 28장 26-27절에 근거한 후대의 삽입"으로 간주한다고 주장한다. 그의 책, *Studies in Matthew*, 349를 보라. 사실 그는 스텐달(K. Stendahl)을 따르고 있다. 그의 주장을 위해서는 그의 책, *The School of St. Matthew and Its Use of the Old Testament* (Philadelphia: Fortress, 1968), 131을 보라. 마태복음 13장의 인용이 후대의 삽입이라는 주장을 논박하면서, 해그너 (Donald Hagner)는 마태 자신이 그 인용을 집어넣었다고 주장한다. *Matthew 1-13*, WBC 33A (Dallas: Word Books, 1993), 373.

65) 건드리(Robert H. Gundry)는 마태의 인용 소개 형식이 하나님의 책임을 완화시키려는 마태의 의도를 보여준다고 주장한다. *Matthew: A Commentary on His Handbook for Mixed Church under Persecution*, 2nd ed. (Grand Rapids: Eerdmans, 1994), 257. 하나님의 주도권과 인간의 책임사이에 균형을 강조하기는 하지만 해그너는 "근원적 문제는 사람들이 비유들을 받아들이려하지 않는다는데 있다"고 말함으로서 인간의 책임을 강조한다. *Matthew 1-13*, 371. 또한 그는 비록 예정론의 개념을 제외시키고 있지는 않지만, 마태의 일차적인 관심은 이스라엘 백성의 비난받을 만한 불신앙임을 분명하게 지적한다. *Matthew 1-13*, 373-75. 데이비스와 앨리슨 또한 "마태는 예수님께서 처음부터 그들의 곤경가운데 죄인들을 버려두려고 의도하셨다는 인상을 남기기를 원치않았다"고 주장한다. *Matthew*, 393. 블롬버그(Craig L. Blomberg)에 따르면, 다수의 학자들은 "마태가 마가의 목적절(ἵνα절)을 약화시켜서 그것을 결과절(ὅτι)로 만들어버렸다"는 사실에 동의한다. *Matthew*, NAC 22 (Nashville: Broadman, 1991), 216을 보라. 그와는 반대로, 프랑스(R.T. France)는 13절에 있는 접속사 ὅτι가 그 내용의 혹독성을 부드럽게 한다는 주장에 반대한다. 왜냐하면, 보다 넓은 문맥은 분명하게 "제자들의 깨달음과 군중의 아둔함 사이의 구분"을 나타내 주기 때문이다. 그의 책, *The Gospel According to Matthew* (Grand Rapids: Eerdmans, 1985), 222를 보라. 또한 그의 최근의 저서, *The Gospel According to Matthew* (Grand Rapids/Cambridge: William B. Eerdmans, 2007), 512-13을 보라. 칼슨 (D.A. Carson) 또한 예정론적 어조가 마태의 본문에서 울려퍼진다고 주장한다. *Matthew*, *Expositor's Bible Commentary* vol. 8-1., Gaebelein, ed. (Grand Rapids: Zondervan, 1984),

마태가 그렇게 했다면 왜 자신의 구약 인용 방식에서 벗어났던 것일까? 그리고 만일 마태가 마태복음에 있는 인용들을 우해서 자료에 의존했다 하더라도, 왜 유독 여기에서만 인용이 마태의 일반적 형태에서 벗어난 것일까? 이제 이 질문에 답하기 위해서 마태복음 13장 11-15절의 문맥을 살펴보고자 한다.[66] 또한 마태의 의도와 마태복음 13:11-15절의 의미를 분명하게 하기 위해서 몇 가지 문법적인 특성들과 문학적 장치들 역시 연구 대상이 될 것이다.

2. 13절의 ἵνα를 대신한 ὅτι의 사용

왜 마태는 13절에서 분명하게 예수님께서 비유들로 말씀하신 목적을 나타내줄 수 있는 접속사 ἵνα 대신에 약간은 모호해 보이는 ὅτι를 사용한 것일까? 가장 단순한 해답은 마태의 자료가 접속사 ὅτι를 가지고 있었기에 마태가 그렇게 했다고 보는 것이다. 하지만 그렇게 되면 또 다른 질문이 떠오르게 된다: 왜 마태는 그의 자료에 있는 접속사를 자신의 문체가 아님에도 불구하고 채택한 것일까?

---

309. 헤어 (Douglas R.A. Hare)는 접속사의 변경은 마태의 이론을 부드럽게 하지 않는다고 주창하면서 이런 입장에 동조한다. *Matthew* (Louisville: John Knox, 1993), 149-150.

66) 이사야 6장 9-10절의 다른 복음서들에서의 인용과 관련하여, 에반스는 이사야 본문은 각 복음서 저자의 목적을 위해 인용된다고 설명한다. 그에 따르면, 마가와 요한은 마태와 누가와는 달리, 본문의 거친 의미를 제시해 준다. 왜냐하면 그들에게는 "기독론이 기적들과 비젼 그리고 경이로움의 용어보다는 고난과 십자가의 용어로 이해되어져야 하기 때문이다." 그는 다음과 같이 결론짓는다: "두 복음서 저자들에게, 예수님의 사역은 냉혹함을 증진시키고 반대와 십자가 죽음의 선고를 야기시킨다." 그의 논문 "The Function of Isaiah 6:9-10 in Mark and John", *NovT* 24:2 (1982), 137-138을 보라.

이 지점에서 네슬-알란트 판이 채택하고 있는 접속사 ὅτι에 대한 본문 비평이 요청된다. 메쯔거에 따르면, 접속사 ὅτι는 거의 확실하게 원문이어서 'B'등급으로 분류된다. "서방 사본과 다른 타입의 몇몇 대표적 사본들은 마가복음 4장 12절과 누가복음 8장 10절에 있는 병행구절의 영향을 받아서 ὅτι를 ἵνα로 바꾸어 버렸다"고 그는 주장한다.[67] 그는 사본 필사자들이 마태복음의 본문을 마가복음과 누가복음의 본문과 맞아 떨어지도록 ὅτι를 ἵνα로 바꿈으로써 조화를 이루게 만들었다고 가정한다.[68] 따라서 원래 원문의 접속사는 ὅτι였다고 본다.

하지만, 사본학적 증거는 이 본문을 'B' 등급을 줄만큼 그렇게 강력하지가 않다. 다음과 같은 요소들은 메쯔거의 주장에 대한 반증을 제시해 준다. 첫째 외적 증거(external evidence)는 어느 한쪽 손을 들어주지 않는다. 왜냐하면, 콥틱 사본은 물론이거니와 서방사본 중 일부(구 라틴 사본등)과 시제리안(Cesarean) 사본들이 접속사 ἵνα를 포함한 독법을 지지해 주기 때문이다. 사본들의 지역적 분표 역시 주목을 끈다. 접속사 ἵνα를 포함한 사본들은 광범위한 지역들에 널리 퍼져있다. 몇몇 신뢰할 만한 사본들이 네슬-알란트 판의 본문을 지지해 주는 것은 사실이지만,[69] 외적 증거는 여전

---

67) Metzger, *A Textual Commentary on the Greek New Testament*, 27. 앨런 (W.C. Allen)은 저자가 접속사 ἵνα를 ὅτι로 일부러 바꾸었다고 주장하는데 그 이유는 그가 예정론적 어조를 견디기 어려웠기 때문이라고 설명한다. 그의 책, *Matthew* (Edinburgh: T. & T. Clark, 1977), 146을 보라.

68) 마태복음과 마가복음 사이의 차이와 관련하여, 해그너는 마태가 "비록 심각하게 마가복음으로부터 벗어나 있기는 하지만, 마가를 따르고 있다"고 생각한다. 프랜스 역시 마태의 본문은 마가복음과 누가복음에 있는 표현에 동화되었음을 보여준다는 입장을 취한다. 그의 책, *The Gospel of Matthew*, 506. 각주 2번. 여기서 공관복음문제와 마태복음과 누가복음을 위한 자료 문제에 뛰어 뜨는 것은 현명하지 못하다. 아마도 마태복음은 이 부분에서 마가복음에 의존하지 않는다는 언급을 하는 것으로 족하다고 본다. 마태는 어쩌면 70인경의 문체에 젖어있는 어떤 자료에 의존했을 수도 있다.

히 균형을 이루고 있거나, 아니면 적어도 분명하게 네슬-알란트의 독법을 지지해 주지는 않는다.

내적 증거(internal evidence) 역시 명백하게 어느 한 쪽의 독법을 지지해 주지 않는다. 앞서 지적한 대로, 네슬-알란트를 편집한 세계 성경 공회(United Bible Society)의 편집 위원회는 ἵνα의 존재를 마가복음이나 누가복음의 본문에 이미 익숙해져 있던 필사자들의 탓으로 돌린다. 사실, 그들이 제시할 수 있는 또 다른 설명은 마태의 전형적인 인용 형식에 친숙해져 있던 사본 필사자들이 마태의 문체를 받아들였고 접속사를 ἵνα로 바꾸었다고 보는 것이다. 어쩌면 이것이 더 나은 설명일 수 있다. 어쨌든, 이러한 설명 역시 편집위원회의 결정을 입증해 주는 것처럼 보인다. 하지만, 이와는 아주 다른 설명이 가능하다. 그것은 바로 비-마태적 경향이라고 생각되는 예정론적 암시를 떨쳐낼 목적으로 앞의 설명과는 반대로 원래있던 ἵνα 절을 ὅτι 절로 바꾸었다는 설명이다.

이 문제와 관련하여 13절 처음에 있는 전치사구 διὰ τοῦτο가 주목을 끈다. 왜냐하면 마태복음에 사용된 이 구문의 용법이 사본학적 문제에 어떤 실마리를 제시해 줄 수 있기 때문이다. 이 전치사구는 보통 13절에 있는 ὅτι 절의 내용을 받는 것으로 해석된다: "이것이 바로 내가 그들에게 비유들로 말하는 이유니, 곧 …이기 때문이다."(This is why I tell them in parables, because...) 혹은 더 단순하게 "내가 그들에게 얘기하면서 비유들을 사용하는 이유는…(ὅτι 절의 내용) 때문이다." (The reason I employ parables in talking to them is..).[70] 하지만, 문제는 마태복음에서 이 전치사구는 그런 식

69) 의심할 나위없이 이것이 네슬 알란트 27판이 접속사 ὅτι를 채택한 이우다.

70) France, *The Gospel of Matthew*, 512, 각주 14번. 또한 월리스는 이 예를 앞의 주장을 가리키지 않는(non-retrospective) 예로 간주한다. Wallace, *Greek Grammar:*

으로 사용되지 않는다는데 있다. 이 전치사구는 언제나, 비록 접속사 ὅτι가 없을 때도 있기는 하지만, 마태복음서에서 추론적 의미인 '그러므로'라는 뜻을 전달하며 그것의 뒤가 아닌 앞에 언급된 주장을 지칭하기 위해서 사용된다: 6:25; 12:27, 31; 13:52; 14:2; 18:23; 21:43; 23:34.

이 전치사 구가 뒤의 내용을 가리키기 위해 사용되는 것처럼 보이는 경우가 마태복음 24:44절에 등장하는 것처럼 보이기는 한다. 거기에서 전치사구는 언 듯 보기에 뒤 따라 나오는 ὅτι절을 지칭하는 것처럼 보인다:

> διὰ τοῦτο καὶ ὑμεῖς γίνεσθε ἕτοιμοι, ὅτι ᾗ οὐ δοκεῖτε ὥρᾳ ὁ υἱὸς τοῦ ἀνθρώπου ἔρχεται.
>
> 이러므로 너희 역시 준비하고 있으라. 왜냐하면 생각하지 않은 때에 인자가 올 것이기 때문이다.
>
> Therefore, you too be ready, since you do not know when the son of man comes. (NRSV)

그럼에도 불구하고 이 예는 강력한 증거를 제시해 주지는 않는다고 볼 수 있다. 이 경우에도 전치사구가 앞의 내용을 가리킨다고 설명할 수 있기 때문이다. 44절에 있는 ὅτι절의 내용은 실제적으로는 앞의 두 구절인 42절과 43절의 내용과 동일하다.[71] 특별히, 42절의 내용은 44절 하반절 내

Beyond the Basics, 333, 각주 46번. 모리스(Leon Morris)는 이 전치사 구가 "이런 까닭에" 나 "그러므로"를 의미한다고 제시하지만 "진정한 이유는 13절 하반절에 따라 나온다" 고 덧붙인다. *The Gospel According to Matthew* (Grand Rapids: Eedmans, 1992), 341, 각주 32번.

71) 42 그러므로 깨어 있으라 어느 날에 너희 주가 임할는지 너희가 알지 못함이니라
43 너희도 아는 바니 만일 집 주인이 도둑이 어느 시각에 올 줄을 알았더라면 깨어 있어 그 집을 뚫지 못하게 하였으리라. (『개역개정』)
이 번역과 비교해 보도록 NRSV의 번역을 제시해 보면 아래와 같다:

용의 반복이다. 그래서 이 구절에 있는 διὰ τοῦτο는, 비록 뒤의 ὅτι절의 내용을 지칭한다고 하더라도, 그 구절의 앞 구절들의 내용과 동일한 내용을 포함하고 있다. 결국 진정한 의미에서 διὰ τοῦτο가 후속의 ὅτι절만을 가리키는 예는 마태복음에서 발견되지 않는다.

마태복음 이외의 다른 신약 성경 책들 중에서 διὰ τοῦτο를 접속사가 뒤따르는 구문은 요한문헌에서 아홉 번 등장한다: 요한복음 5:16, 18; 8:47; 10:17; 12:18, 39; 15:9 (뒤바뀐 순서); 요한일서 3:1;계시록 18:8.[72] 아홉 번의 경우 모두에서, 전치사 구는 ὅτι를 가리키는 것이 아니라 앞의 주장을 지칭한다. 결과적으로, 마태복음 13장 13절에서 뒤에 쓰여진 접속사 ὅτι를 지칭하는 전치사구 διὰ τοῦτο의 용법은 비-마태적이며 비-신약 성경적이다.[73] 이 같은 결론은 마치 ὅτι절이 원래 독법임을 나타내 주는

42 Keep awake therefore, for you do not know on what day your Lord is coming.
43 But understand this: if the owner of the house had known in what part of the night the thief was coming, he would have stayed awake and would not have let his house be broken into.

72) 접속사가 따라나오는 이 전치사 구의 용법과 관련하여, 놀랜드(John Nolland)는 그것이 "그 이상의 설명을 제공함으로 의미를 분명하게 하는 것이라기 보다는 "이유에 대한 이중 언급(double reference)" 이라고 단언한다. 그는 요한복음 10장 17절과 12장 18절에 있는 예들이 이중 언급을 드러낸 준다고 제안한다. *The Gospel of Matthew: A Commentary on the Greek Text* (Grand Rapids: Eerdmans, 2005), 534, 각주 38번. 하지만 그의 주장은 설득력이 없다. 왜냐하면 그가 제시한 예들은 이중 언급을 나타내지 않고 덧붙여진 설명의 첨가와 더불어 의미의 해설을 나타내 주기 때문이다. 마태복음 24장 44절과 요한복음 5장 16절, 18절, 8장 47절에서 덧붙여진 설명은 주어지지 않고 단지 동일한 내용을 위한 다른 표현들만이 사용된다. 요한복음 12장 39절과 요한일서 3장1절 요한계시록 18장 8절의 경우에, 놀란드의 판단은 유효하다. 모든 예들에서, ὅτι절은 전치가 구가 지칭하는 그 앞의 주장과 긴밀하게 연결되어 있다.

73) 대부분의 영어 성경들은 전치사구와 접속사를 "그러므로…, 왜냐하면", 으로 번역한다. 몇몇 영어 성경은 그것들을 "(내가 말하는) 이유는…이다" (the reason [I speak] is that)으로 해석한다. 흥미롭게도, NIV는 접속사를 직접 화법을 위한 표식으로 간주한다: This is why I speak to them in parables: "Though seeing…".

것처럼 보인다. 왜냐하면, ὅτι 절이 어려운 독법을 대표하기 때문이다.

하지만, 다음과 같은 사항들은 이 주장의 신빙성을 떨어뜨린다. 사본 필사자들은 διὰ τοῦτο와 함께 사용되는 접속사 ὅτι 용법의 문제를 인식하지 못했을 수 있다. 왜냐하면 마태는 인간의 책임을 강조하기 때문이다. 그와는 반대로, 그들은 쉽게 접속사 ἵνα 때문에 발생하는 문제는 인식한다. 왜냐하면 그것이 마태의 경향과 모순되기 때문이다. 그들은 13절의 내용을 인간의 책임을 강조하는 마태의 성향과 조화를 이루도록 만들어 주기위해 접속사 ἵνα를 ὅτι로 고쳤을 수도 있다. 게다가, 뒤따라오는 ὅτι를 지칭하는 διὰ τοῦτο 용법의 독특성을 인지하는 것은 어려운 반면에 예정론의 문제는 상대적으로 수월하게 인식이 가능하다. ὅτι로 접속사를 변경하는 것은 그 문장의 의미와 13-15절의 의미를 다소 모호하게 만든다. 후속 구절들인 14-15절에 있는 이사야 6:9-10절의 인용은 사본 필사자들로 하여금 어떤 방법을 써서든지 예정론적 강조점을 완화시키도록 압박을 가했을 것이다. 접속사 ἵνα를 쓰게되면, 이 부분의 주제는 명백하게 하나님의 결정이 된다: "그러므로, 내가 그들에게 비유로 말하는 것은 그들이 보아도 보지 못하고 들어도 깨닫지 못하도록 하기 위함이다." 사본 필사자들은 아마도 접속사 ἵνα의 사용으로 야기되는 이 구절과 마태의 경향 사이의 충돌을 피하고자 했을 수도 있다. 이렇게 생각해 보면, ἵνα가 원래 독법이었을 수 있다. 비록 여전히 ὅτι 절을 ἵνα 절로 바꾸었을 가능성이 더 있어 보이기는 하지만, 이러한 사항들은 어떤 사본 필사자들이, 일반적으로 가정하는 것과는 정반대로 오히려 ἵνα 절을 ὅτι 절로 바꾸었음을 나타내 줄 수도 있다.

그러나, 접속사 ὅτι가 마태에 의해 사용된 원래 단어라고 받아들인다 하더라도, 그 접속사는 접속사 ἵνα와 유사한 의미를 전달할 수도 있다. 왜냐하면 접속사 ὅτι는 결과를 표현할 수 있기 때문이다: "그러므로, 내가 너희에게 비유로 말하고 그 결과 그들이 보아도 보지 못하고 들어도 깨닫지 못한다."[74] 이 용법은 신약에서 잘 쓰이지 않는 것이 사실이나, 몇몇 가능한 예들이 요한복음 7장 35절, 14장 22절, 데살로니가 전서 6장 7절, 히브리서 2장 6절에서 발견된다.[75] 또 한 가지 주목할 것은 70인경에서 이 용법이 몇 번 사용된다는 것이다: 창 20:9, 삿 14:3; 삼상 20:1, 왕상 18:9. 게다가, 비록 접속사 ὅτι가 결과절로 해석되지 않는다 하더라도 전치사구 διὰ τοῦτο의 역할 때문에 그 앞의 구절, 곧 11-12절의 내용과 함의를 반영하거나 심지어 실제로 반복하는 것으로 이해되어야만 한다. 전치사구 διὰ τοῦτο는 앞의 주장의 의미를 분명하게 하면서 그 주장을 반영해 주고 있기 때문이다. 그런데 11-12절은 다음과 같은 의미를 전달한다: "제자들은 하나님에 의해서 비밀들을 아는 능력을 받았고 외인들은 하나님에 의해 그 능력을 부여받지 못했기 때문에 예수님은 그들에게 비유들로 말씀하신다. 왜냐하면, 그들은 그들의 마음을 강팍하게 하시는 하나님의 주도적 행위의 결과로 깨달을 수 없기 때문이다."[76]

결과적으로, 13절에 있는 ὅτι절은 그들에게 비밀을 아는 능력이 주어지지 않은 까닭에 듣지도, 보지도 못하며 자신들이 가진것 조차도 빼앗김을 암시해 준다. 다른 말로 하면, ὅτι절은 11-12절에 묘사된 하나님의 의도의 결과로 생긴 현상을 나타내 준다.

---

74) BDAG, 732. 또한 에반스(C.A. Evans)의 논문, 'The Function of Isaiah 6:9-10", 129를 보라. 그는 이 주장을 소개하기는 하지만 받아들이지는 않는다.

75) 모리스는 접속사와 관련하여 비록 그것이 문법적으로 '결과' 용법일수 있지만, 결과라기 보다는 목적을 나타내기 위해 사용되었다고 설명한다.

76) 마태는 단어 '비밀'을 위해서 복수 형을 사용한다. 그 반면에 마가는 이 단어의 단수 형을 사용한다.

3. 마태는 선택 교리의 심각성을 완화하려고 시도하는가?

사실, 마태는 어떤 학자들이 가정하듯이 단순히 예정론의 색채를 완화시키려고 시도하지 않는다. 11절의 수동태 동사들은 주목을 끈다. 마태는 분명하게 하나님 나라의 비밀들을 아는 것이 제자들에게는 주어졌고 외인들에게는 주어지지 않았다고 선언하는데, 두 번째 부분(외인에게는 주어지지 않았다)을 마가나 누가는 분명하게 표현하지 않는다. 마태복음의 본문을 마가와 누가의 본문과 비교하면 마태의 수동태 동사 '주어지다'에 대한 마태의 강조점을 쉽게 알 수 있다.[77] 마가와 누가 모두 단순히 제자들에게 비유로 주어진다고 묘사한다. 그런데 마가와 누가와는 달리 마태는 δίδωμι 동사의 수동태형을 반복함으로써 분명하게 외인들의 조건(상태)을 내부인들의 조건과 비교한다: “하나님 나라의 비밀을 아는 것이 그들(외인들)에게

---

77) 세 복음서의 이 부분을 비교해 보면 차이점이 분명해 진다. 볼드체로 된 부분은 수동태의 사용을 표현해 주는데 수동태 의미를 분명하게 보여주는 영어 성경의 번역을 제시해 본다.

Mt. 13:11 ὁ δὲ ἀποκριθεὶς εἶπεν αὐτοῖς· ὅτι ὑμῖν **δέδοται** γνῶναι τὰ μυστήρια τῆς βασιλείας τῶν οὐρανῶν, ἐκείνοις δὲ οὐ **δέδοται**.
He answered, “To you it **has been given** to know the secrets of the kingdom of heaven, but to them it has not been given.(NRSV)

Mk 4:11 καὶ ἔλεγεν αὐτοῖς· ὑμῖν τὸ μυστήριον **δέδοται** τῆς βασιλείας τοῦ θεοῦ· ἐκείνοις δὲ τοῖς ἔξω ἐν παραβολαῖς τὰ πάντα γίνεται.
and he said to them, “To you **has been given** the secret of the kingdom of God, but for those outside, everything comes in parables; (NRSV)

Lk 8:10 ὁ δὲ εἶπεν· ὑμῖν **δέδοται** γνῶναι τὰ μυστήρια τῆς βασιλείας τοῦ θεοῦ, τοῖς δὲ λοιποῖς ἐν παραβολαῖς, ἵνα βλέποντες μὴ βλέπωσιν καὶ ἀκούοντες μὴ συνιῶσιν.
He said, “To you it **has been given** to know the secrets of the kingdom of God; but to others I speak in parables, so that ‘looking they may not perceive, and listening they may not understand.’ (NRSV)

는 주어지지 않았다." 이것은 마태가 반드시 예정론적 암시나 특징을 피하려고 하지 않았음을 의미한다. 수동태 동사들이 바로 다음 구절인 12절에 다시 등장한다는 사실도 주의를 끄는데, 이 수동태 동사들을 마가와 누가는 이 사건 기사의 마지막, 마가의 경우 14절 뒤 누가의 경우에 8절 뒤에 놔두었다;

> ὅστις γὰρ ἔχει, **δοθήσεται** αὐτῷ καὶ **περισσευθήσεται**· ὅστις δὲ οὐκ ἔχει, καὶ ὃ ἔχει **ἀρθήσεται** ἀπ' αὐτοῦ.
>
> For whoever has, to him it will **be given**, and it will **be exceeded**; but whoever does not have, even what he has will **be taken away** from him.
>
> 무릇 있는 자는 받아 넉넉하게 되되 없는 자는 그 있는 것도 빼앗기리라. (『개역개정』)[78)]

더욱 흥미롭게도 이 구절에서 마태의 본문은 다른 두 복음서 보다 수동태 동사를 하나 더 가지고 있다(**περισσευθήσεται**). 하나님의 주도권을 강조하는 문맥에 놓여있는 세 개의 신적 수동태와 더불어 하나님의 주도권이 다시한번 이 구절에서 강조된다.[79)] 이런 까닭에 예수님은 비유들로 외인들에게 말씀하시며, 그 결과 그들은 보아도 보지 못하고 들어도 듣지 못하고 이해하지 못한다.

---

78) 한글 성경의 번역은 원문을 제대로 반영해 주지 못하여 필자의 영어 사역을 함께 제시하였다.

79) 뉴먼과 스타인(Barclay M. Newman & Philip C. Stine)은 수동태 구문에서 사용된 동사들의 주어가 '하나님'이어야 함을 지적한다. *A Translator's Handbook on the Gospel of Matthew* (London/New York/Stuttgart: United Bible Society, 1992), 490-91.

4. 이사야의 문맥

가. 이사야 6장에는 예정론적 주제가 나타나는가?

마태복음에 인용된 구약 성경 구절인 이사야 6장 9-10절의 본문에 대한 적절한 해석은 앞에서 제시한 해석의 정당성을 입증해 준다. 블롬버그(Craig L. Blommberg)는 이사야 본문이 "앞서서 인간으로 하여금 죄를 짓게 하는 하나님의 계획"을 반드시 나타내 주지는 않는다고 주장한다.[80] 이사야서에서 이스라엘 백성들은 이미 하나님에 대항하여 죄를 범하였고 하나님의 말씀에 순종하기를 반복적으로 거절하였기 때문에, 이제 하나님은 단지 그들의 반란과 거절을 확증하셨을 뿐이다. 블롬버그는 이사야 6장의 마지막에 묘사된 미래 소망에 주목한다:

> 그 중에 십분의 일이 아직 남아 있을지라도 이것도 황폐하게 될 것이나 밤나무와 상수리나무가 베임을 당하여도 그 그루터기는 남아 있는 것 같이 거룩한 씨가 이 땅의 그루터기니라 하시더라 (『개역개정』)

> "But yet a tenth *will* be in it, and will return and be for consuming, a saterebinth tree or asan oak, whose stump *remains* when it is cut down. So the holy seed *shall* be its stump."(NKJ)

하지만, 예정론의 주제가 여전히 분명하게 이사야 본문에 남아있다는 사실은 부인할 수 없다. 이런 까닭에 몇몇 유대 문헌들은 이 본문에 있는 예정론적 요소의 심각성을 완화시켜 버렸던 것이다.[81] 이스라엘 백성의

---

80) Craig L. Blomberg, "Matthew", G.K. Beale and D.A. Carson, (eds.), *Commentary on the New Testament Use of the Old Testament* (Grand Rapids: Baker, 2007), 47.

81) 쿰란 동굴에서 발견된 이사야서 본문은 이사야 6:9-10절을 다음과 같이 기록하고 있다: 듣기를 계속하라, 왜냐하면 너희들이 깨달을 수 있기 때문이다. 이 백성의 마음을 오싹해지게 하라. 그들이 그 눈들을 가지고 보지 못하고 그 귀들을 가지고 듣지 못하

불순종에 대한 징벌은 오랜 기간동안 지속될 것이고 그 기간동안에 이스라엘 백성들은 하나님께서 그들의 마음을 강퍅하게 하시는 역사를 경험할 것이며 그들은 하나님의 엄중한 결정을 견뎌내야만 한다.

나. 신적 수동태와 접속사

하나님의 주도권은 이사야 6장 10절에 있는 신적 수동태와 접속사 γάρ의 사용에서 현격하게 드러나는데 이 두가지 모두 마태복음 13장 15절에 나타난다. 마태복음의 본문에도 인용되고 있는 70인경 이사야 6장 10절의 수동태 동사 ἐπαχύνθη는 그들의 마음을 강퍅하게 함에 있어 하나님께서 갖고 계신 주도권을 표현해 준다:

> **ἐπαχύνθη** γὰρ ἡ καρδία τοῦ λαοῦ τούτου καὶ τοῖς ὠσὶν αὐτῶν βαρέως ἤκουσαν καὶ τοὺς ὀφθαλμοὺς αὐτῶν ἐκάμμυσαν μήποτε ἴδωσιν τοῖς ὀφθαλμοῖς καὶ τοῖς ὠσὶν ἀκούσωσιν καὶ τῇ καρδίᾳ συνῶσιν καὶ ἐπιστρέψωσιν καὶ ἰάσομαι αὐτούς.
>
> For the heart of this people **has become gross**, and their ears are dull of hearing, and their eyes have they closed; lest they should see with their eyes, and hear with their ears, and understand with their heart, and be converted, and I should heal them. (LXE)

이런 맥락에서, 첫 번째 줄에 등장하는 접속사 καί는 '그래서' 라고 해석되어야 한다: "왜냐하면 이 사람들의 마음들이 (하나님에 의해서) 둔해졌기 때문이다. 그래서(καί) 그들의 귀들로 듣기 어렵고…" BDAG는 위에

도록 그 귀들을 정지시키고 그 눈들을 가려 버려라. 그들로 하여금 그 마음으로 이해하게 하고 고침을 받게 하라 (1QIsa)". 이 쿰란 본문은 블롬버그의 "Matthew", 47에서 인용한 것이다.

밑줄 친 동사의 수동태형은 대부분의 영어 성경이 채택하고 있는 대로 "둔해지다"(become dull)라는 의미라고 주장하면서 이 수동태 동사가 능동태 의미를 전달한다고 제시한다.[82] 하지만 한 가지는 여전히 분명하다. 곧 수동태형은 '신적 수동태'로 규정되어질 수 있다. 한 가지 주목을 끄는 것은 이사야 34장 6절에서 이 동사의 수동태형은 분명히 수동의 의미를 갖는다는 것이다: "is made fat with fatness."[83]

첫 번째 καί부터 ἐκάμμυσαν 동사까지의 문장은 첫 번째 부분의 결과를 나타낸다: "이 백성의 마음들은 (하나님에 의해) 강퍅하게 되었고, 그 결과 (=그래서) 그들이 그들의 귀로 듣기 어려웠고…." 행동의 순서는 상당히 논리적임에 틀림없다: "그들의 마음들이 (하나님에 의해) 둔하여졌고, 그리고 나서 그들이 귀로 듣기 어려웠고…."

10절 하반절의 μήποτε절에 있는 문장은 10절 상반절에 있는 문장의 목적어들의 순서를 뒤집어 놓았다. 곧 10절 상반절에는 "마음"이 첫 번째로 쓰였으나 ("이 백성의 마음이 둔하여지고 그 귀가 막히고 눈이 감기며"), 10절 하반절에는 "마음"이 맨 뒤에 놓여있는 것이다. 이 때 마음이 둔하여진 목적이 10절 하반절에서 표현되고 있다. "그들의 마음이 둔하여졌다, 그들이 눈으로 보고 귀로 듣고 마음으로 깨달아 돌이키지 못하도록. 그래서(καί) 내가 그들을 고치는 일이 없도록" ["Their heart became coarsened lest they see, hear and understand and then return, thus(καί) I should heal them."][84] 마음이란 단어를 문장의 처음과 마지막에 각각 놓음으로 해서

---

82) BDAG, 790.

83) 대표적인 고전 헬라어 사전인 리델과 스캇의 사전에 따르면, 이 동사는 이사야 6장 10절에서 수동태 의미 '둔하여 지다'(was made dull)을 의미한다. Liddell & Scott, *A Greek-English Lexicon*, 1350.

마음의 역할이 강조되고 있다. 내용의 핵심은 다음과 같이 재구성되어진다: "왜냐하면 그들의 마음이 하나님에 의해서 둔하여졌기 때문에 그래서 그들은 마음으로 이해할 수 없다." 여기서 또다시 하나님의 주도권이 현저하게 떠오른다.

접속사 μήποτε와 관련하여, 루쯔(Luz)는 모든 초대 교부들은 그 접속사를 하나님이 아닌 이스라엘과 관련된 목적을 나타내는 것으로 이해했다고 주장한다.[85] 그에 따르면, 그들의 해석은 믿을 만 한 것인데 그 이유는 마태가 13절에서 ἵνα를 ὅτι로 바꾸어 버렸기 때문이다. 다시 말해, 유대인들이 보고 듣고 돌이키기를 거절하기 때문에, 하나님께서는 그들을 고치시지 않을 것이다. 그러므로 만일 그들이 돌이킨다면, 하나님은 그들을 고치실 것이다. 따라서 하나님의 예정이 예수님의 사역을 유대인들이 거절하는 이유가 될 수 없다고 루쯔는 결론내린다.

그러나 만일 접속사 ὅτι가 원래 원문이 아니라면 어떻게 할 것인가? 만일 이 접속사가 원래 원문이었다 해도 결과적 용법으로 사용되었다면 어떻게 할 것인가? 혹은, 전치사구 διὰ τοῦτο와 함께 사용된 접속사 ὅτι의 용법과 의미가 대부분의 학자들이 옳다고 간주하는 의견과 다르다면 어떻게 할 것인가? 마태가 마태복음 13장 14-15절에서 70인경을 인용하는 이유는, 인간의 책임을 강조하기 위함이 아니라 오히려 하나님의 주도권을 강조하려는 것이었을 개연성이 높다. 그래서 마태는 여전히 다른 복음서 저자들이 하는 것 만큼이나 하나님의 전적인 결정사상을 강조해 주고 있는 것이다.

---

84) 접속사 καί는 다양한 방식으로 이해될 수 있다. BDAG, 494-96.

85) Ulrich Luz, *Das Evangelium nach Matthaeus*, vol.2 (Solothurn und Duesseldorf: Benziger, 1990), 314.

히브리어 본문에서 이사야 6장 9-10절, 이 두 구절 사이의 연결은 10절에 있는 명령법 때문에 아주 명백하다. 그와는 대조적으로 70인경의 번역은 그 명령법들을 직설법들로 바꾸어 놓았는데, 이 때 접속사 γάρ를 집어넣음으로써 문맥의 흐름을 부드럽게 만든다. 위에서 제시한 헬라어 원문을 참조하여 아래 영어 번역을 보면 금방 그것을 파악할 수 있다:

> 9. Go to this people and say: You will indeed listen, but never understand, and you will indeed look, but never perceive 10. **For** this people's heart has grown dull, and their ears are hard of hearing, and they have shut their eyes; so that they might not··· (NRSV)[86)]

여기서 이유를 나타내는 접속사 γάρ를 사용함으로써, 두 번째 구절은 첫 번째 구절의 이유를 제공해준다. 곧, 왜 그들이 진정으로(indeed) 보고 진정으로 주목해도 결코 이해하거나 깨닫지 못하는지 그 이유를 제공해주는 것이다. 왜 그들은 이해하지 못하고 깨닫지 못할 것인가? 그것에 대한 대답은 그들의 마음이 이미 하나님에 의해 둔하여졌기 때문이다.

---

86) 대부분의 영어 성경은 접속사 γάρ와 명령법들을 포함하지 않고 있는데 이것은 히브리어 본문을 반영해 주는 것이다. 흥미롭게도 NIV는 난외주에 70인경의 번역을 소개하고 있다. 하지만 그 번역은 10절 맨 처음에 있는 접속사를 생략하여 부정확한 번역이다: 'You will be ever hearing, but never understanding; / you will be ever seeing, but never perceiving'./ 10 This people's heart has become calloused;/ they hardly hear with their ears,/ and they have closed their eyes. Brenton의 70인경 번역을 인용하며 다음과 같다: 9. Ye shall hear indeed, but ye shall not understand; and ye shall see indeed, but ye shall not perceive. 10 **For** the heart of this people has become gross, and their ears are dull of hearing, and their eyes have they closed; lest they should see with their eyes, and hear with their ears, and understand with their heart, and be converted, and I should heal them.

5. 마태복음 13장 13절과 14-15절의 유사한 내용의 반복

흥미롭게도, 마태복음 13장 14-15절은 마태복음 13장 13절의 핵심 사상을 그대로 반복하고 있다. 왜 마태복음의 본문은 동일한 내용을 다시 기록하고 있는 것일까? 마태는 15절에서 외인들이 복음을 받아들이지 않는 이유들을 제시하면서 14절에서 여전히 하나님의 선택의 엄중성을 강조해 주려고 의도한다. 그렇게 해석할 수 있는 것은, 비록 마태가 예수님의 말씀을 거절하는 것에 대한 인간의 책임을 지적하는 것처럼 보일지라도, 다름 아닌 하나님이 그들의 마음을 둔하게 만드셨기 때문이다.

기본적인 사상의 반복과 인용속에서 발견되는 비-마태적인 특징들 때문에, 많은 학자들은 14-15절이 후대에 다른 저자에 의해 삽입된 것이라고 판단한다.[87] 하지만 마태 자신이 13절과 16절 사이에 의도를 가지고 14-15절을 삽입했다고 보는 것이 더 타당성이 있다 마태에게 13절의 내용은 자신의 의도를 충분히 표현해 주지 못했을 가능성이 높다. 아마도 마태는 예수님께서 왜 비유들로 말씀하시는지 묻는 질문에 대해서 자신이 13절에서 제시한 대답을 보충하고 확장할 필요성을 느꼈을 것이다; "그러므로 내가 그들에게 비유로 말한다. 그래서(왜냐하면), 보기는 보아도 그들이 보지 못하고 듣기는 들어도 그들이 듣지 못하도록 하기 위함이다(듣지 못하기 때문이다)". 헬라어 본문은 접속사 ὅτι의 사용 때문에 모호해 보인다. 곧 접속사와 함께 이 문장은 예수님께서 그의 청중들에게 비유로 말씀하시는 이유를 나타낼 수도 있고 (비유로 말씀하신다. 왜냐하던 그들의 마음이 거칠어 졌기 때문이다) 말씀하신 결과를 의미할 수도 있다(비유로 말씀하시고 그 결과 그들

87) 이같은 주장을 하는 학자들을 보려면 앞부분의 각주 보라.

은 보지도 못하고 깨닫지도 못한다). 왜 마태는 13절의 설명이 충분하지 못하다고 생각했던 것일까? 그것은 사실 11절에서 예수님께서 비유로 외인들을 가르치시는 이유로 마태가 제시했던 것 곧 하나님의 거룩한 주도권과 상충하는 것처럼 보인다. 마태의 논리는 처음에는 이쪽으로 다음에는 다른 쪽으로 흔들리는 것처럼 비춰진다. 이제 마태는 11절과 13절에 있는 내용을 종합함으로써 자신의 주장을 명쾌하게 해야만 한다. 바로 그렇게 명쾌하게 만드는 역할을 14-15절이 하고 있는 것이다.

6. 마태복음 13장 14-15절 인용을 위한 마태의 70인경 의존

그렇다면 왜 마태는 13장 이외의 다른 부분에서 인용 소개 형식과 함께 사용되는 인용들의 경우에 70인경이 아니라 언제나 히브리어 본문을 따르는 반면에, 여기서는 70인경의 본문을 받아들였던 것일까? 마태가 그렇게 한 이유는 단순하다. 이사야의 70인경 본문이 10절의 질문에 답하려는 그의 목적을 위해 적합하기 때문이다. 또한 서로 반대되는 것처럼 보이는 11절과 13절에 있는 주장을 하나로 묶어내려는 그의 목적에 맞았기 때문이다. 그렇다면, 다음과 같은 질문이 떠오른다: 어떤 의미에서 70인경 본문은 마태의 의도를 잘 드러내 주는 것일까?

14-15절에서 인용된 본문은 외인들의 귀 먹음과 그들의 마음의 굳어짐을 강조해 주고 있는데, 그 본문은 15절에 사용된 접속사 γάρ가 나타내주듯이 그들이 이해하지 못하는 이유를 제시해 준다. 사람들은 깨닫지도 못하고 이해하지도 못하는데, 그 이유는 그들의 마음이 아둔해졌기 때문이며, 이것은 하나님에 의해 행해진 것이었다. 위에서 지적한대로 히브리어 구약 성경의 본문에서 이사야 6장 10절에 있는 문장은 명령법들로 되어 있다: “그들의 마음을 둔하게 하라!” 10절의 히브리어 본문에서 명령법들

이 세 개의 동사들을 위해 사용되는데 70인경의 번역자들은 그것들을 모두 직설법으로 바꾸어 버렸다.

어떤 학자들은 70인경 번역자들이 명령법이 갖는 무게의 엄중함을 피하려고 시도했다고 주장한다. 하지만 히브리어 본문이 역설적인 의미를 전달하는 까닭에, 70인경의 본질적인 의미는 여전히 히브리어 본문의 본질적 의미와 동일한 것으로 남아있다.[88] 70인경의 번역자는 명령법의 엄중함을 제거한 것이 아니다. 그는 10절의 첫 번째 동사를 위해 신적 수동태를 사용함으로써 하나님의 행동을 표현하는 방법을 바꾸었을 뿐이다. 앞에서 지적한대로, 히브리어 성경 이사야 6장 10절의 본문에는 접속사 γάρ에 해당하는 히브리어 접속사가 없음에도 불구하고 70인경의 번역자는 이 접속사를 넣음으로 해서 사람들의 마음을 강퍅하게 함에 있어 하나님이 가지신 주도권을 표현하려는 의도를 가지고 있었다고 볼 수 있다. 만일 마태복음이 유대인들을 염두에 두고 쓰여졌다면, 유대인 독자들은 이사야 6장 9-10절의 의도를 올바르게 이해했을 것이다. 따라서 마태는 사람들의 마음을 강퍅하게 함에 있어 하나님께서 주도권을 가지고 계심을 보여주기 위해서 70인경 본문을 인용하고 있는 것이다.[89]

흥미롭게도, 주로 70인경에서 구약을 인용하는 요한은 12장 40절에서 이사야 6장 10절을 인용하면서 히브리어 본문을 채택한다. 왜냐하면 그는

---

88) 명령법들을 피한 것에 대한 학자들의 의견은 다양하다. 어떤 학자들은 명령법대신 직설법을 사용한 것은 귀에 거슬림을 피하려는 의도를 나타낸다고 설명한다 (예를 들면, D. Hagner, *Matthew*, 374). 반면에, 다른 학자들은 기본적인 의미는 동일하다고 주장한다 (예를 들면, D.L. Turner, *Matthew* [Grand Rapids: Baker, 2008), 333; William Hendrickson, Matthew, 555).

89) 앞서 지적한대로 대부분의 학자들은 마태복음의 우선적인 독자가 유대인이었다는데 동의한다. R.T. France, *The Gospel According to Matthew*, 17을 보라.

"하나님의 결정을 불신앙의 원인으로 제시하려"는 목적을 가지고 있기 때문이다.[90] 그가 선호하는 방식은 때때로 "페쉐르 인용"이라고 일컬어지는데, 이것은 "요한이 자신의 목적에 맞게 인용을 제단하고 있음을 보여준다."[91] 비슷한 방식으로, 마태는 다른 곳에서 언제나 히브리어 본문에서 인용하면서도 13장 14-15절에서는 70인경의 본문을 받아들이는데 그것은 하나님의 절대주권 사상과 예정 사상을 피하려는 의도 때문이 아니라, 그가 보기에 70인경 본문이 그 사상을 잘 전달해 주기 때문이다. 70인경을 채택하면서 마태는 마태 자신에 의해 설계된 다른 장치들, 곧 11절과 12절 그리고 심지어 15절에도 나타나는 신적 수동태들과 13절에 사용된 ὅτι (또는 ἵνα)와 함께 사용된 전치사구 διὰ τοῦτο 그리고 15절에 있는 접속사 γάρ와 같은 장치들로 문장을 잘 구성해 내었던 것이다.

물론 마태는 요한과는 달리 사려깊고 신중하게 하나님의 주도권을 색칠해 낸다. 하지만, 하나님의 절대적인 주도권은 여전히 요한복음에서 만큼 마태복음에 표현되고 있다. 두 가지 사실이 분명해졌다: 1) 마태의 본문은 요한복음의 본문 만큼 직접적인 방식으로 신적인 결정권을 제시해 주지는 않는다; 2) 마태의 본문은 사려 깊고 분명하게 요한의 본문만큼 신적인 주도권 사상을 묘사해준다.

(정리)

이상의 논의에서 발견된 사항들을 다음과 같이 정리해 볼 수 있다:

(1) 만일 13절에서 ὅτι가 아니라 ἵνα가 원래 본문의 단어라면, 하나님

90) Maarten J. J. Menken, *Old Testament Quotations in the Fourth Gospel: Studies in Textual Form*, 121.

91) Menken, *Old Testament Quotations*, 100.

의 결정권이 분명하게 표현된다. 하지만, 접속사 ὅτι가 원래 원문에 있었다 하더라도, 그것은 사람들이 복음을 받아들이는 데 있어 하나님의 의도가 중요하다는 사상을 약화시키지는 않는다. 왜냐하면 그 접속사가 결과의 용법으로 사용되어 그런 기능을 할 수 있기 때문이다.

(2) 마태복음과 다른 신약 성경 책들 속에 나타나는 전치사구 διὰ τοῦτο의 용법은 ὅτι 절이, 비록 이 접속사가 '왜냐하면' 을 의미하더라도, 예수님께서 비유들로 말씀하시는 이유를 제시해 주지는 않음을 입증해준다. '그러므로' 라는 의미를 전달하는 전치사구 διὰ τοῦτο는 앞의 주장과 뒤따라오는 주장 사이의 연결을 명백하게 해 준다.

(3) 만일 13절에 있는 접속사 ὅτι가 '왜냐하면' 이란 의미로 사용되면서 전치사구 διὰ τοῦτο를 가리킨다 할지라도, 11-12절에서 마가복음이나 누가복음보다 두 개 더 사용되고 있는 신적 수동태들과 15절에 있는 신적 수동태, 그리고 15절에 있는 접속사 γάρ는 마태가 하나님의 결정권, 나아가 절대주권 사상을 실질적으로 최소화하려고 시도하고 있지 않음을 나타내 준다.[92]

(4) 마태는 70인경 이사야 6장 9-10절을 채택하는데, 그 이유는 70인경 본문이 그의 의도를 잘 전달해 주기 때문이다. 그는 인간의 책임을 표현하면서도 하나님의 주도권을 강조하고자 한다. 이사야 6:9-10절이 놓여있는 보다 큰 문맥인 1-13절이 분명하게 인간의 책임사상을 전개하고 발전시키는 반면에, 마태복음의 본문은 이 목적을 위해 단지 두 구절만을 뽑아내어 사용할 뿐이다. 이것은 왜 마태가 70인경을 받아들이면서 다양한 방식으로

92) 터너 (D.L. Turner)는 사람들의 귀들을 굳게하는데 있어 하나님께서 가지시는 주권적 권리를 강조한다. 그는 '하나님은 그 이상의 강퍅케하심은 물론이거니와 주도적인 반역적 반응에 대해서도 주권을 갖고 계신다,' 그의 책, *Matthew*, 340을 보라.

보충 설명을 했는지 그 이유를 보여 준다. 그는 이사야서의 문맥에서 떨어져 나온 두 개의 구절의 사용 때문에 생겨날 수 있는 어떠한 오해도 피하려고 시도했던 것이다.

(4장의 요약)

이번 장에서는 헬라어의 구문 이해가 신약의 원문연구를 위해 어떤 역할을 하는지 알아보았다. 처음 부분에서는 수많은 논란을 불러 일으켜온 헬라어 '믿는다'동사의 구문에 대해 살펴보았고 두 번째 부분에서는 구문연구가 신약의 구약 인용의 의미 파악을 위하여 어떤 기능을 할 수 있는지 연구해 보았다. 위의 연구결과들이 보여주는 대로 헬라어 구문연구는 성경의 올바른 이해와 해석을 위해 절대적으로 필요한 부분이다. 구문의 이해에 따라 요한복음에서 '믿음'에 관련된 내용들의 의미가 달라지며, 구문에 대한 자세한 관찰은 원래 마태복음 13장의 구약 인용에 숨겨진 마태의 의도를 분명하게 드러내 준다. 특별히 마태복음 13장의 인용연구에서 헬라어 구문의 세밀한 분석을 통하여 하나님의 예정 사상과 절대주권 사상이 밝히 드러날 수 있음을 밝혀보았다. 이것은 비단 위에서 다룬 동사의 구문이나 인용에만 해당되는 것은 아니다. 헬라어 구문에 대한 면밀한 검토는 다른 성경 구절들의 개혁주의적 해석을 위해 새로운 빛을 던져 줄 수 있다.

결 론

이 책의 연구를 진행하면서 각 장마다 요약을 해 놓았으므로, 그것들을 다시 그대로 반복할 필요는 없다. 하지만, 본 연구를 마무리하면서 전체적인 내용의 흐름을 정리해 보는 것은 유익한 작업이라 할 수 있다. 따라서 간략하게 내용을 정리해 보고자 한다.

본 연구 과정을 통하여 성경 헬라어가 신약 성경의 올바른 이해를 위하여 얼마나 중대한 역할을 하는지 밝혀보았다. 신약 성경 본문의 깊은 의미와 저자의 의도를 바르게 파악하기 위해서는 헬라어 지식이 너무나 중요한 역할을 하는 것이다. 무엇보다도 헬라어 시제에 대해 정확하게 입장을 정리해 볼 필요성이 제기되었다.

그래서 최근에 점점 더 큰 흐름을 형성해 가고 있는 동사 상 이론과 관련하여 주요한 이론들을 소개했고, 그것들에 더한 평가를 시도해 보았다. 무엇보다도 동사 시제의 이해에 있어서 동사의 상(aspect)와 동작의 종류(Aktionsart)를 구별해야하지만, 분리할 수 없음을 지적해 보았다. 그리고 그런 입장을 따라 직설법을 비롯하여 명령법, 분사, 가정법 등에서 사용된 시제의 의미를 연구해 보았다. 물론, 동사의 시제가 시간이나 동작의 종류가 아니라 본질적으로 상을 나타낸다는 동사 상 이론의 견해는 받아들여야 마땅하다. 그래서 미완료 상은 저자나 화자가 어떤 동작에 대한 시작과 끝에 관심을 두지 않고 내적 관점을 표현하기 위해 사용하며, 완료 상은 어떤 동작을 외적 관점에서 보아서 진행이나 발전에는 관심이 없고, 그 동작을 하나의 전체로 보고 묘사할 때 사용한다.

하지만, 직설법에서는 동사의 시제가 절대적 시간성을 나타낸다는 사실을 밝혀보았고, 그래서 대표적으로 가장 이해하기 어려운 시제인 현재 완료와 미완료 과거 시제를 대상으로 하여 연구해 보았다. 그 결과 현재 완료시제 속에는 시간 개념이 있어서 과거의 동작과 현재의 상태가 함께 들어 있음을 알게 되었고, 미완료 과거는 기본적으로 과거 시간에 진행 중인 동작의 표현임을 밝혀보았다.

명령법의 시제와 관련해서는 현재 명령법의 경우 일반적 명령 내용을, 과거는 구체적 명령 내용을 나타낸다는 주장이 갖는 문제점을 구체적 예를 살펴보면서 연구해 보았다. 또한 현재 명령법이 과거 명령법보다 현저히 많이 사용되는 사도 바울의 서신서들 세 개에 사용된 명령법의 사용을 들여다 보았다. 그 결과 과거 명령법은 세 서신서에서 구체적 명령을 나타내기 위해서가 아니라 명령의 엄중성과 긴급성을 표현하기 위해 사용되었음이 밝혀졌다. 특별히 어떤 문단에서 동일한 시제가 사용되다가 다른 시제로 바뀐 경우에는 주의 깊은 관찰이 필요하다는 사실을 확인하였다. 향후에 신약의 다른 책들에 사용된 명령법에 대한 연구가 이루어지면 보다 정확한 이해에 도달할 수 있을 것이다.

분사의 시제에 대한 전통적인 입장, 곧 현재 분사는 주동사와 동시간적 동작 혹은 늦은 동작을 나타내고 과거분사는 주동사보다 앞선 동작을 나타낸다는 견해는 대체적으로 견지될 수 있다는 사실을 확인하였다. 예외로 보이는 구절들도 실질적으로는 설명이 가능할 수 있음을 알아 보았다. 특별히 부가적 분사의 연구를 통하여 과거분사로서 동시적 행동을 표현한다고 제시되는 예들 중 많은 경우는 부가적 용법으로 설명될 수 있음을 알 수 있었다. 하지만, 여전히 분사의 시제는 기본적으로 상을 나타낸다는 사실은 부인할 수 없다. 다만 대부분의 경우에 전통적인 분사시제의 이해가 잘못되지 않았음을 확인할 수 있었다. 분사의 시제문제 역시 향후에 발전적 연구를 기다리고 있다고 할 수 있다.

시제연구 중 마지막 부분인 가정법 시제의 경우에는 ἵνα절에 사용된 가정법의 용례 연구를 통해 현재 가정법은 이미 시작한 행동을 계속한다는 의미를, 과거 가정법은 아직 시작하지 않은 동작을 시작한다는 의미를 전달한다는 기존의 주장이 잘못된 것임을 밝혀보았다. 가정법 시제는 철저하게 동사 상 이론에 입각하여 이해되어야 한다. 직설법에서와 같이 현재는 내적 관점에서 진행 중인 동작을 과거는 외적 관점에서 완료된 동작을 표현해 준다. 그래서 결과적으로 현재 가정법은 흔히 진행 중인 혹은 지속적인 동작을 표현하여 과거 가정법의 행동보다 더 강조되는 경향이 나타날 수 있음을 알 수 있었다. 하지만 그것이 결정적인 것이 아님도 분명히 밝혀졌다. 차후에 가정법에 대한 심도있는 연구, 특별히 조건절에 쓰인 가정법에 대한 연구를 통하여 시제문제가 보다 분명하게 규명되기를 기대해 본다.

헬라어 접속사/연결사의 연구를 통해서는 그 용법과 의미에 대한 정확한 이해가 어떻게 주어진 본문의 해석에 영향을 주는지 살펴보았다. 접속사나 연결사의 이해는 성경 문맥의 의미를 결정지을 수 있으며, 때에 따라서는 신약의 어떤 책들의 통일성 문제와도 연결되어 있음을 알 수 있었다. 바울 서신에 사용된 접속사의 올바른 이해는 서신서의 통일성 문제에 대한 해결책을 제시해 주기도 하는 것이다. 이것은 헬라어 문법적 지식이 성경의 통일성 문제의 해결에도 중요한 역할을 한다는 사실을 나타내 준다.

마지막 부분의 헬라어 구문에 대한 연구에서는 구문 이해에 따라서 성경의 의미가 얼마나 달라질 수 있는지를 밝혀보았다. 동사 구문의 이해에 따라서 요한복음이 말하고 평가하는 신앙의 의미를 밝혀볼 수 있었다. 또한 신약의 구약 인용에 대한 연구에서 헬라어 구문에 대한 연구가 얼마나 중요한 역할을 하는지 밝혀보았다. 특별히 이 과정을 통하여 언듯보아서는 마태복음 13장의 구약 인용에서 잘 드러나지 않았던 개혁주의의 중심 사상, 곧 하나님의 절대주권 사상과 예정 사상이 헬라어 구문에 대한 이해를 통해 밝혀질 수 있음이 입증되었다. 이것은 이 주제에 대한 발전적인 연구가 심도있게 후속조치로 이루어진다면, 성경 말씀에 근거한 개혁주의 사상의 확립을 이루어 나가는데 큰 역할을 할 수 있음을 예시해 준다.

무엇보다도 역사적 개혁주의를 이어가면서도 독창적인 현재적 개혁신학을 창출하기 위해서는 성경 원어에 대한 깊이 있는 연구가 절실하게 요청된다고 할 수 있다. 따라서 향후에 성경 헬라어 뿐만 아니라, 성경 히브리어에 대한 연구가 활발히 진행되어 그것을 도구로 성경 원문의 올바른 의미를 파악을 하고, 그것에 근거하여 개혁신학의 발전을 이루어 내려는 노력이 절실히 요청된다.

참고문헌

김길성, 『메이천 박사 저작선집』. 서울: 총신대학교 출판부, 2002.

김문현, "과연 니고데모는 진정한 모범적인 제자인가?" 『신약연구』 7/2(2008), 221-45.

김창락, "이유 · 근거 · 증거 · 증명을 뜻하는 접속사의 번역 문제." 『성경원문연구』 5호 (1999), 57-79.

박윤만, "동사 상과 빌레몬 담화처리." 『신약연구』 10/4(2011), 941-76.

서동수, "요한복음, 반유대적 신학인가? – 요한복음 서문(1:1-18)에 비추어." 『신약논단』 15/1(2008), 69-103.

유은걸, "국역 성경의 헬라어 분사구문 처리에 관한 소고-『표준 새번역』개정판 히브리서를 중심으로.." 『성경원문연구』 25 (2009), 96-110.

이석호, "마가복음 4:12에 인용된 이사야 6:9-10의 의미." 『신약논단』 15/3(2008), 605-34.

이승구, 『전환기의 개혁신학』. 서울: 이레서원, 2008.

정창욱, "성경의 영감성과 무오성: 그 성경적 근거." 신학지남 276호(2003), 270-301.

______, "누가 복음 1장 37절 본문의 연구." 『성경 원문 연구』 제 13호 (2003), 92-113.

______, "요한일서 3장 6절과 9절의 그리스도인과 죄의 관계: 요한일서 1:8과 3장 6, 9절을 중심으로." 『신약논단』 13/3(2006), 663-91

______, "누가복음에 사용된 헬라어 현재분사의 이해와 번역." 『신약연구』 8/4(2009), 611-38.

정훈택, 『쉬운 주석 마태복음』 (서울: 그리심, 2008)

현경민, "요한복음의 '피스튜오(Pisteuo)' 연구." 『신약논단』 9/1(2002), 897-

923.

Akin, Daniel L. *1, 2,3, John*. Nashiville: Broadman & Holman, 2001.

Allen, W.C. *Matthew*. Edinburgh: T & T Clark, 1977.

Barr, J. *The Semantics of Biblical Language*. Oxford: Oxford University Press, 1961.

Barrett, C.K. *The Gospel according to St. John: An Introduction with Commentary and Notes on the Greek Text*. Philadelphia: The Westminster Press, 1978.

______. *Acts 15-28*. London/New York: T & T Clark International, 1998.

Bauer, Walter. *A Greek-English Lexicon of the New Testament and Other Early Christian Literature*. trans. and ed. by F. Danker, W.F. Arndt, F.W. Gingrich; Chicago: University of Chicago, 2000.

Beasley-Murray, George R. *John*. Waco: Word Books, 1987.

Berkof, L. *Maunal of Christian Doctrine,* 『기독교 신학 개론』 신복윤 역. 서울: 성광문화사, 1974.

Best, E. *Ephesians*. London/New York: T & T Clark International, 1998.

Blass Friedrich and Albert Debrunner, *A Greek Grammar of the New Testament*. trans. and ed. by Robert Funk; Chicago: University of Chicago Press, 1961.

Blomberg, C.L. *Matthew*, NAC 22. Nashville: Broadman, 1991.

______. "Matthew." in G.K. Beale and D.A. Carson, eds., *Commentary on the New Testament Use of the Old Testament*. Grand Rapids: Baker, 2007.

Bloomquist, L. Gregory. *The Function of Suffering in Philippians*. Sheffield: JSOT, 1993.

______. "Subverted by Joy: Suffering and Joy in Paul's Letter to the Philippians." *Interpretation* 61 (2007), 270-82.

Bock, D.L. Bock, *Luke 9:51-24:53*. Grand Rapids: Baker, 1996.

Bockmuehl, Markus. *The Epistle to the Philippians*. London: A & C Black; Hendrickson: 1998.

______. *Seeing the Word: Refocusing New Testament Study*. Grand Rapids: Baker, 2006.

Boice, James Montgomery. *The Gospel of John*. vol. 1. John 1:1-4:54. Grand Rapids: Zondervan, 1975.

_____. *The Gospel of John*. vol. 2. John 5:1-8:59. Grand Rapids: Zondervan, 1979.

Borchert, Gerald L. *John 1-11*. Nashville: Broadman & Holman, 1996.

Bowen, John P. "Coming to Faith in the Gospel of John." *Anvil* 19(2002), 277-283.

Brooks, J.A. & C.L. Winery, *Syntax of New Testament Greek*. Boston: University Press of America, 1979.

Brown, Edward Raymond. *The Gospel according to John I-XII*. Garden City: Doubleday, 1966.

_____. *The Birth of the Messiah: A Commentary on the Infancy Narrative in Matthew and Luke*. London: Geoffrey Chapman,1977.

Bruce, F.F. *The Epistle to The Galatians: A Commentary on the Greek Text*. Grand Rapids: Eerdmans, 1982.

_____. *1 & 2 Thessalonians*. Waco: Word Books, 1982.

_____. *Philippians*. San Francisco: Harper & Row, 1983.

_____. *The Acts of the Apostles: Greek Text with Introduction and Commentary*. Grand Rapids: Eerdmans, 1990.

Buchanan, G.W. *To the Hebrews/ and Epistles of James Peter, Jude*. Garden City: Doubleday & Company, 1972.

Bultmann, Rudolf. 'πιστεύω κτλ.' *in TDNT*. vol. 6. Grand Rapids: Eerdmans, 1968, 175-228.

_____. *The Gospel of John: A Commentary*. trans. by R.W.N. Hoare and J.K. Riches; Philadelphia: Westminster, 1971.

Burton, E. De Witt. *Syntax of the Moods and Tenses in New Testament Greek*. Edinburgh: T. & T. Clark, 1898; 3rd ed.

Cadbury, H.J. *The Making of Luke-Acts*. London: S.P.C.K, 1927. 2nd ed. 1958.

Calvin, J. *Commentarius in Epistolam ad Hebraeos*. Geneve: Librairie Droz, 1996.

Campbell, Constantine R. *Verbal Aspect: The Indicative Mood. and Narrative Verbal Aspect*. New York: Peter Lang, 2007.

______. *Verbal Aspect and Non-Indicative Verbs: Further Soundings in the Greek of the New Testament*. New York: Peter Lang, 2008.

Carson, D.A., *Matthew, Expositor's Bible Commentary* vol.8. F.E. Gaebelein ed., Grand Rapids: Zondervan, 1984.

______. *The Gospel according to John*. Grand Rapids: Eerdmans. 1991.

______. "Syntactical and Text-Critical Observations on John 20:30-31: One More Round on the Purpose of the Fourth Gospel." *JBL* 124 (2005), 693-714.

Conzelmann, Hans. *A Commentary on the First Epistle to the Corinthians*. ed. by George W. MacRae. trans. by James W. Leitch. Hermeneia. Philadelphia: Fortress, 1975.

Currid, John D. *Calvin and The Biblical Languages*. Ross-shir, scotland: Mentor, 2006.

Dana, H.E. & J.R. Mantey, *A Manual Grammar of the Greek New Testament*. New York: Macmillan, 1927; 14th ed. 1966.

Davies, W.D. and Allison, D.A. *The Gospel according to Saint Matthew*, vol.II London/New York: T & T Clark International, 1991.

Deissmann, *A. Bible Studies*. 2nd ed.; trans. A. Grieve; Edinburgh: T. & T. Clark, 1903.

Dodd, C.H. *The Interpretation of the Fourth Gospel*. Cambridge: Cambridge University Press, 1968.

Edwards, Mark. *John*. Malden/Oxford/Carlton: Blackwell, 2004.

Ellingworth, P. *The Epislte to the Hebrews*. Grand Rapids: Eerdmans, 1993.

Elowsky, Joel C. (ed.), *Ancient Christian Commentary on Scripture: John 1-10*. Downers Grove: Intervarsity, 2006.

Evans, C.A. "The Function of Isaiah 6:9-10 in Mark and John." *NovT* 24/2(1982), 124-138.

Fanning, Buist M. *Verbal Aspect in New Testament Greek*. Oxford Theological Monographs. Oxford: Clarendon, 1990.

______. "Approaches to Verbal Aspect in New Testament Greek: Issues in Definition and Method." in S.E. Porter and D.A. Carson. eds. *Biblical Greek Language and Linguistics: Open Questions in Current Research*. Sheffield: Sheffield Academic Press, 1993.

Fee, G.D. *The First Epistle to the Corinthians* Grand Rapids: Eerdmans, 1987.

______. *The Book of Acts*. Grand Rapids: Eerdmans, 1988.

______. *Paul's Letter to the Philippians*. Grand Rapids: Eerdmans, 1995.

Fitzgerald, John. "Christian Friendship: John, Paul, and the Philippians." *Interpretation* 61 (2007), 293-96

Flaming, Darlene K. "Calvin as Commentator on the Synoptic Gospels." in D.K. Mckim (ed.), *Calvin and the Bible*. Cambridge: Cambridge University Press, 2006. 140-52.

Foster, P. "The First Contribution to the πίστος Χριστοῦ debate: A Study of Ephesians 3.12." *JSNT* 85 (2002) 75-96.

Fowl, Stephen E. *Philippians*. Grand Rapids: Eerdmans, 2005.

France, R.T. *The Gospel according to Matthew*. Grand Rapids: Eerdmans, 1985.

______. *The Gospel of Matthew*. Grand Rapids/Cambridge: William B. Eerdmans, 2007.

Funk, R. A. *Beginning-Intermediate Grammar of Hellenistic Greek*. Scholars, 1977; 2nd ed.

Gaffney, James. "Believing and Knowing in the Fourth Gospel." *Theological Studies* 26 (1965) 215-41.

Gamble, Richard C., "Exposition and Method in Calvin." *WTJ* 49:1 (1987), 154-65.

Gehman, H.S. "The Hebraic Character of Septuagint Greek." *VT*1(1951), 81-90.

Gerald Bray, *Biblical Interpretation: Past & Present*. Downers Grove: InterVarsity, 1996.

Goldman, N & J.E. Nyenhuis, *Latin via Ovid*. Detroit: Wayne State University

Press, 1986.

Goodwin, William Watson. *Syntax of the Mood and Tenses of the Greek Verb*. London/Melbourne/Toronto: Macmillan, 1896.

Goulder, M.D. *Midrash and Lection in Matthew*. London: SPCK, 1974.

"Peshat," in *Encyclopaedia Judaica*, v.13 (Jerusalem: Keter Publishing House, unknown year), 329-31.

Green, Gene L. *The Letters to the Thessalonians*. Grand Rapids: Eerdmans, 2002.

Greenlee, J.H. *A Concise Exegetical Grammar of New Testament Greek*. Grand Rapids: Eerdmans, 1986.

______. "New Testament Circumstantial Participles." *Journal of Translation*, vol.1/1 (2005), 57-59.

Gundry, R.H. *Matthew: A Commentary on His Handbook for a Mixed Church Under Persecution*. Grand Rapids: Eerdmans, 1982; 2nd ed. 1994.

Hagner, D. *Matthew 1-13*, WBC 33A. Dallas: Word Books, 1993.

Hare, D.R.A. *Matthew*. Louisville: John Knox, 1993.

Hauser, Alan J. & Duane F. Watson (eds.). *A History of Biblical Interpretation: The Medieval Through the Reformation Periods*. Grand Rapids: Wm B. Eerdmans, 2009.

Hawthorne, Martin. *Philippians*. Columbia: Nelson Reference & Electronic, 2004.

Hewett, J.A. et al. *New Testament Greek: A Beginning and Intermediate Grammar*. Peabody: Hendrickson, 2009.

Hiebert, D. Edmond. *The Thessalonian Epistles: A Call to Readiness*. Chicago: Moody, 1971.

Hodges, Zane C. "Problem Passages in the Gospel of John Part 2: Untrustworthy Believers- John 2:23-25." *Bibliotheca Sacra* (1978), 139-52.

Hodges, Zane C. & Arthur L. Farstad. *The Greek Text According to the Majority Text*. Nashville/Camden/New York: Thomas Nelson, 1982.

Holer, R. Ward, "Calvin as Commentators on the Pauline Epistles," in D.K. Mckim (ed.), *Calvin and the Bible*. Cambridge: Cambridge University

Press, 2006, 237-38.

Holtz, T. *Untersuchungen über die alttestamentlichen Zitate bei Lukas*. Berlin: Akademie, 1968.

Johnson, E.E. "Author' s Intention and Biblical Interpretation," in *Hermeneutics, Interpretation, & the Bible: Papers from ICBI SummitII*. eds. E.D. Radmacher et R.D. Preus; Grand Rapids: Zondervan,1984, 410-17.

Kaiser, W.C. & M. Silva. *An Introduction to Biblical Hermeneutics: The Search for Meaning*. Grand Rapids: Zondervan, 1994.

Keener, Craig S. *The Gospel of John*. vol 1. Peabody, Mass.: Hendrickson, 2003.

Kistmaker, Simson J. *Exposition of James, Epistles of John, Peter, and Jude*. Grand Rapids: Baker, 1986.

Knight, George W. *The Pastoral Epistles: A Commentary on the Greek Text*. Grand Rapids: Eerdmans, 1992.

Koester, Craig R. *Hebrews: A New Translation with Introduction and Commentary*. New York/London/Toronto/Sydney/Auckland: Doubleday, 2001.

Köstenberger, Andreas J. *John*. Grand Rapids: Baker, 2004.

Kruse, Colins G. *John*. Grand Rapids: Eermans, 2003.

Ladd, George Eldon. *A Theology of the New Testament*. Grand Rapids: Eerdmans, 1974.

Lane, William L. *Hebrews 9-13*, 『히브리서 9-13』, 채천석 역. 서울: 솔로몬, 2007.

Liddell, H.G. et. al., *A Greek-English Lexicon*. Oxford/New York: Clarendon, 1996.

Lindars, Barnabas. *The Gospel of John*. London: Oliphants, 1972.

Longenecker, Richard, N. *Galatians*. Waco: Word Books, 1990.

Low, J.P. & Eugene A. Nida, *Greek-English Lexicon of the New Testament: Based on Semantic Domains*. New York: United Bible Society, 1988.

Lubac, H. De. *Medieval Exegesis*, vol. 3. Grand Rapids: Eerdmans, 1961, new printing, 2009.

Luz, U. *Das Evangelium nach Matthäus*, vol. 2. Solothurn und Düsseldorf: Benziger, 1990.

Lyon, T. "왜 우리는 원어로 성경 읽기를 힘써야 할까?" 『진리의 깃발』 (2003), 76-85

Machen, G. "The New Testament Account of the Birth of Jesus, Part II." *The Princeton Theological Review* 4.1 (1906), 37-81.

_____. *New Testament Greek for Beginners*. 『신약성서헬라어』, 이순한 편역. 한국 기독교 교육연구원.

Marcus, J. *Mark 8-16: A New Translation with Introduction and Commentary*. New Haven/London: Yale University Press, 1999; repr. 2009.

Marshall, I.H. *The Gospel of Luke*. Grand Rapids: Eerdmans, 1978.

______. *The Pastoral Epistles*. London/New York: T & T Clark International, 2004.

Martin, D. Michael. *1, 2 Thessalonians*. Nashville: Broadman & Holman, 1995.

Matthewson, David L. *Verbal Aspect in the Book of Revelation: The Function of Greek Verb Tenses in John's Apocalypse*. Leiden/Boston: Brill, 2010.

Mead, James K. *Biblical Theology: Issues, Methods, and Themes*. Louisville/London: Westminster John Knox, 2007.

Melick, Richard R. *Philippians, Colossians, Philemon*. Nashville: Broadman, 1991

Menken, M.J.J. *Old Testament Quotations in the Fourth Gospel: Studies in Textual Form*. Kampen: Kok Pharos, 1996.

Metzger, B.M. *A Textual Commentary on the Greek New Testament*, 2nd ed., Stuttgart: Deutsche Bibelgesellschaft, 1994.

Morris, L. *The First and Second Epistles to the Thessalonians*. Grand Rapids: Wm.B. Eerdmans, 1959.

_____. *The Gospel according to Matthew*. Grand Rapids: Eerdmans, 1992.

_____. *The Gospel according to John*. Grand Rapids: Eerdmans, 1995.

Moule, C.F.D. *An Idiom Book of New Testament Greek*. Cambridge: Cambridge

University Press, 1953.

Moulton, J.H. *A Grammar of the New Testament Greek: Prolegomena*, vol. 1. Edingburgh: T. & T. Clark, 1906.

Moulton. J.H. & N. Turner, *A Grammar of New Testament Greek*, vol. III. Edinburgh: T. & T. Clark, 1928.

J.H. Moulton & W.F. Howard, *A Grammar of New Testament Greek*, vol. II. Edinburgh: T. & T. Clark, 1936.

Mounce, William D. *Basics of Biblical Greek*. Grand Rapids: Zondervan, 1993.

______. *Pastoral Epistles*. Nashville: Thomas Nelson, 2000.

Muller, Jac. J. *The Epistles of Paul to the Philippians and to Philemon*. Grand Rapids: Eerdmans, 1955.

Muller, R.A., "The Foundation of Calvin's Theology: Scripture as Revealing God's Word." *Duke Divinity School Review* 44(1979), 14-24.

______. "Biblical Interpretation in the Era of the Reformation: The View from the Middle Ages," in R.A. Muller and J.L. Thompson (eds.), *Biblical Interpretation in the Era of the Reformation: Essays Presented to David C. Steinmetz in Honor of His Sixtieth Birthday*. Grand Rapids: Eerdmans, 1996.

Mullins, Michael. *The Gospel of John*. Dublin: Columba, 2003.

Newman, B.M. & Philip C. Stine, *A Translator's Handbook on the Gospel of Matthew*. London/New York/Stuttgart: United Bible Society, 1992.

Nolland, J. *The Gospel of Matthew: A Commentary on the Greek Text*. Grand Rapids: Eerdmans, 2005.

Nunn, H.P.V. *A Short Syntax of New Testament Greek*. Cambridge: Cambridge University Press, 1912; repr. of 5th ed., 1977.

O'Brien, Peter T. *The Epistle to the Philippians*. Grand Rapids: Eerdmans, 1991.

______. *The Letter to the Ephesians*. Grand Rapids/ Cambridge, U.K: William B. Eerdmans: 1999.

______. *The Letter to the Hebrews*. Grand Rapids/Cambridge: Eerdmans,

2010.

OSB, H. W. *The Use and Abuse of the Bible: A Brief History of Biblical Interpretation*. London/New York: T & T Clark International, 2010.

Parsons, Mikael C. "'Nothing Defiled and Unclean': The Conjunction's Function in Acts 10:14." *Perspectives in Religious Studies* 27(2000), 263-74.

Polhill, J.B. *Acts*. Nashville: Broadman, 1992.

Porter, S.E. "Vague Verbs, Periphrastics, and Matt. 16.19." *Filologia Neotestamentaria* 2 (1988), 155-73

______. *Verbal Aspect in the Greek of the New Testament with Reference to Tense and Mood*. New York: PeterLang, 1989.

______. *Idioms of the Greek New Testament*. Sheffield: Sheffield Academic Press, 1992.

______. "The Reasons for the Lukan Census," in Alf Christopherson et al. *Luke and the Graeco-Roman World: Essays in Honour of Alexander J.M. Wedderburn*. Sheffield: Sheffield Academci Press, 2004, 165-88.

Porter, S.E., J.T. Reed & M.B. O'Donnell. *Fundamentals of New Testament Greek: Grammar & Workbook*. Grand Rapids: Eerdmans, 2010.

Reed, Jeffrey T. "Philippians 3:1 and the Epistolary Hesitation Fomulas: The Literary Integrity of Philippians, Again." *JBL* 115 (1996), 63-90.

______. *A Discourse Analysis of Philippians: Method and Rhetoric in the Debate over Literary Integrity*. Sheffield: Sheffield Academic Press, 1997.

Ridderbos, Herman. *The Gospel of John*. trans. by John Vriend; Grand Rapids: Eerdmans, 1991.

Robertson, A.T. & W. Hersye Davis, *A New Short Grammar of the Greek New Testament*. Grand Rapids: Eerdmans, 1931.

Rogers Jr. Cleon L. & Cleon L. Rogers III. *The New Linguistic and Exegetical Key to the Greek New Testament*. Grand Rapids: Zondervan, 1998.

Rothe R. *Zur Dogmatik,* (Gotha, 1863).

Schnackenburg, Rudolf. *The Gospel according to St. John, Introduction and*

Commentary on Chapters 1-4. vol 1. trans. by Kevin Smyth; New York: Seabury, 1980.

Schreiner, T.R. *Interpreting the Pauline Epistles: Guides to New Testament Exegesis*. Grand Rapids: Baker Book House, 1990.

Silva, M. *Biblical Words and Their Meaning: An Introduction to Lexical Semantics*. Grand Rapids: Zondervan, 1983.

______. *God, Language and Scripture: Reading the Bible in the Light of General Linguistics*. Grand Rapids: Zondervan, 1990.

Smyth, H.W. *Greek Grammar*. Cambridge: Harvard University Press, 1920, 1956.

Stanley, S. "Hebrews 9:6-10: The 'Parable' of the Tabernacle." *NovT* 37 (1995), 385-99.

Stanton, G.N. *A Gospel for a New People: Studies in Matthew*. Edinburgh: T & T Clark, 1992.

Stendahl, K., *The School of St. Matthew and Its Use of the Old Testament*. Philadelphia: Fortress, 1968.

Steyn, Gert J. *Septuagint Quotations in the Context of the Petrine and Pauline Speeches of the Acta Apostolorum*. Kampen: Kok Pharos, 1995.

Strack H.L. & G. Stemberger. *Introduction to Talmud and Midrash*. Edingburgh: T & T Clark, 1991.

Swete, H.B. *Introduction to the Old Testament in Greek*. rev. R.R. Ottley; Cambridge: The University Press,1914.

Tenney, Merrill C. "Topics From the Gospel of John, Part IV: The Growth of Belief." *Bibliotheca Sacra* (1975), 343-357.

Thiselton, Anthony C. *The First Epistle to the Corinthians*. NIGTC. Grand Rapids: Eerdmans, 2000.

Thurston, Bonnie B. & Judith M. Ryan. *Philippians and Philemon*. Collegeville: Liturgical, 2005.

Towner, Philip H. *Pastoral Epistles*. Grand Rapids: Eerdmans, 2006.

Turner, N. A. *Grammar of New Testament Greek: Syntax*. Edinburgh: T & T Clark, 1963.

______. "The Language of Jesus and His Disciples," in *The Language of the New Testament: Classical Essays*. ed. S.E. Porter; Sheffield: Sheffield Academic Press, 1991.

Turner, D.L. *Matthew*. Grand Rapids: Baker, 2008.

van Belle, Gilbert. *The Sign Source in the Fourth Gospel*. Leuven: Leuven University/Peeters, 1994.

von Wahlde, Urban C. "Faith and Works in JN VI 28-29: Exegesis or Eisegesis?" *Novum Testamentum* 22 (1980), 304-15.

______. "The Johannine 'Jews': A Critical Survey." *NTS* 28 (1982), 50-51.

Waetjen, Herman C. *The Gospel of the Beloved Disciple: A Work in Two Editions*. New York/London: T. & T. Clark, 2005.

Wallace, D.B., *Greek Grammar: Beyond the Basics: An Exegetical Syntax of the New Testament*. Grand Rapids: Zondervan, 1996.

Wanamaker, Charles A. *The Epistle to the Thessalonians: A Commentary on the Text*. Grand Rapids: Eerdmans, 1990.

Westcott, Brooke Foss. *The Gospel according to St. John: The Greek Text with Introduction and Notes*, vol. 1. 2. Grand Rapids: Eerdmans, 1954.

______. *The Epistle to the Hebrews: The Greek Text with Notes and Essays*. Grand Rapids: Eerdmans, 1980.

Wheelock, F. *Wheelock's Latin*. 6th ed. rev. R.A. LaFleur; New York: Harpercollins, 2000.

Whitacre, Rodney A. *John*. Downers Grove: InterVarsity, 1999.

Witherington III, Ben. *1 and 2 Thessalonians: A Socio-Rhetoric Commentary*. Grand Rapids: Eerdmans, 2006.

Yarchin, W. *History of Biblical Interpretation: A Reader*. Peabody, Massachusetts: Hendrickson, 2004.

Young, R.A. *Intermediate New Testament Greek*. Nashville: Broadman & Holman, 1994.

성경색인

사도행전

로마서

고린도전서

그리심 신학서적 저(역)서 안내

- **주의 날 어떻게 이해할 것인가**
  Paul R. House · 장세훈 공저 / 반양장 / 184면
- **본문의 의미를 찾아서(21세기 구약신학과 해석)**
  장세훈 저 / 반양장 / 224면
- **계시록의 구속사적 연구**
  J.B. Jordan /이동수 역 / 반양장 / 396면
- **구약 속의 그리스도**
  E. 빌 /권호덕 역 / 반양장 / 371면
- **하나님과 인간, 그리고 시간**
  어얼 E. 케이른스 / 박영실 역 / 반양장 / 258면
- **하나님 나라와 윤리(주제별 논문)**
  김경진 / 반양장 / 303면
- **누가신학 연구**
  R. 화이트 / 김경진 역 / 반양장 / 197면
- **배경으로 본 히브리서 강해**
  정우홍 / 양장 / 406면
- **배경으로 본 마태복음 강해(상 · 하)**
  정우홍 / 양장 / 416면/472면
- **베드로전서의 메시지(주해)**
  오광만 / 반양장 / 283 면
- **산상설교(기록이유와 목적)**
  정훈택 / 반양장 / 176면
- **창조를 위한 하나님의 패턴(God's Pattern for Creation)** 창세기 1장에 대한 언약적 읽기 -
  W. Robert Godfrey · 이동수 역
- **성경에 나타난 제사법 연구**
  로저드 백위드 / 반양장 / 261면
- **신명기 [1](1-8장) (주해)**
  김영욱 / 양장 / 468 면
- **신학의 종을 어떻게 울릴 것인가 (논문)**
  허 주 / 양장 / 388면

● **해석매뉴얼(성경해석법의 이론과 실제)**
김상훈 / 양장 / 287면

● **문맥설교 매뉴얼 1-2**
배동한 / 1 강화체 2 - 사건기록체 / 반양장 / 360면

● **언약이란 무엇인가?**
팔마 로버슨 / 오광만 역 / 반양장 / 159면

● **에스겔서 강해**
김두석 / 반양장 / 335면

● **구속사적 관점에서 본 요나서**
손진호 / 반양장 / 176면

● **이사야의 하나님-우리의 하나님**
최만수 / 반양장 / 262면

● **임마누엘 성령론**
안영복 / 반양장 / 232면

● **낙원의 구속사(Paradise Restored)**
David Chilton /안영복-이동수 공역 / 반양장 / 296면

● **여호와의 전쟁신학**
윤용진 / 반양장 / 346면

● **계시록의 구속사적 읽기**
이동수 / 반양장 / 432면

● **사자가 부르짖은즉 누가 두려워하지 않겠느냐?(아모스 원전연구 및 주해)**
조 휘 / 양장 / 521면

● **세례자 요한**
김인철 / 반양장 / 382면

● **하나님의 구원 역사 창세기**
한민수/ 반양장 / 360면

● **신명기와 땅**
한민수/ 반양장 / 175면

● **사랑과 율법 그리고 역사**
김봉수/ 반양장 / 376면

● **유대문화로 읽는 복음서의 난제들(1)**
김인철 / 반양장 / 382면

● **성경헬라어와 신약성경의 이해**
정창욱 / 반양장 / 320면